Herausgeber Gunnar Kettler, Münster Aquarelle Ingo Kühl, Keitum Fotos Hartmut Kettler, Bönen Layout André Gösecke, Dortmund ISBN 978-3-86206-118-1 Herstellung www.DruckVerlag-Kettler.com

KampenSylt

Landhaus Südheide – ein Idyll

Kupferkanne

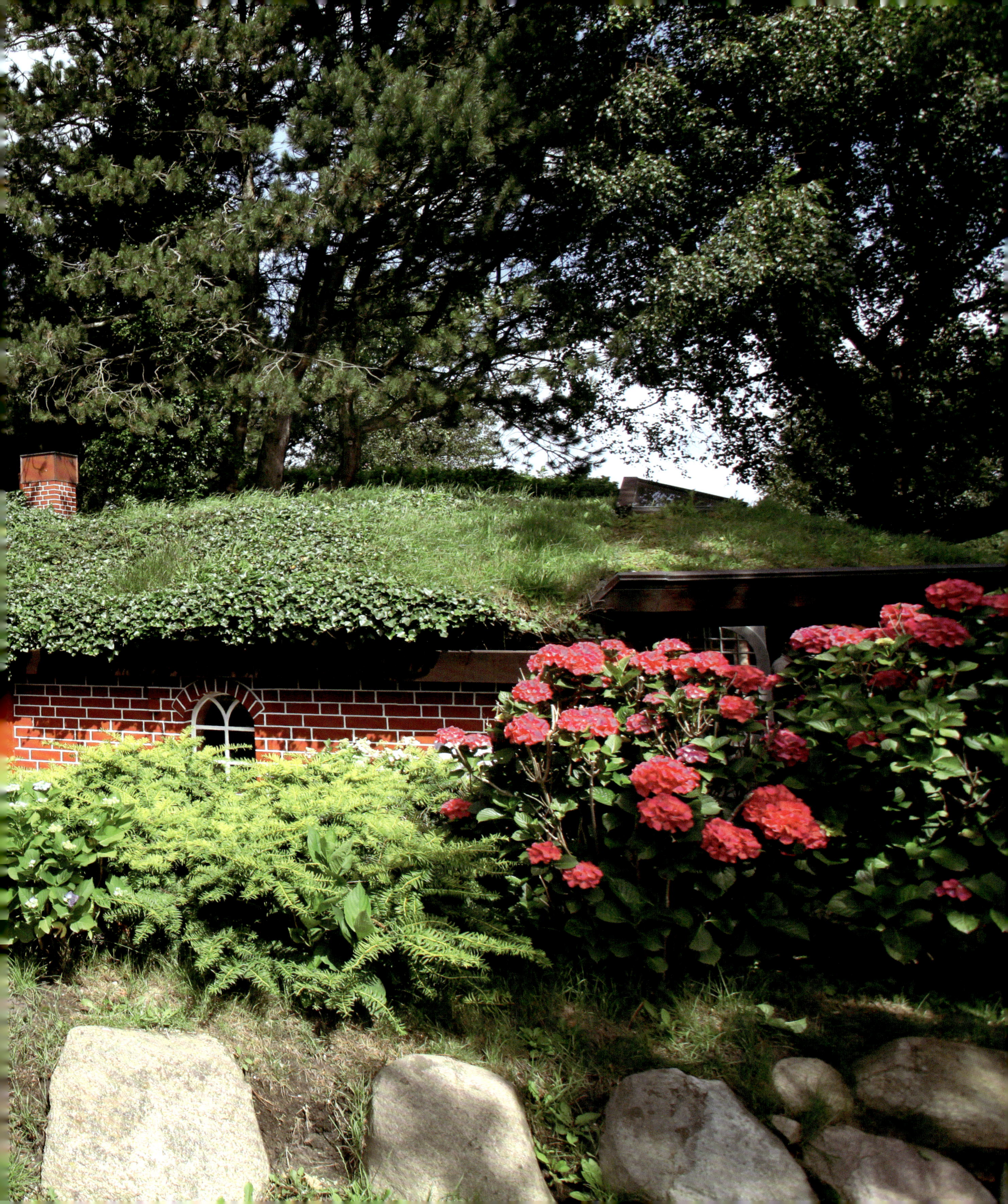

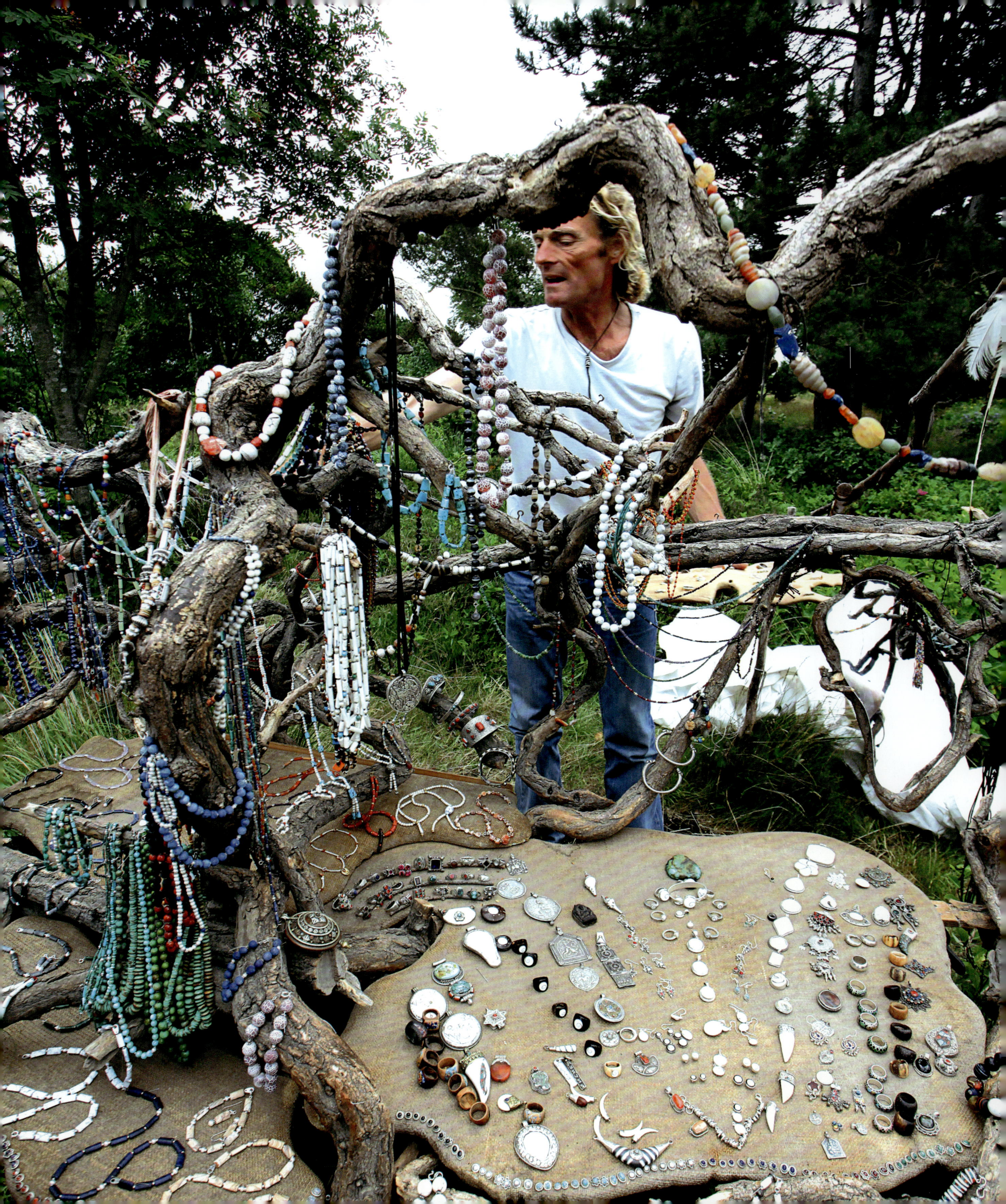

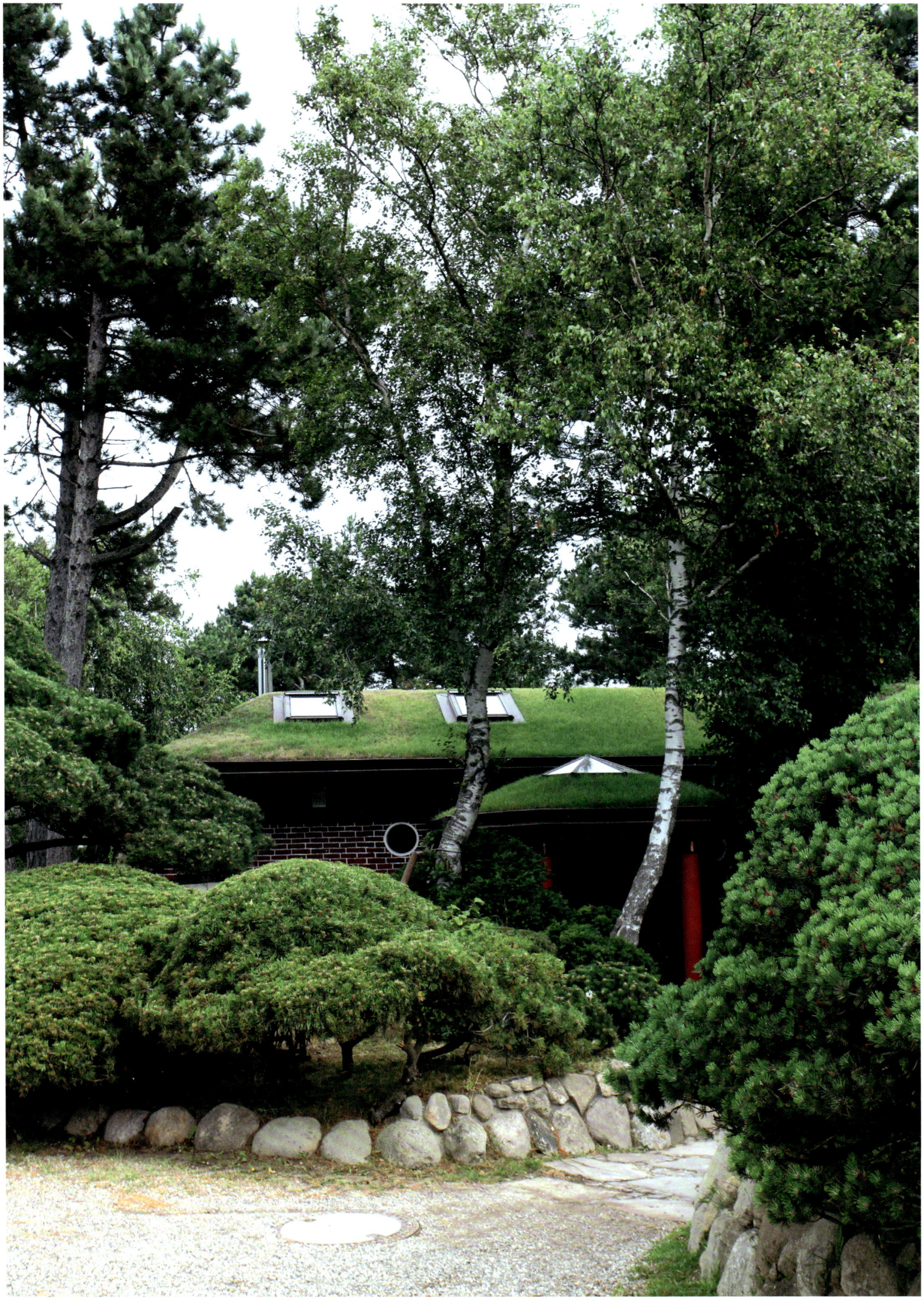

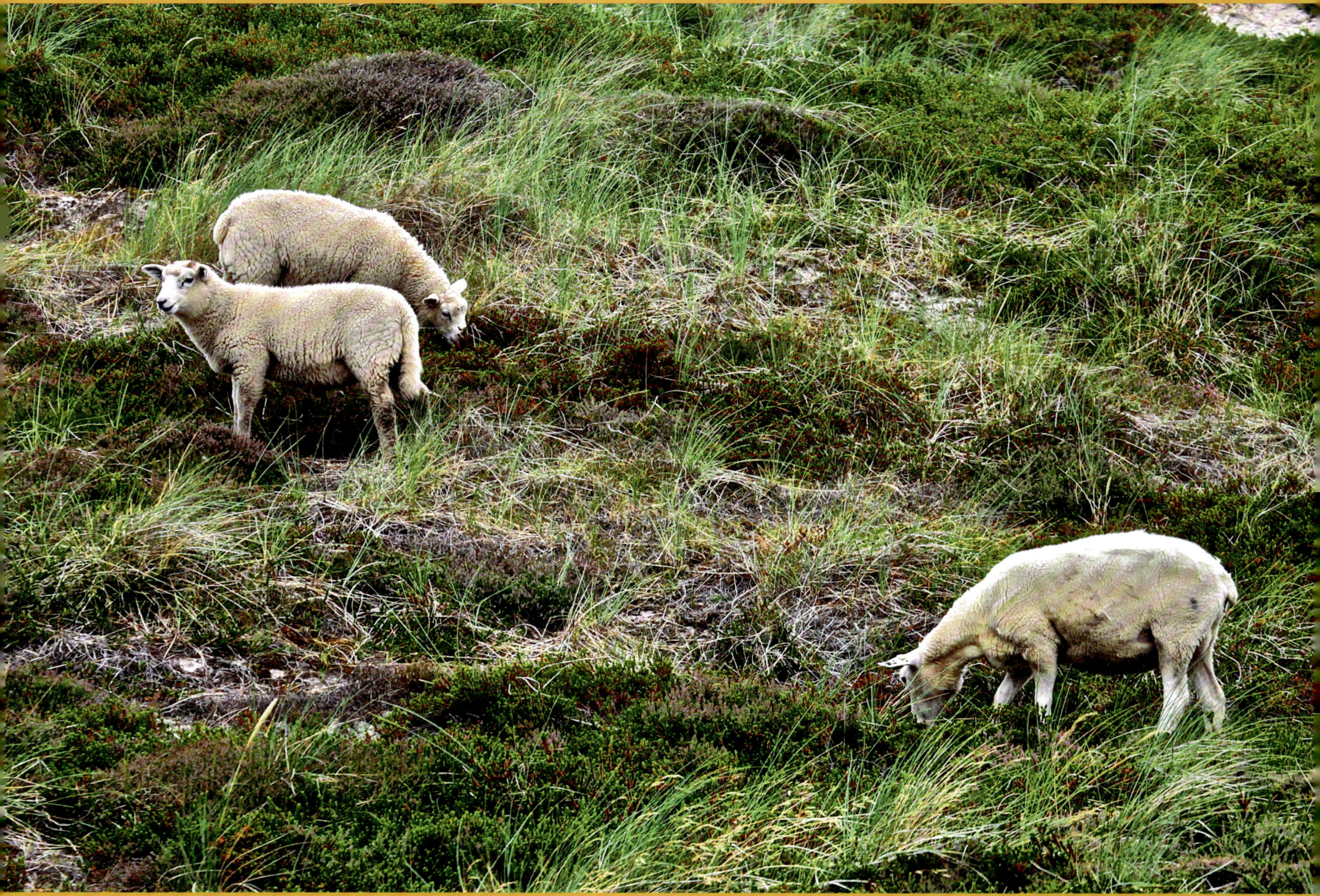

Watt und Heide

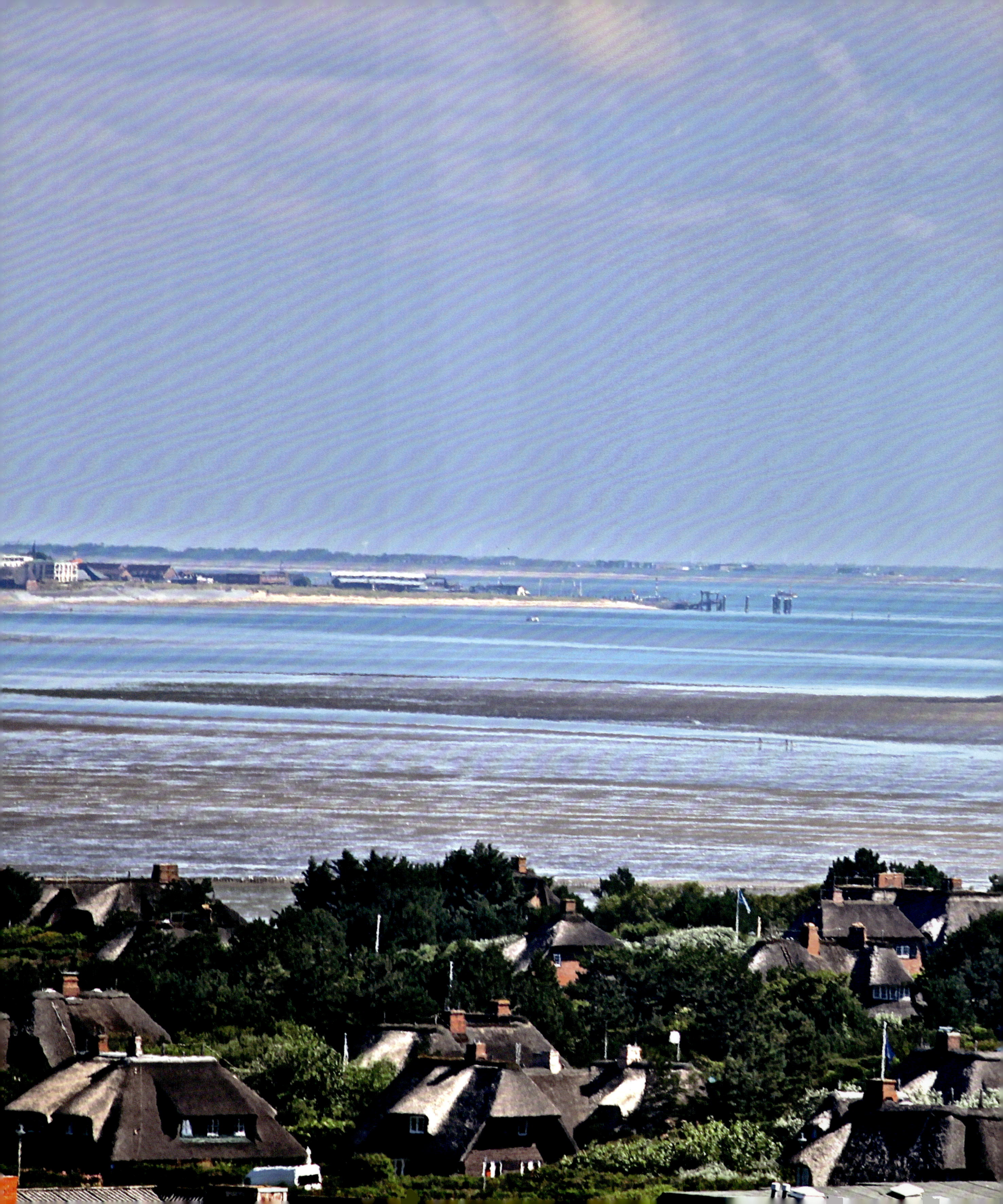

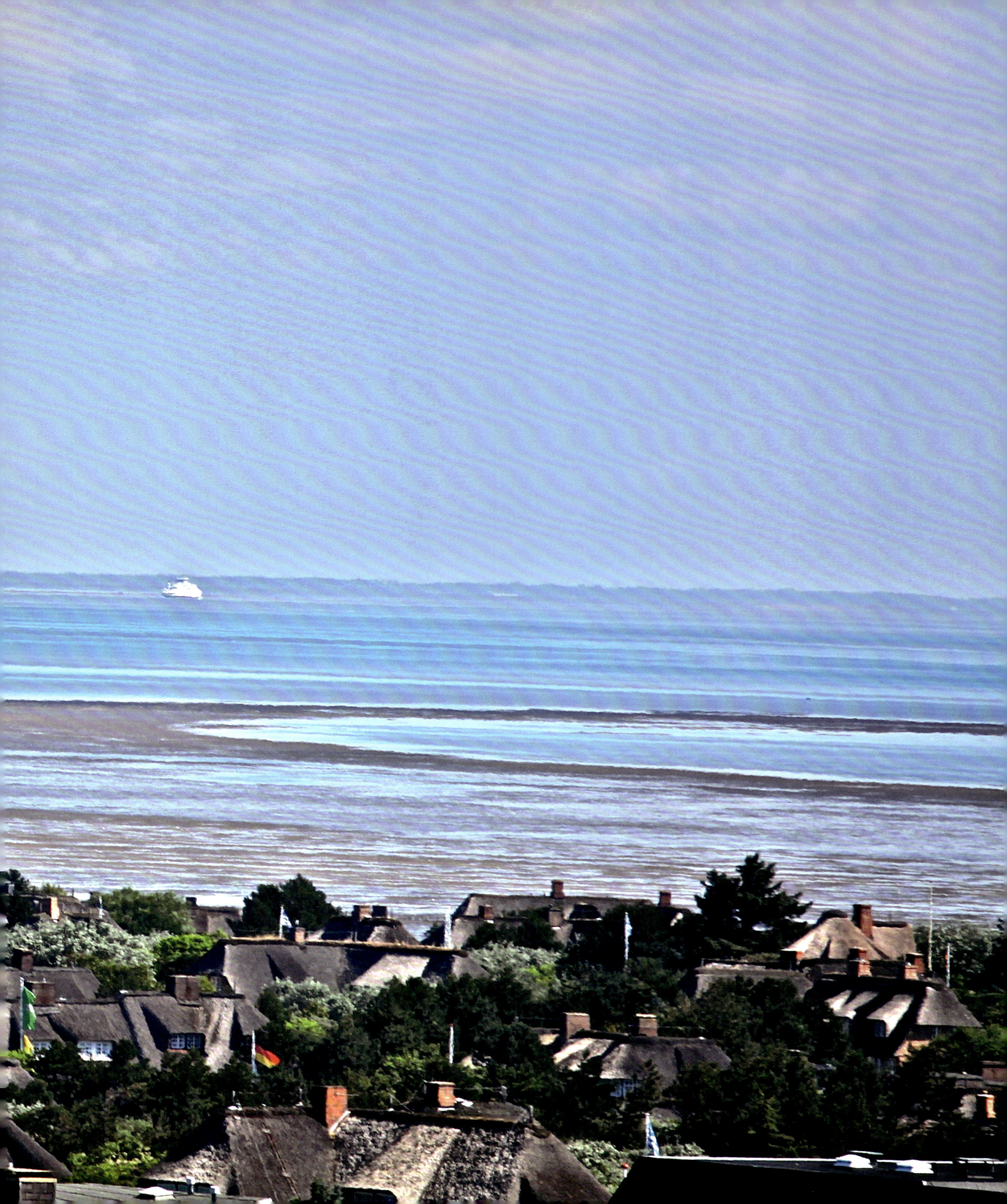

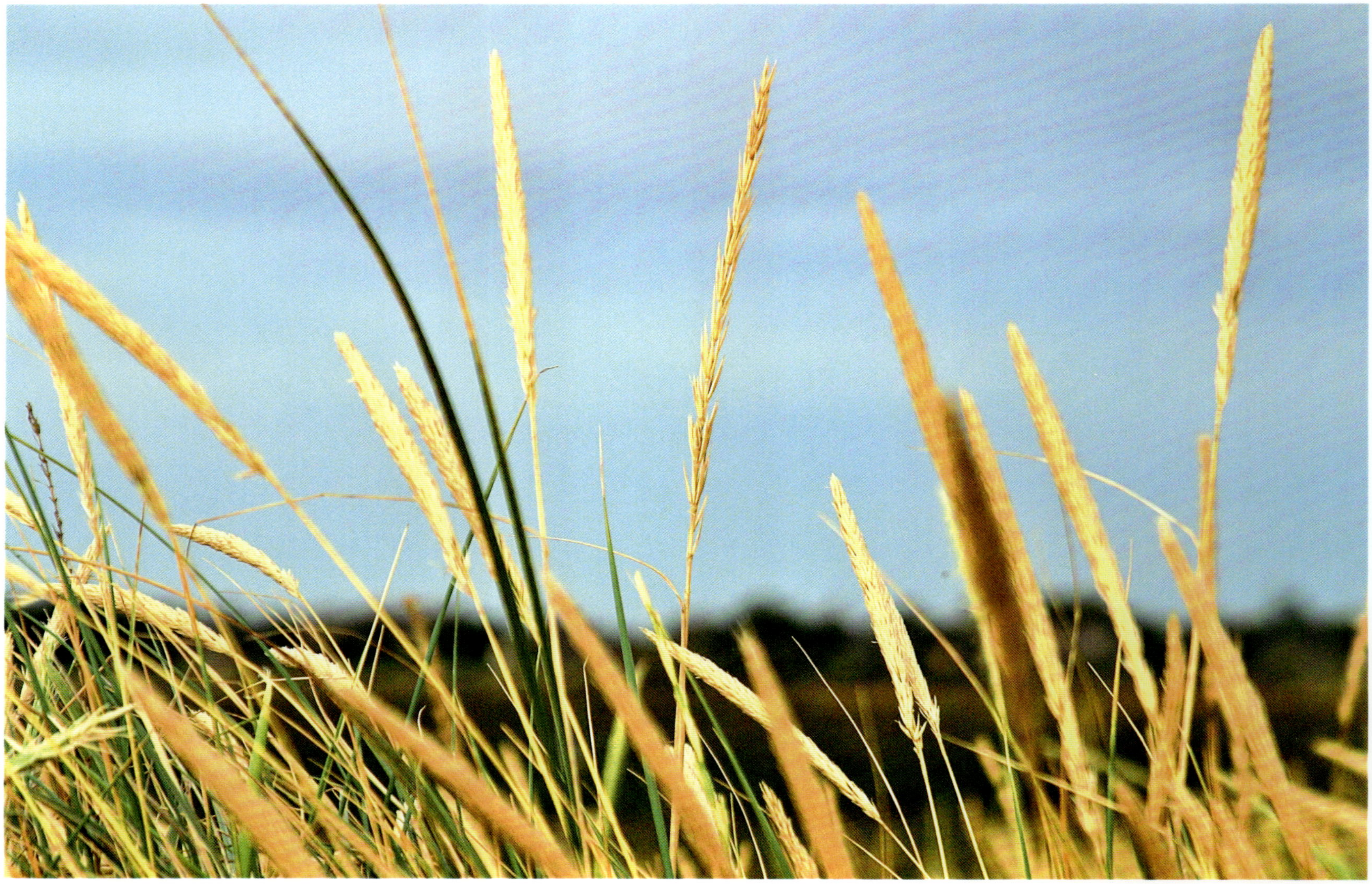

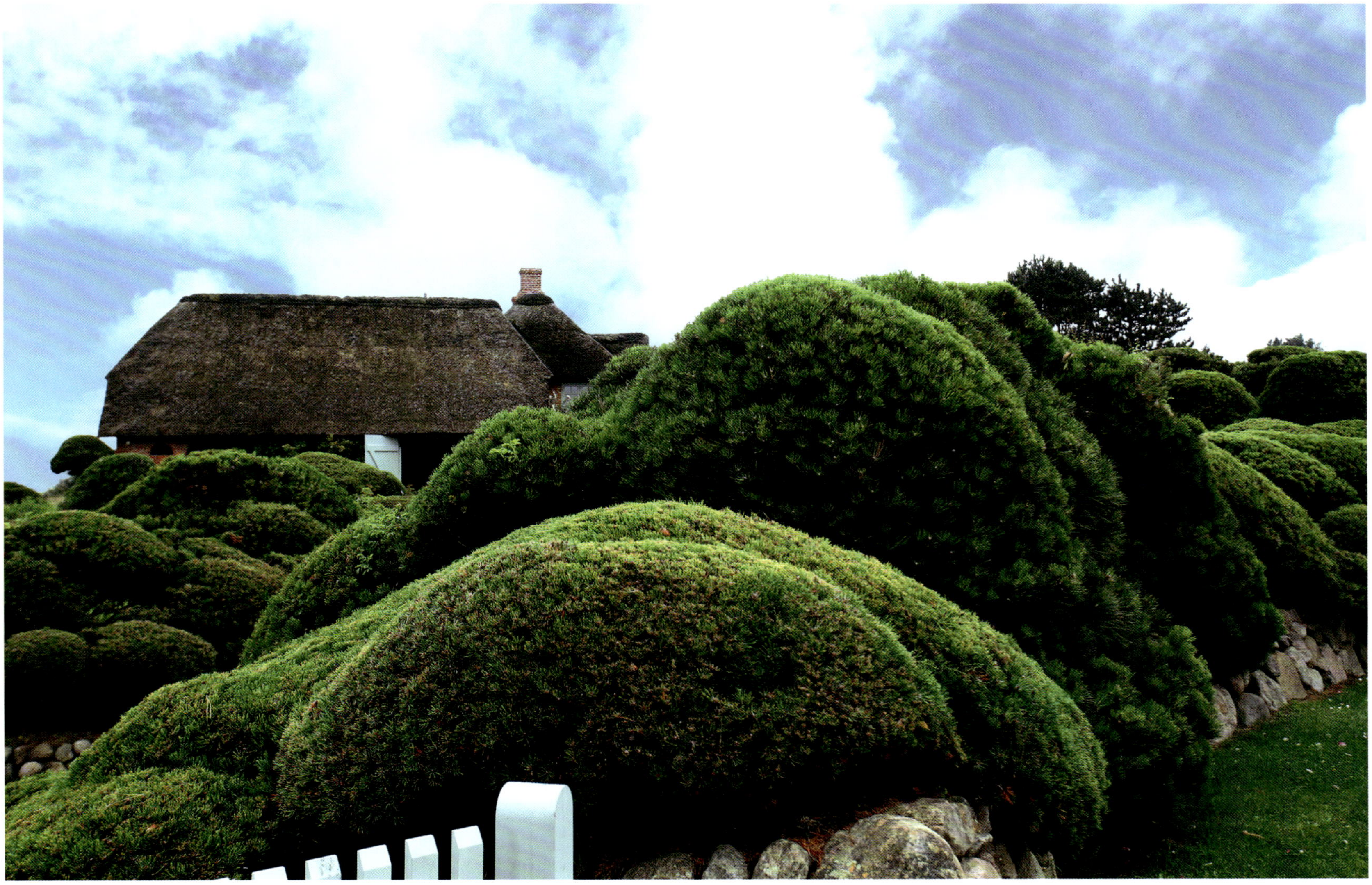

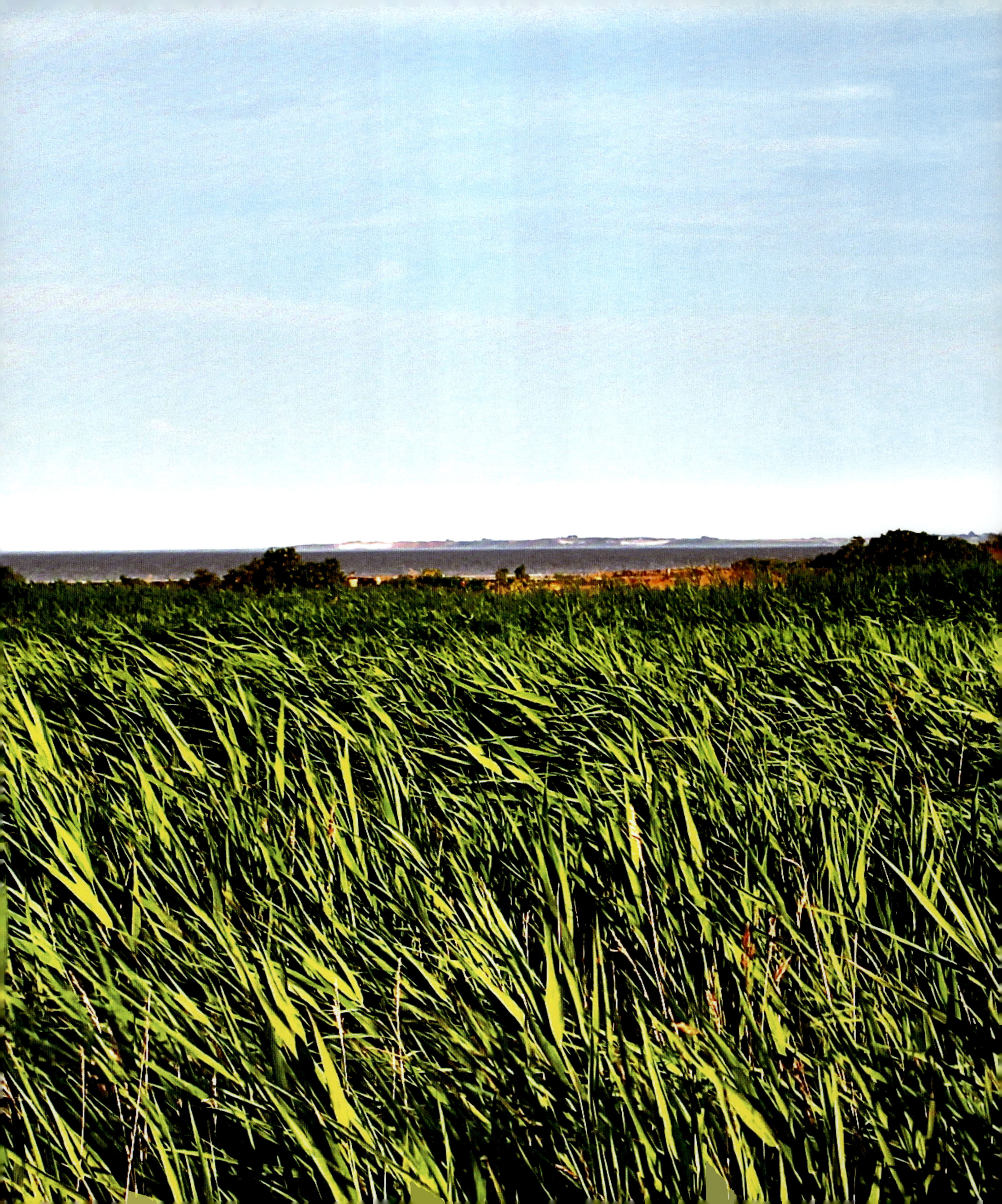

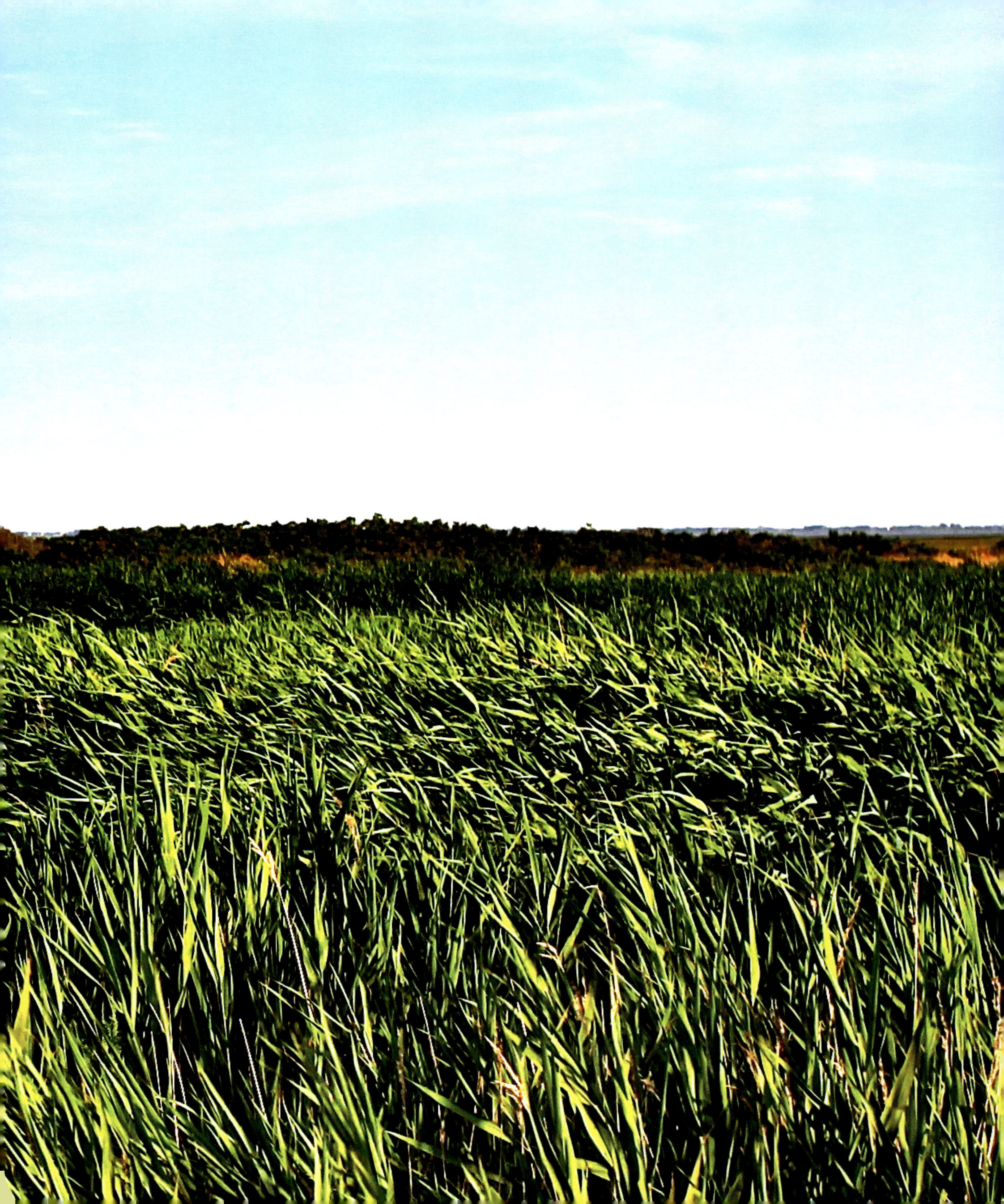

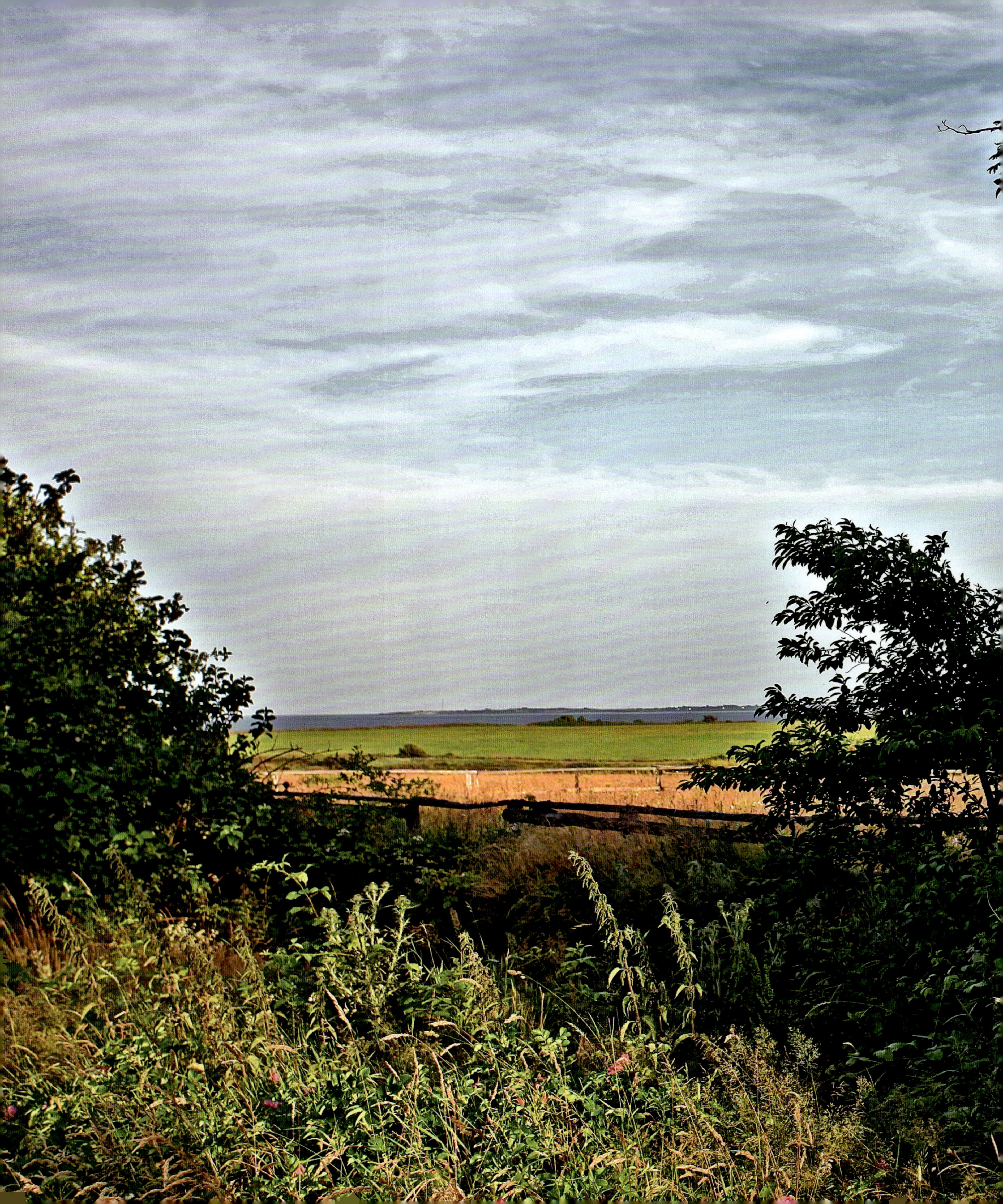

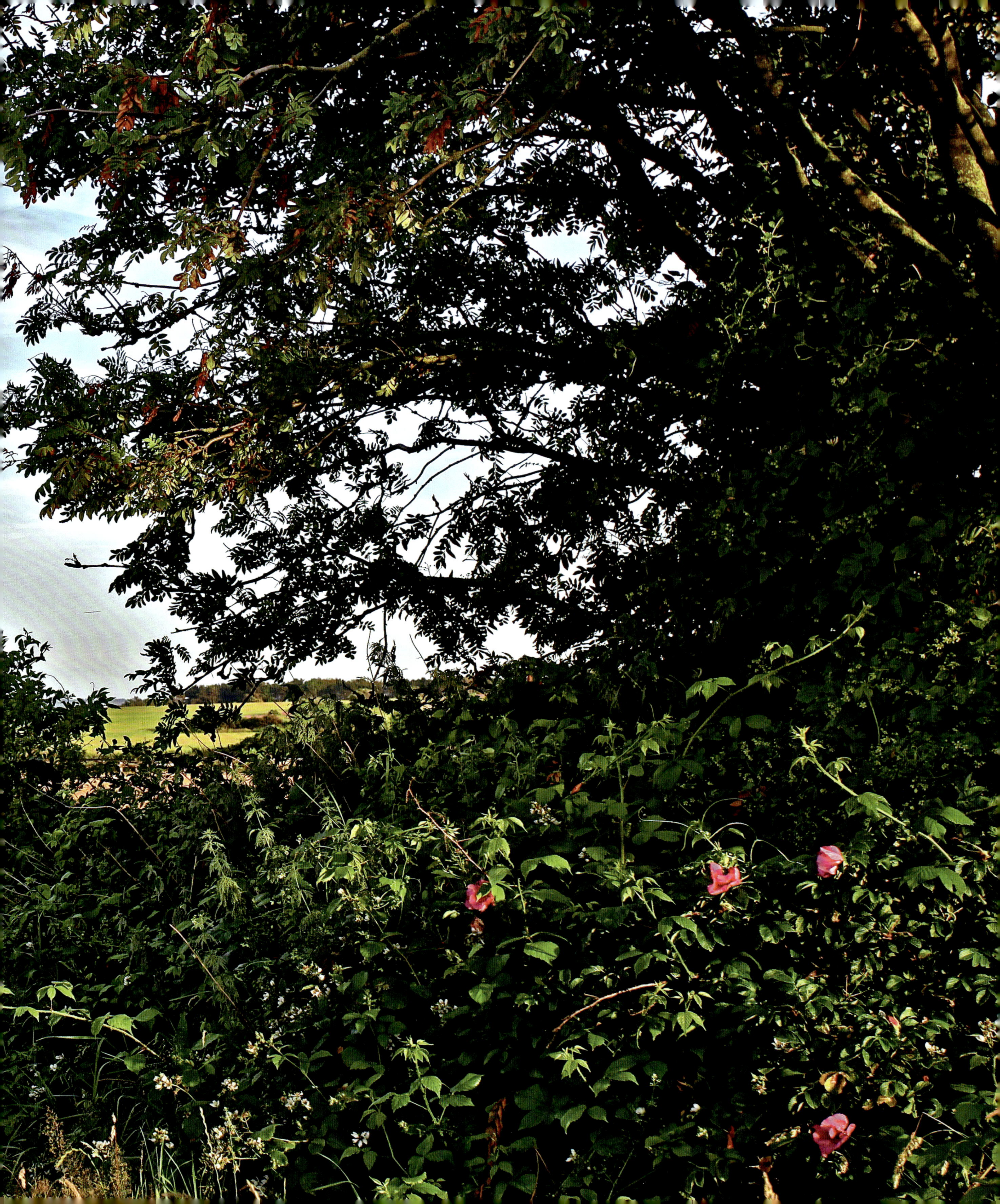

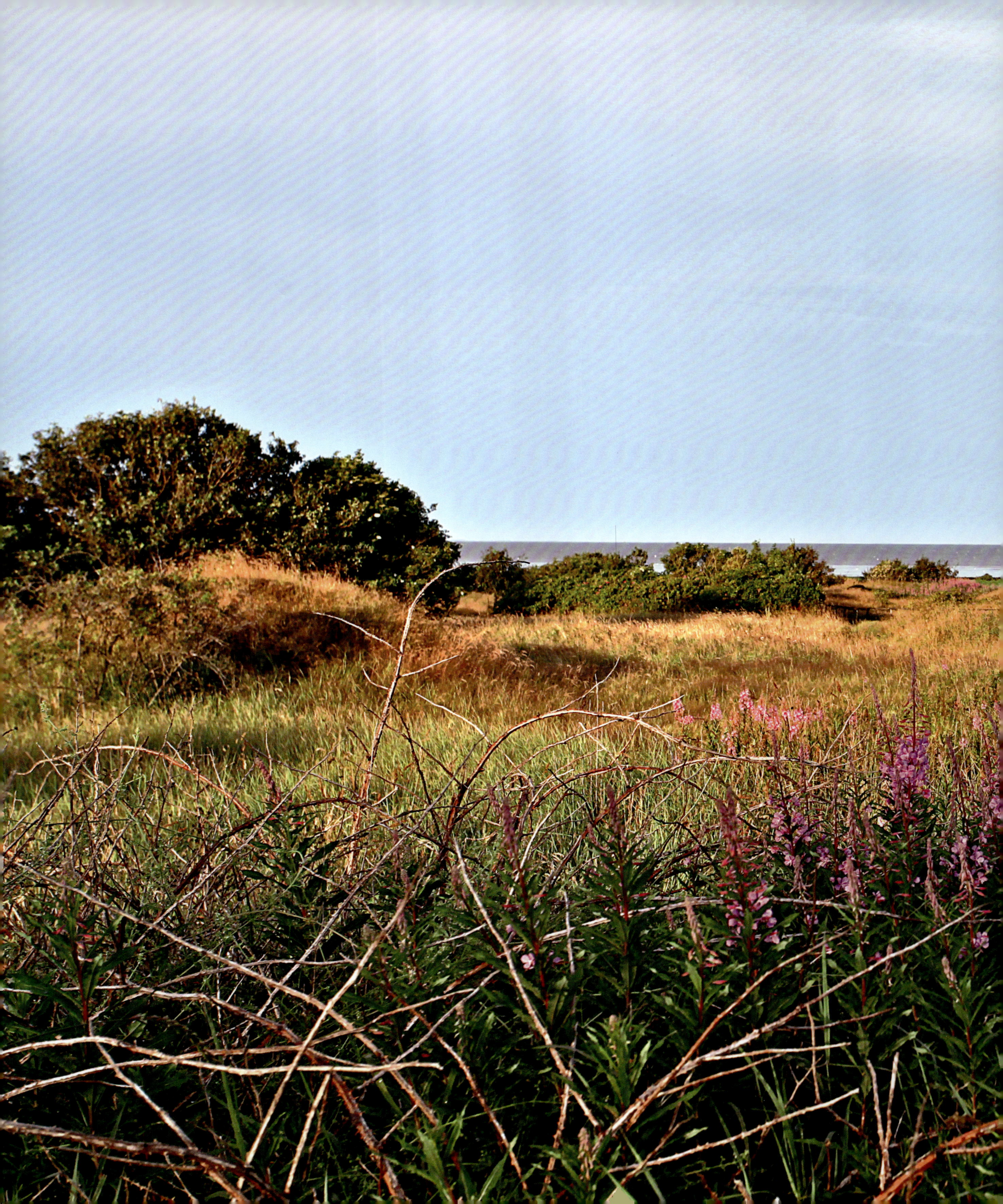

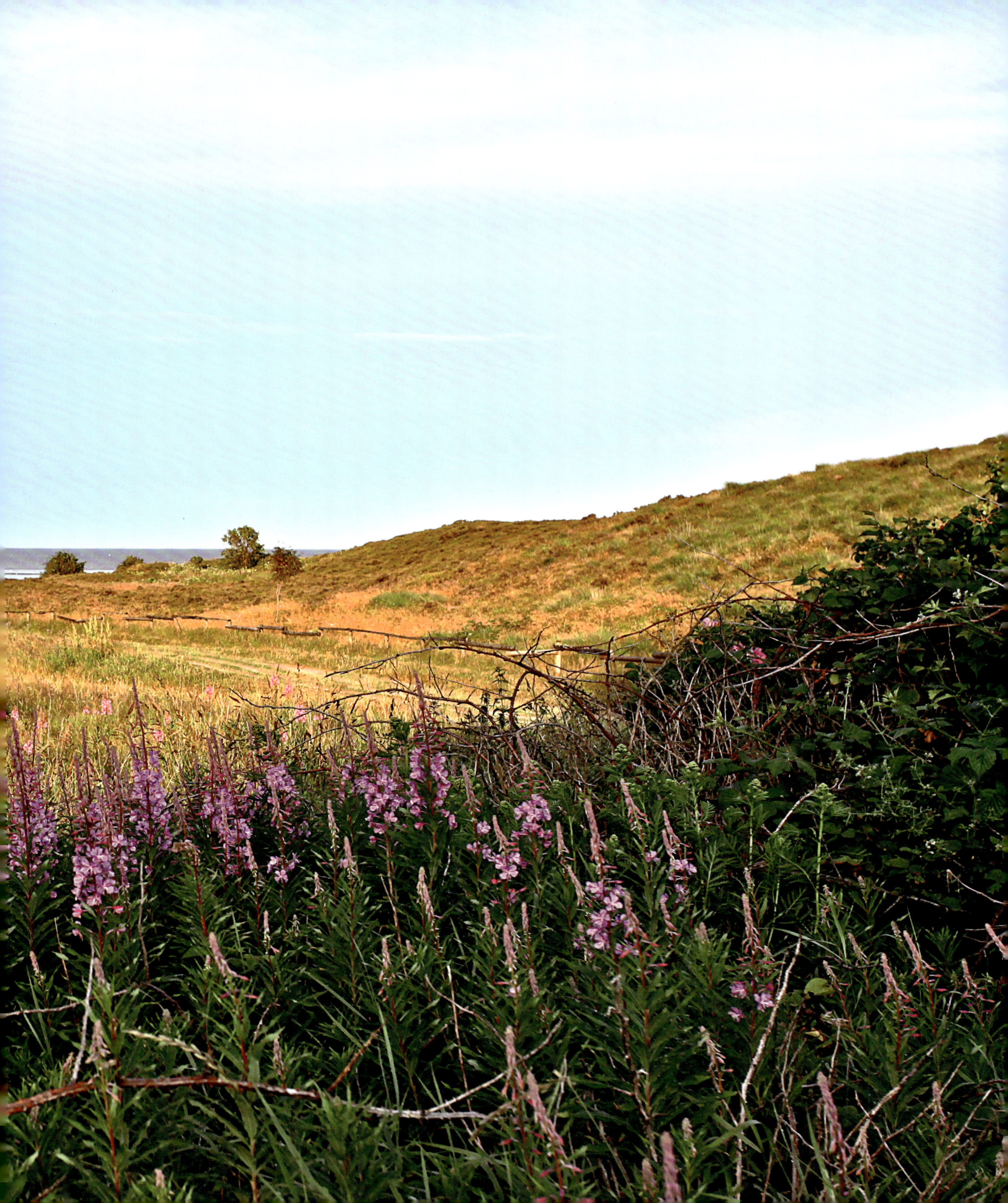

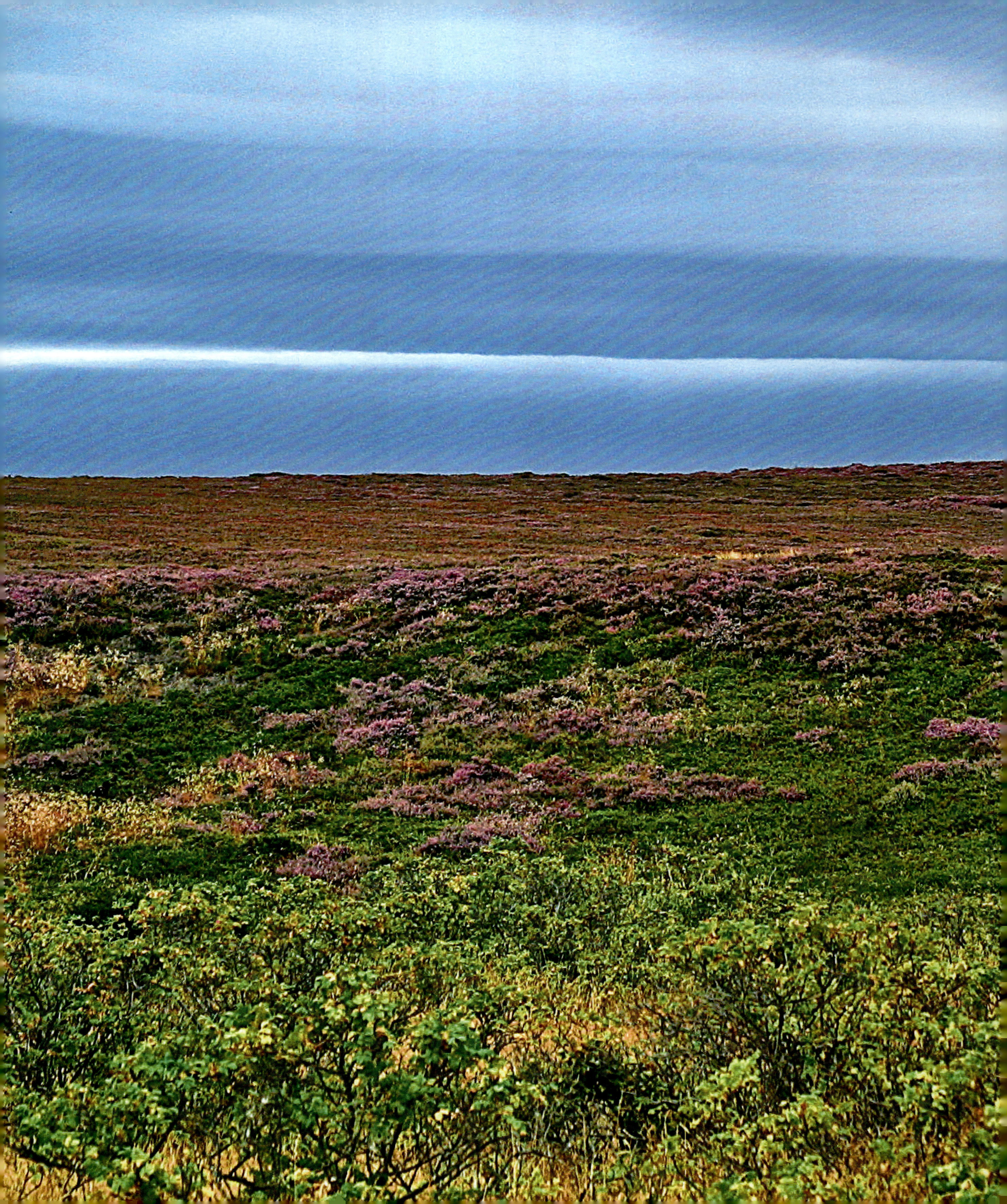

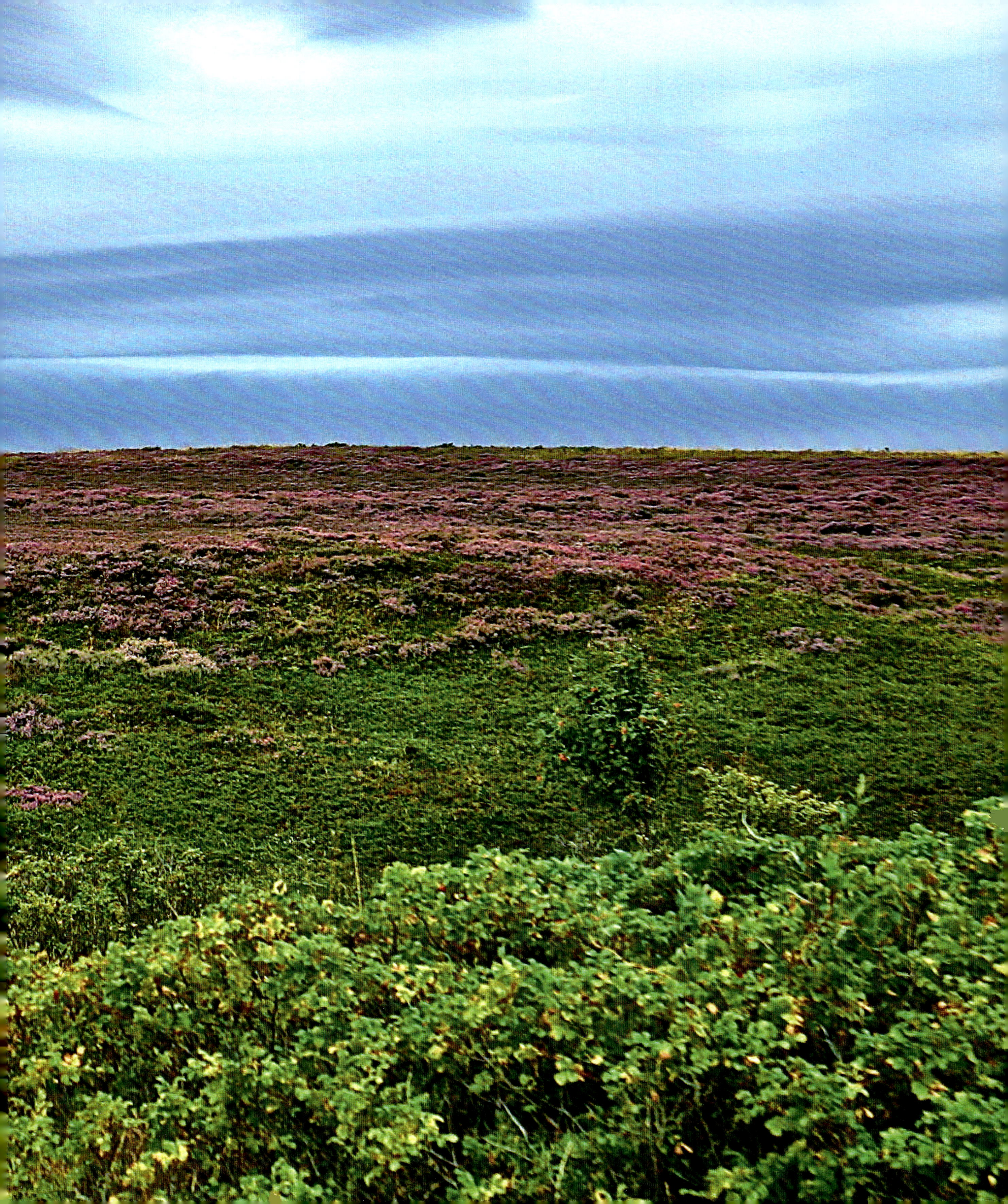

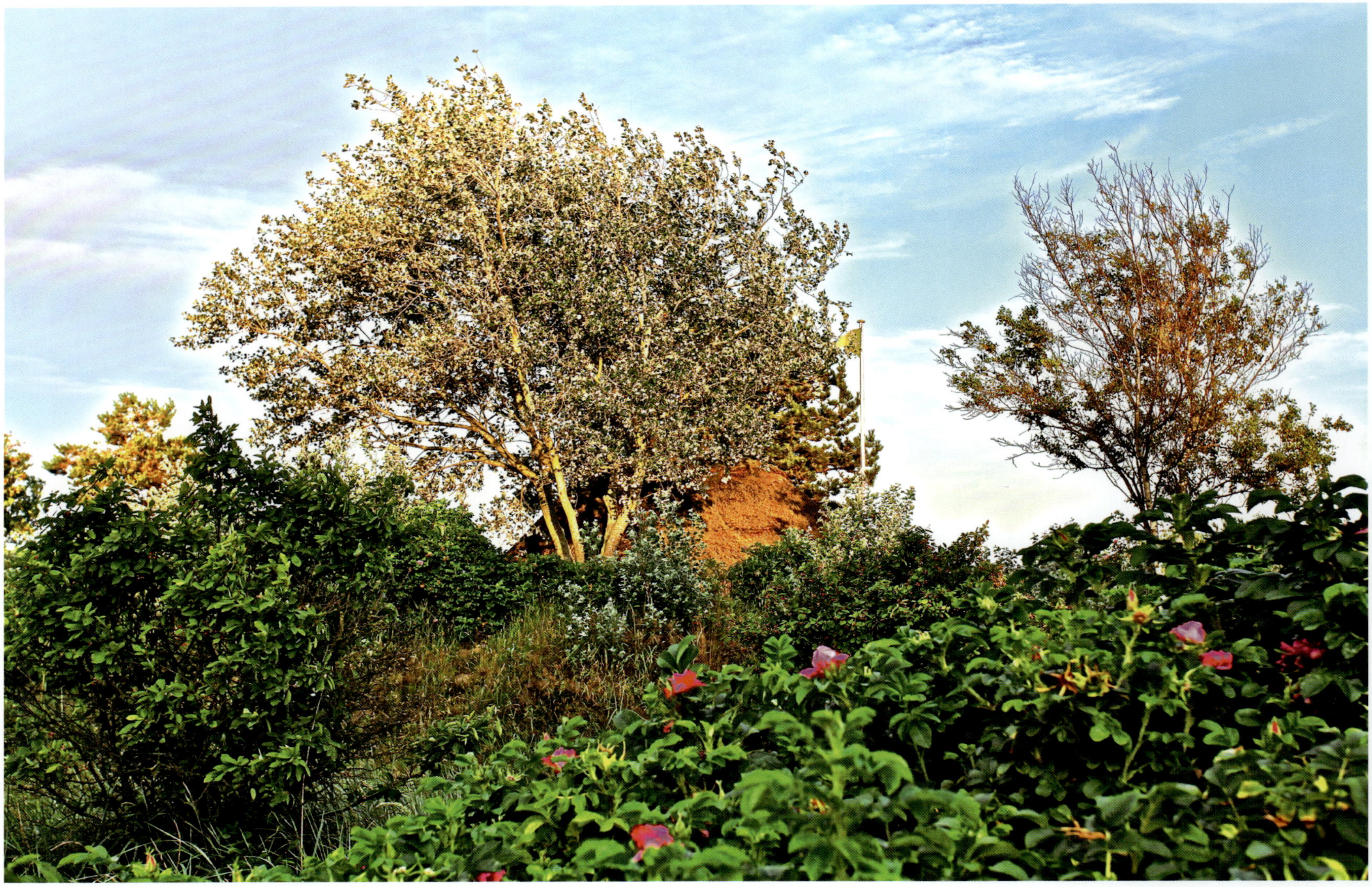

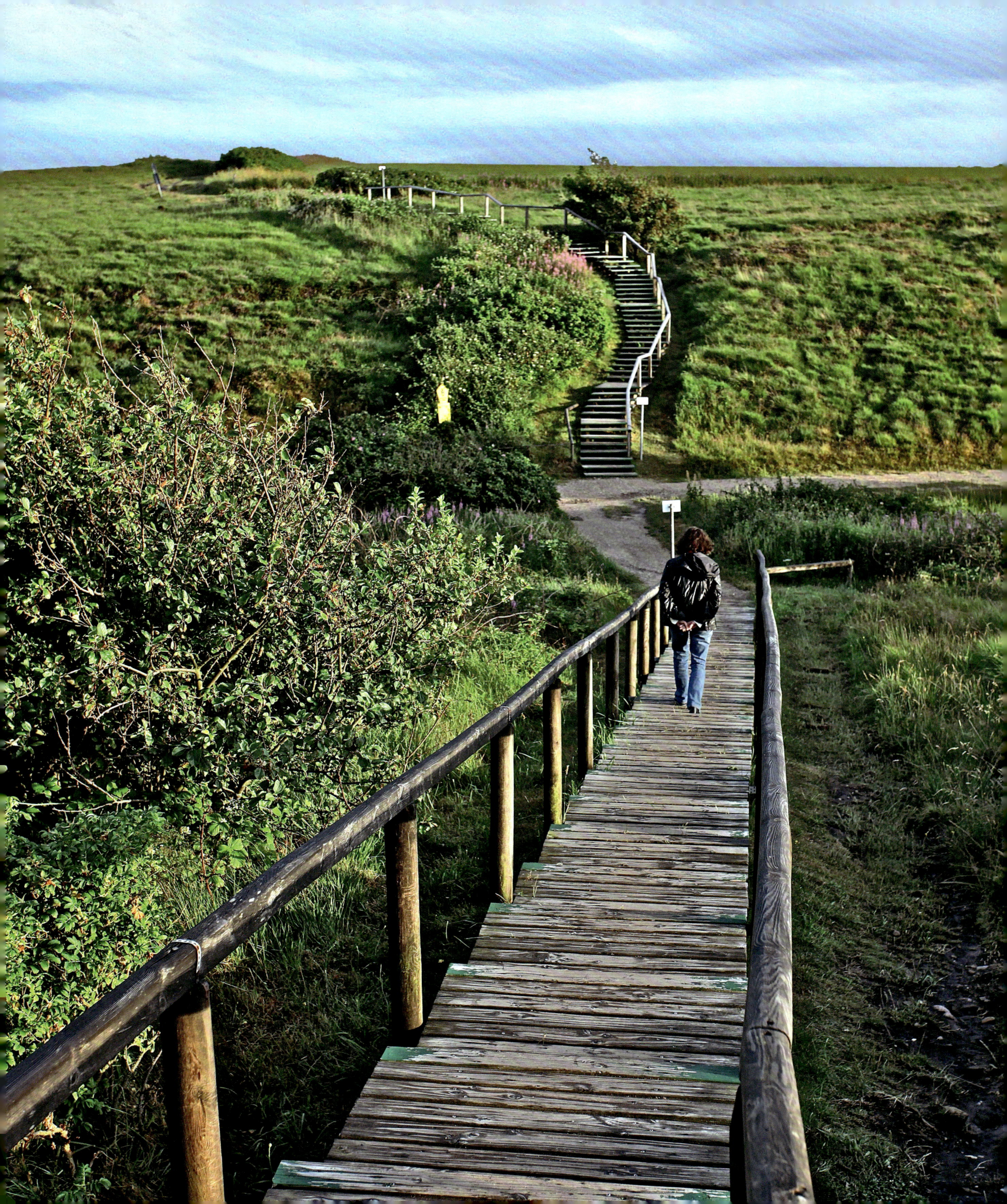

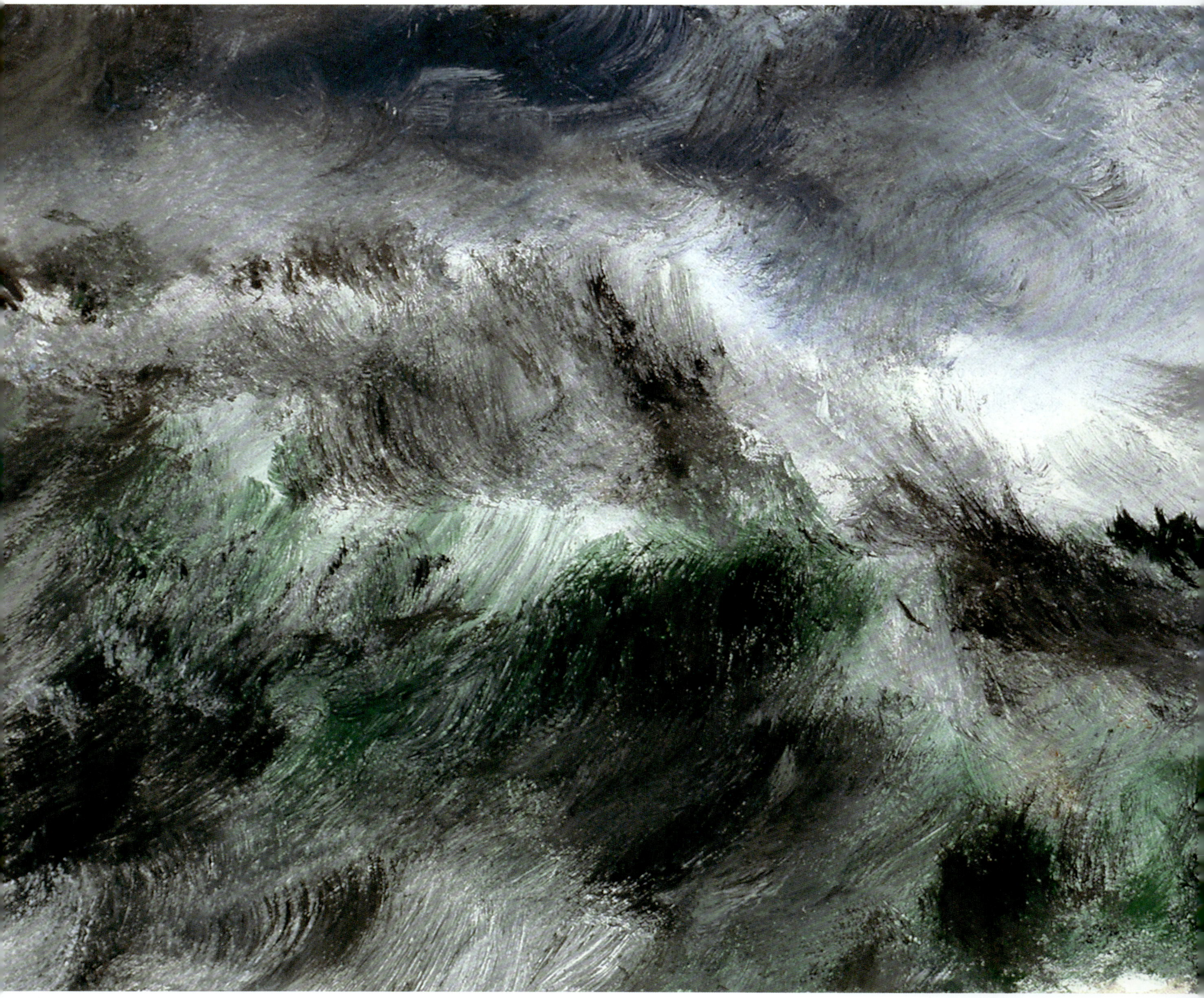

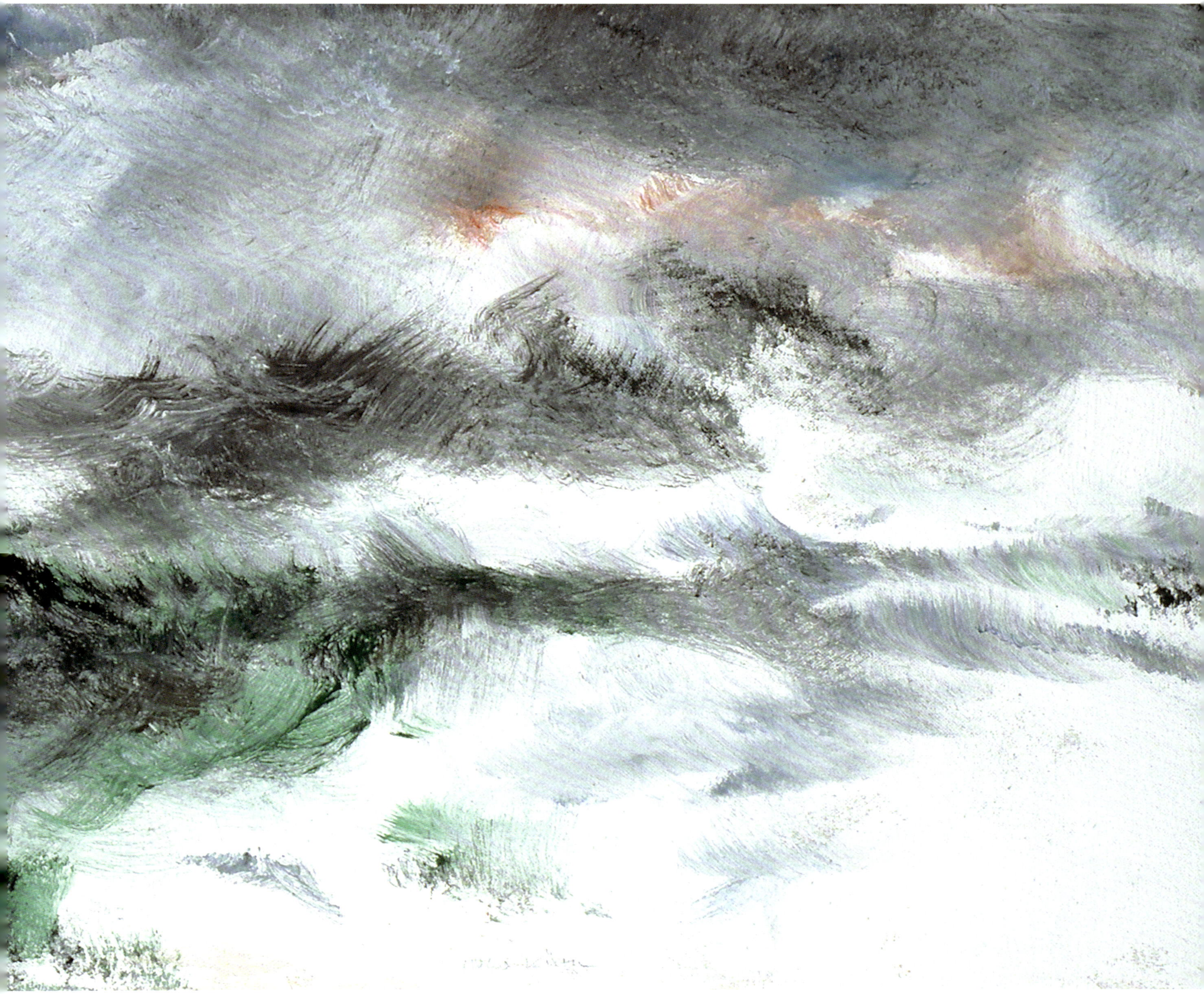

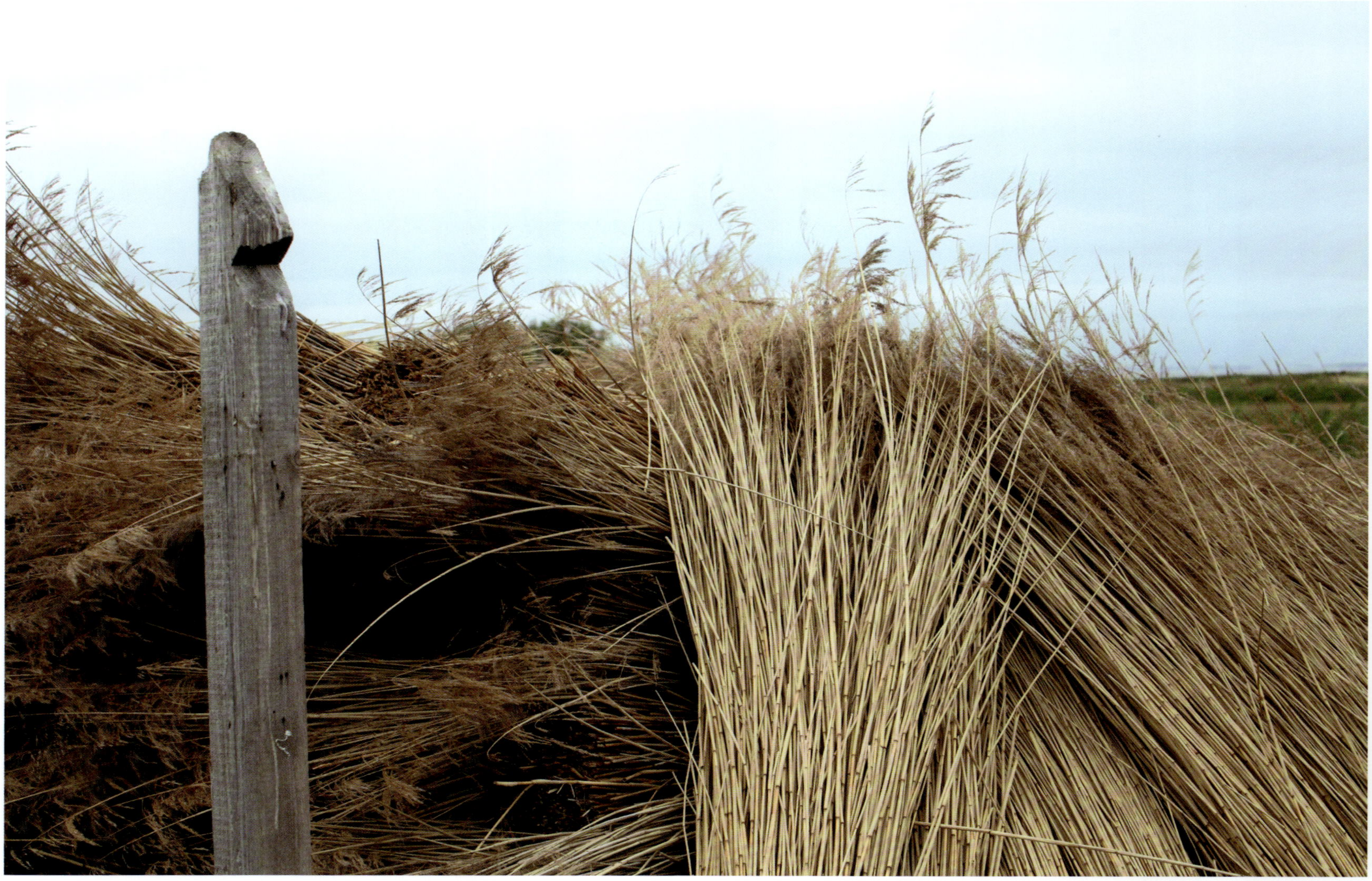

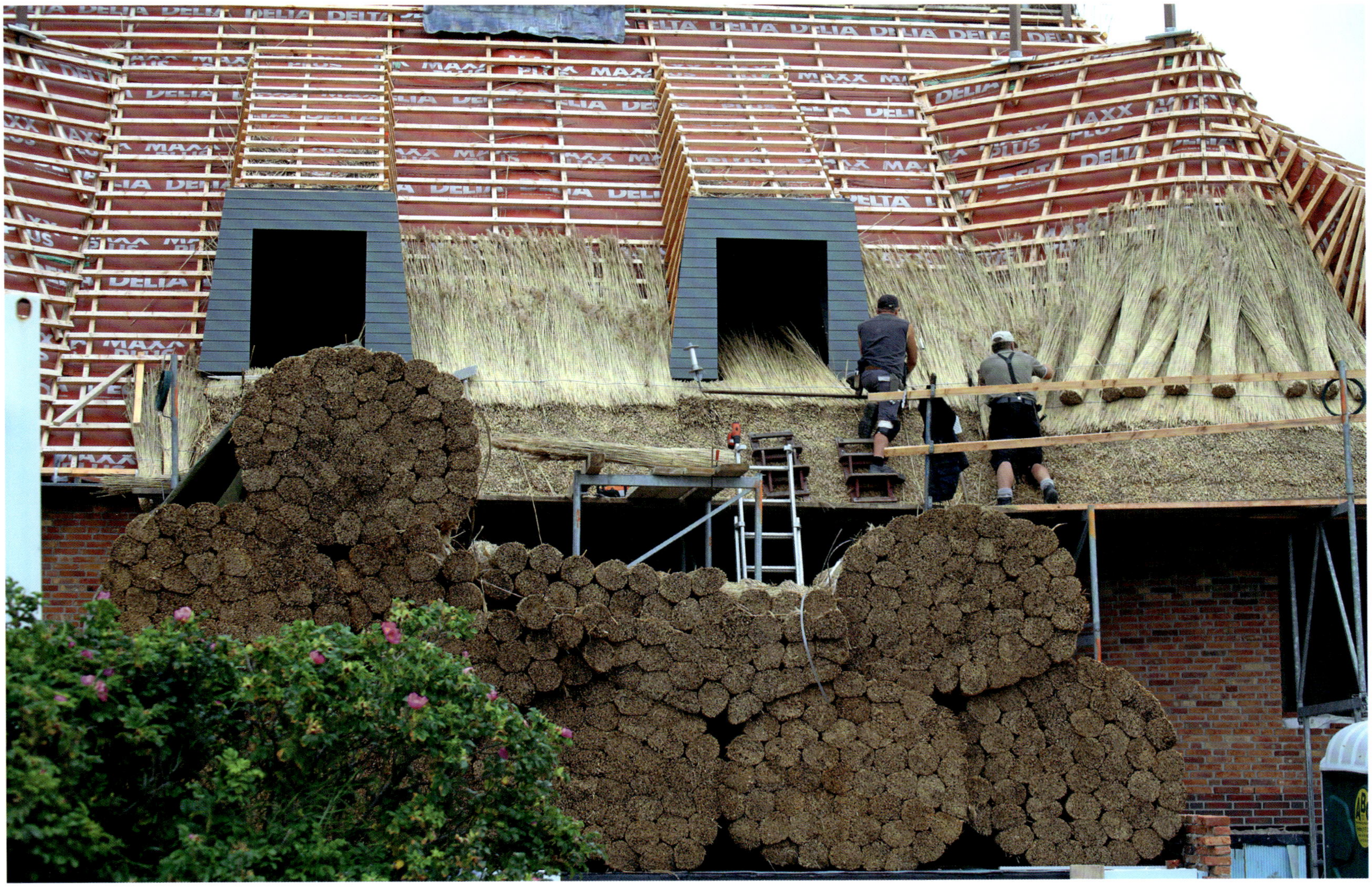
DELTA
MAXX
PLUS

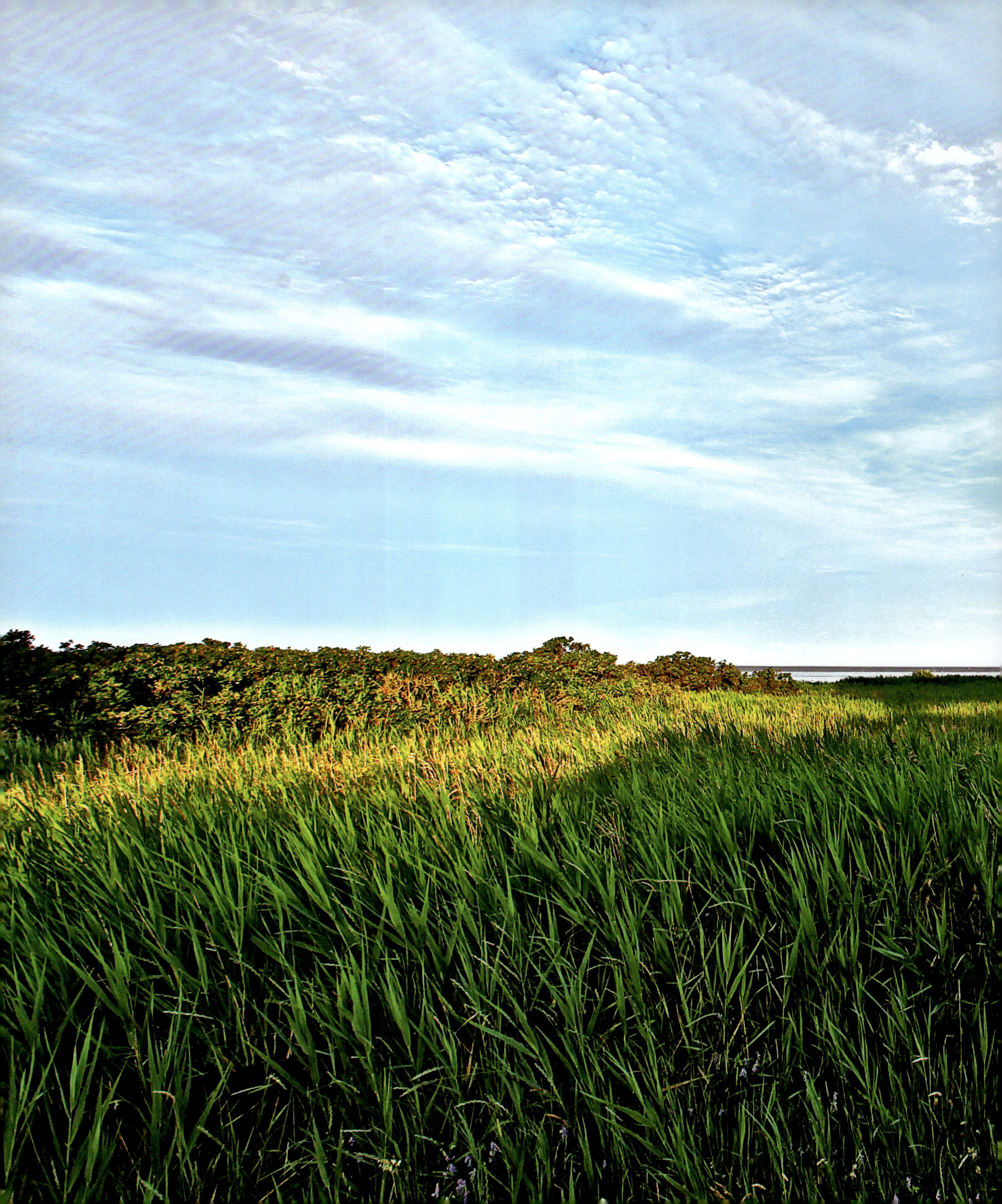

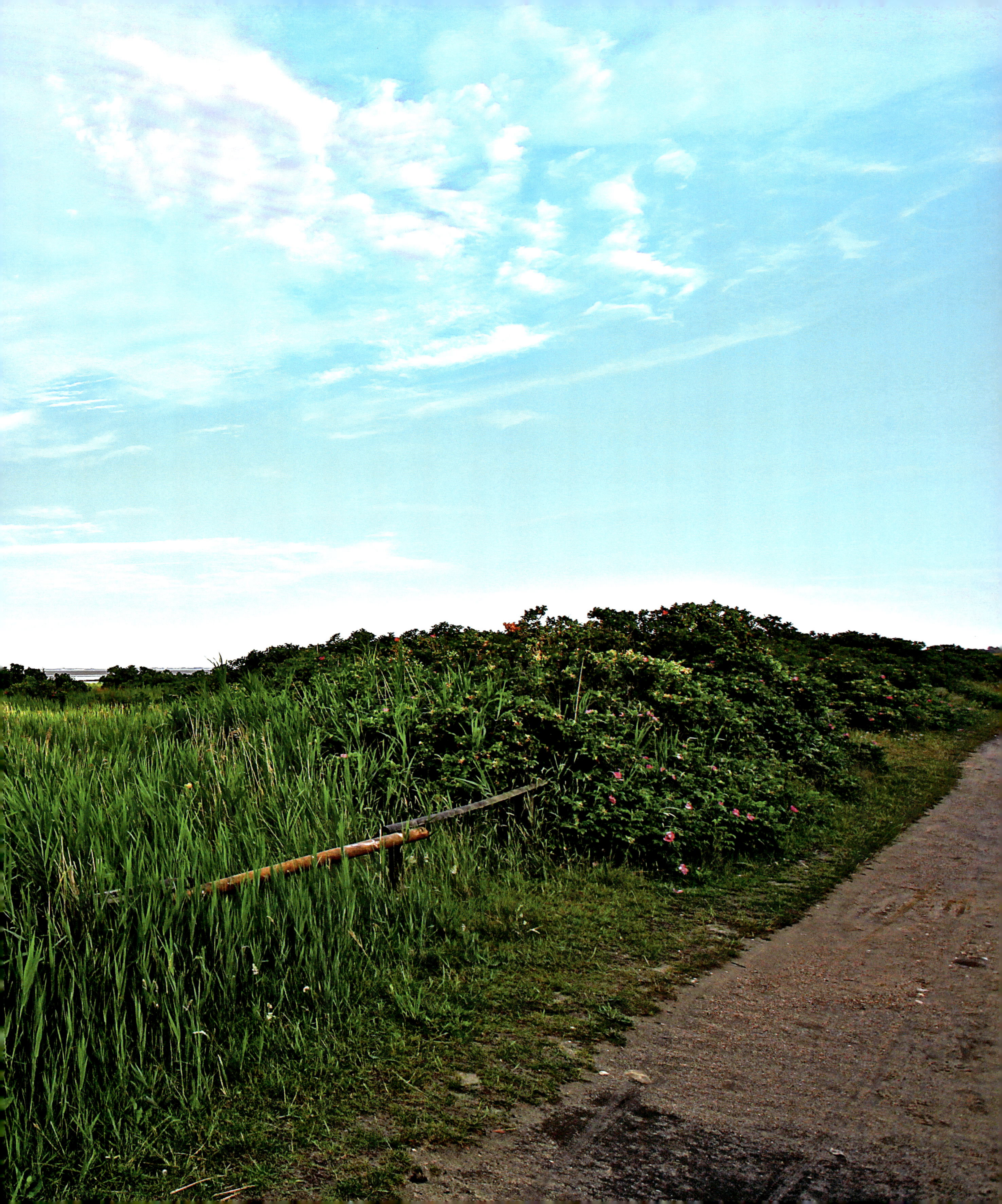

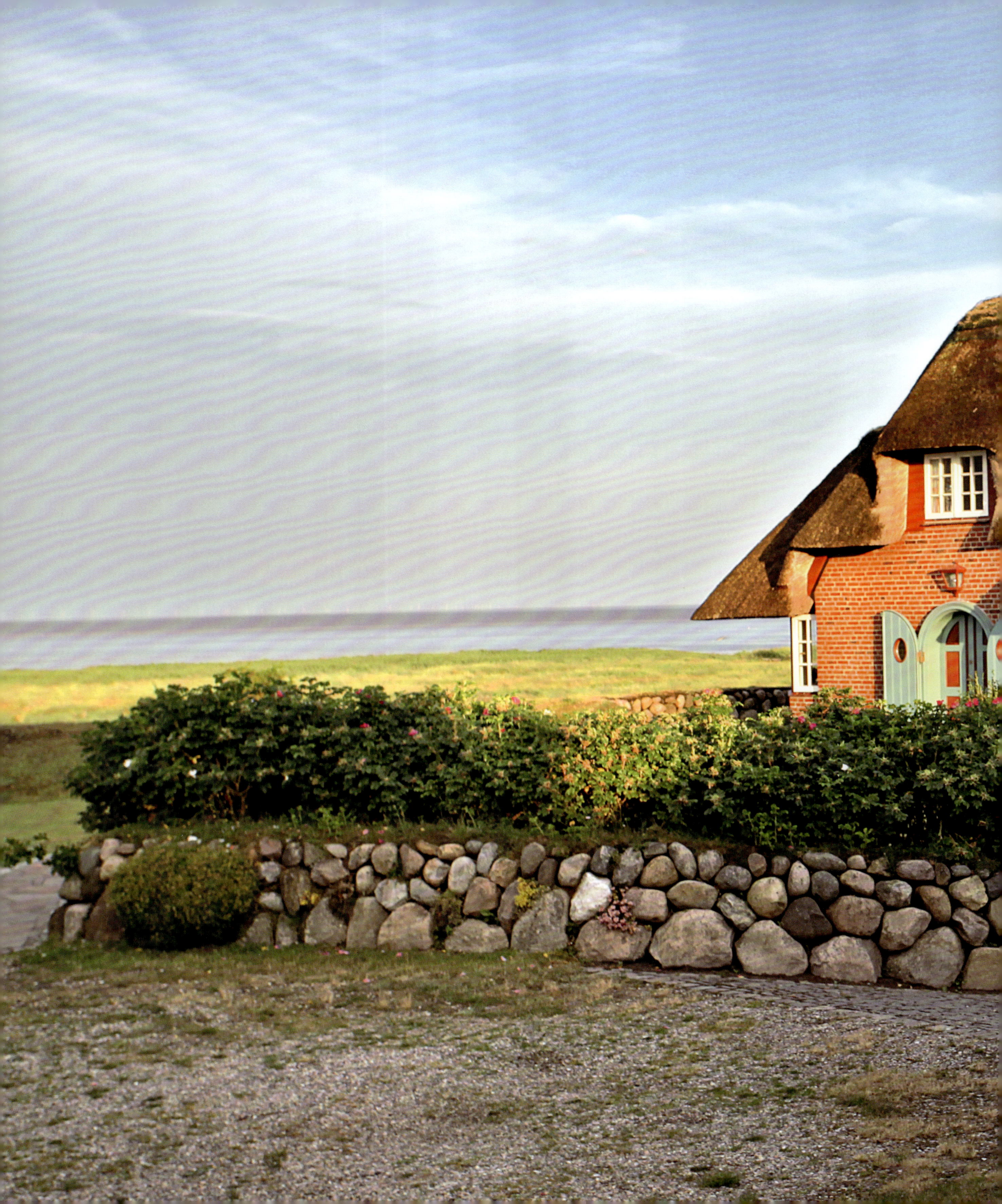

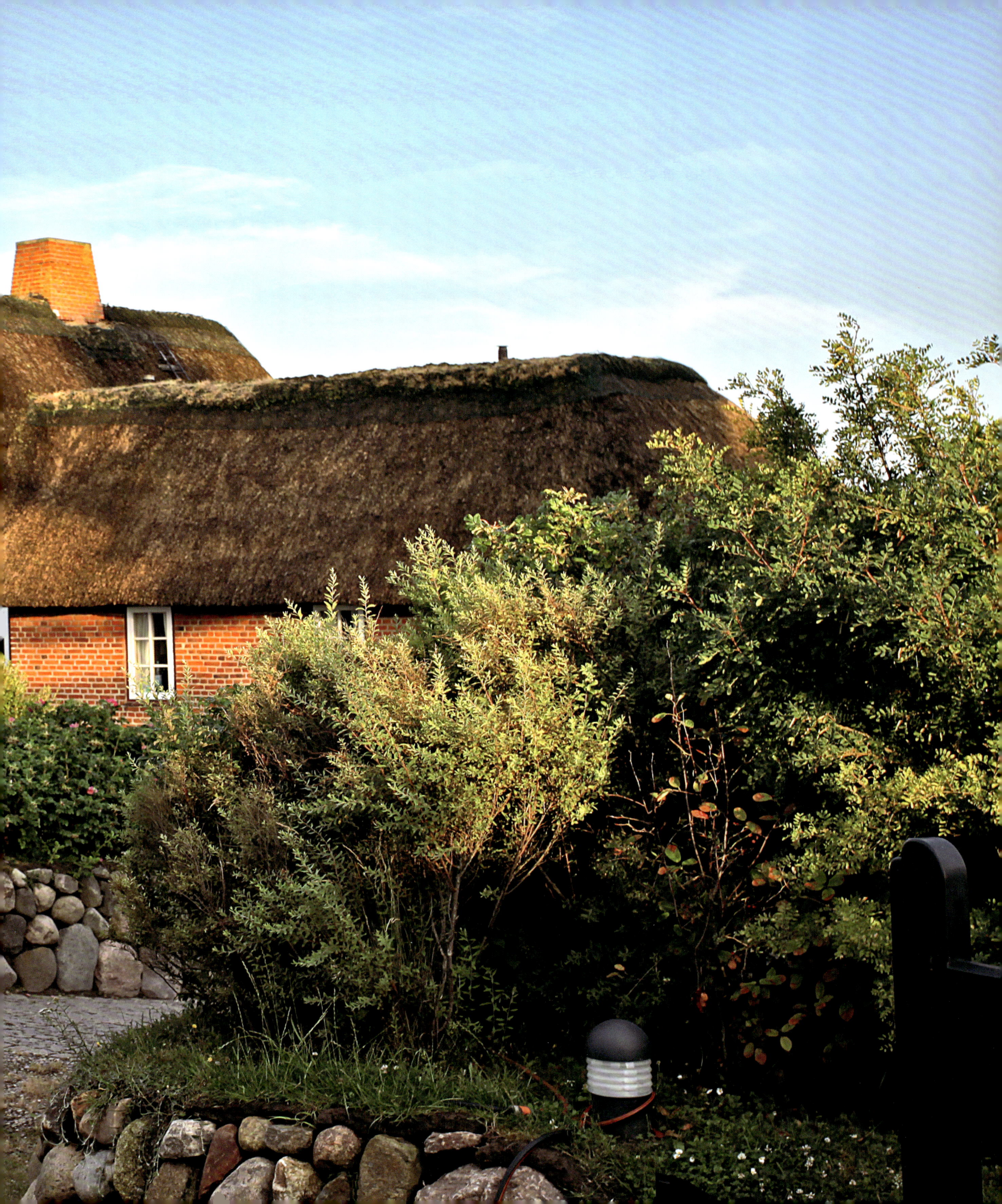

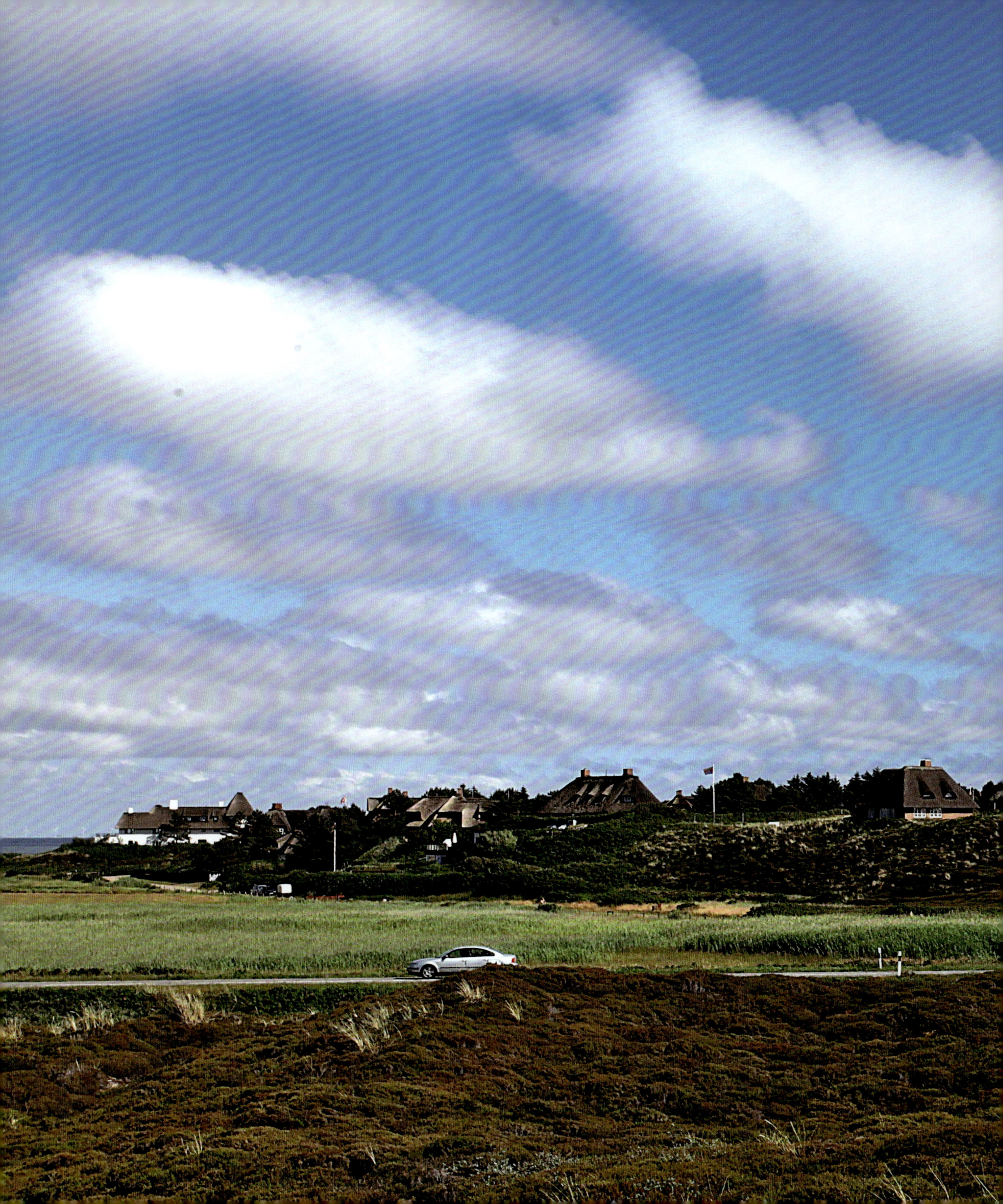

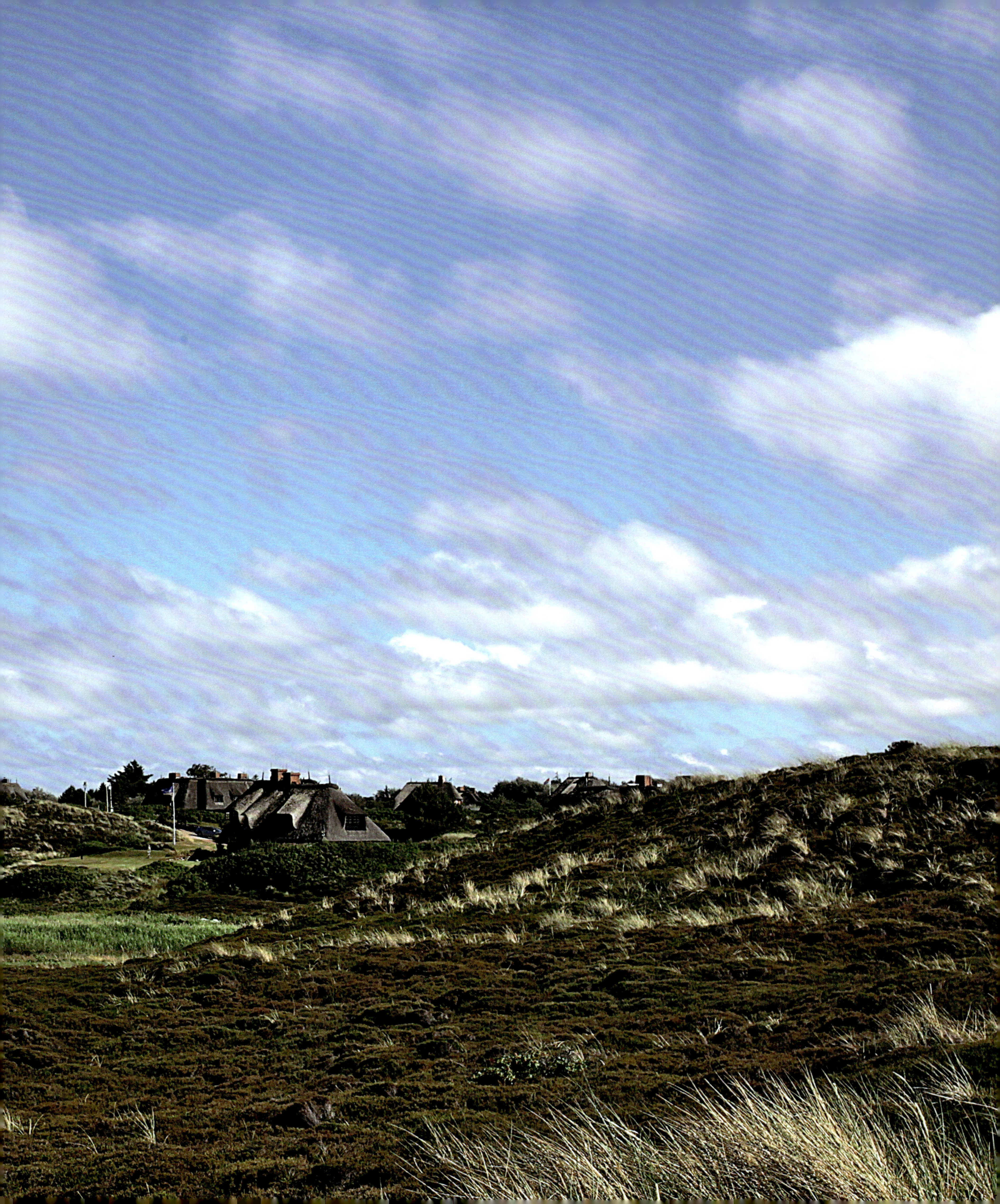

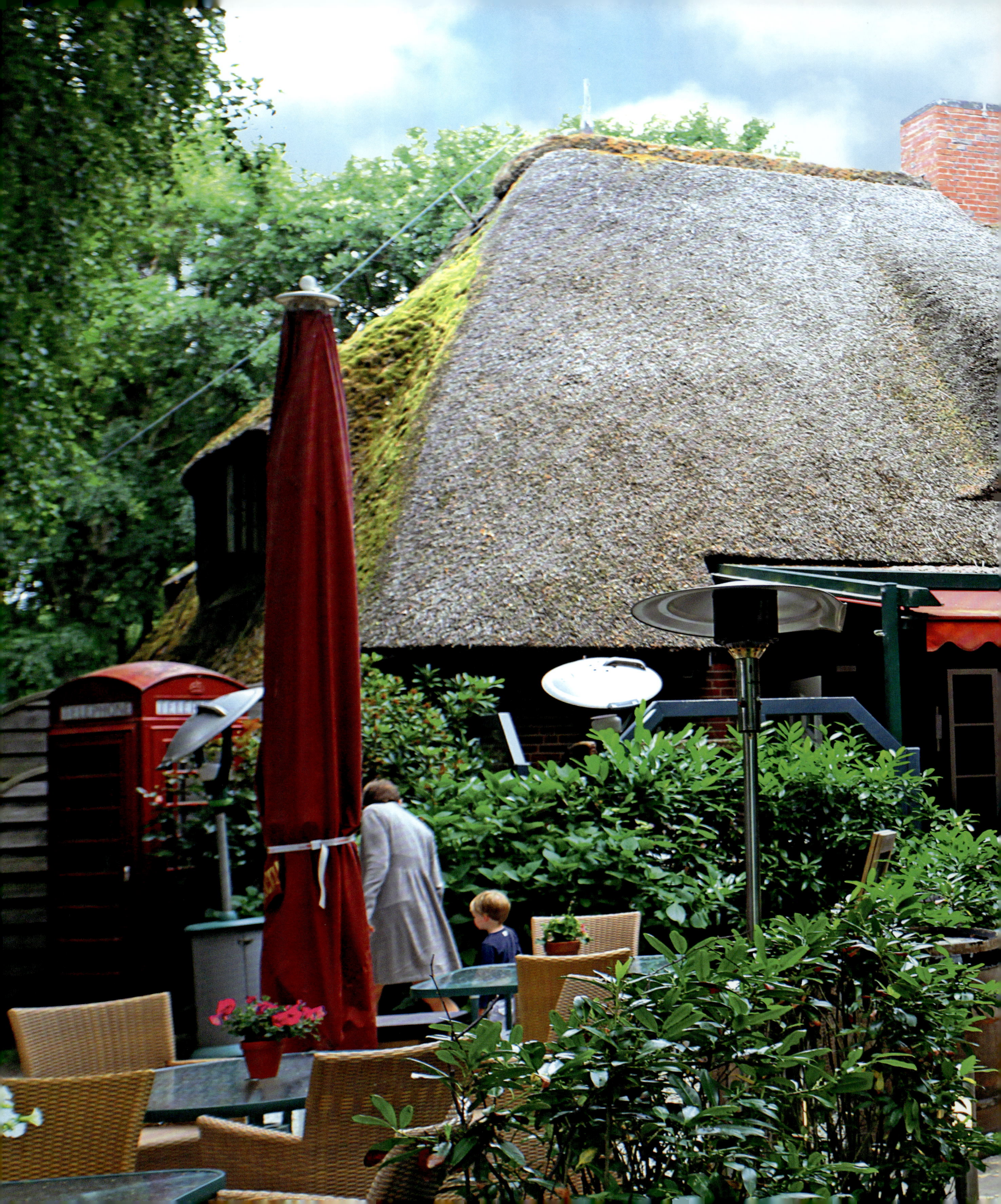

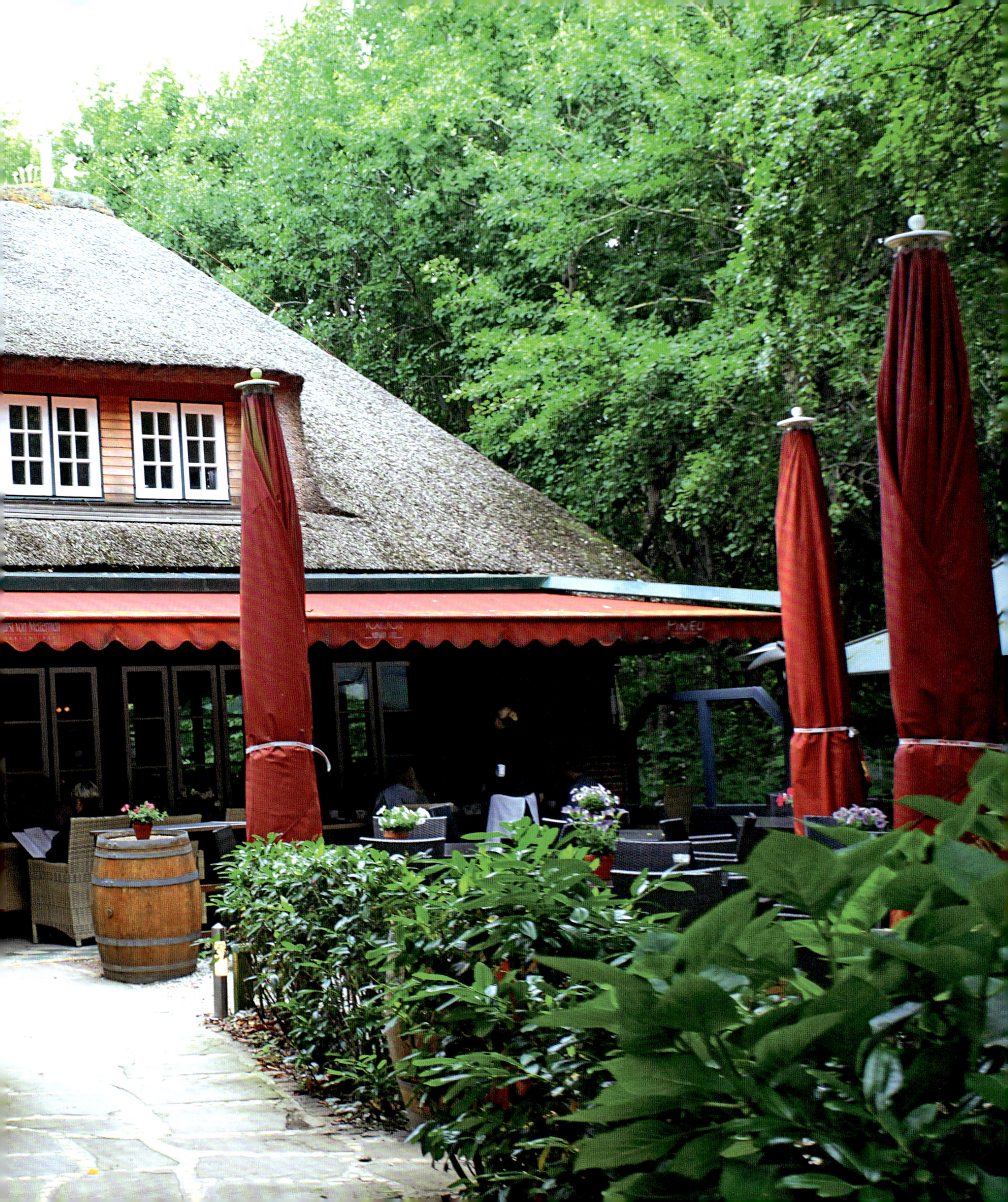

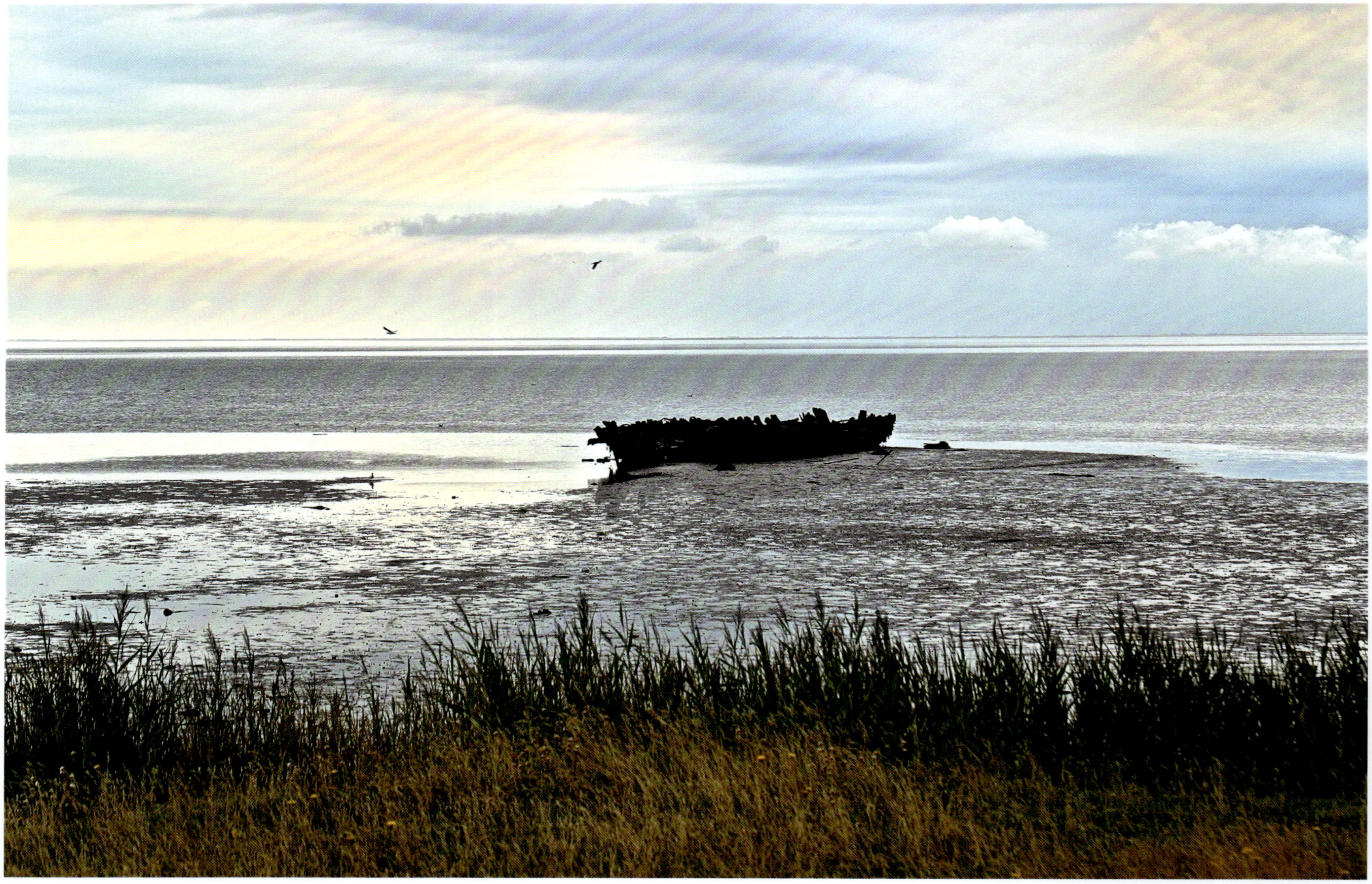

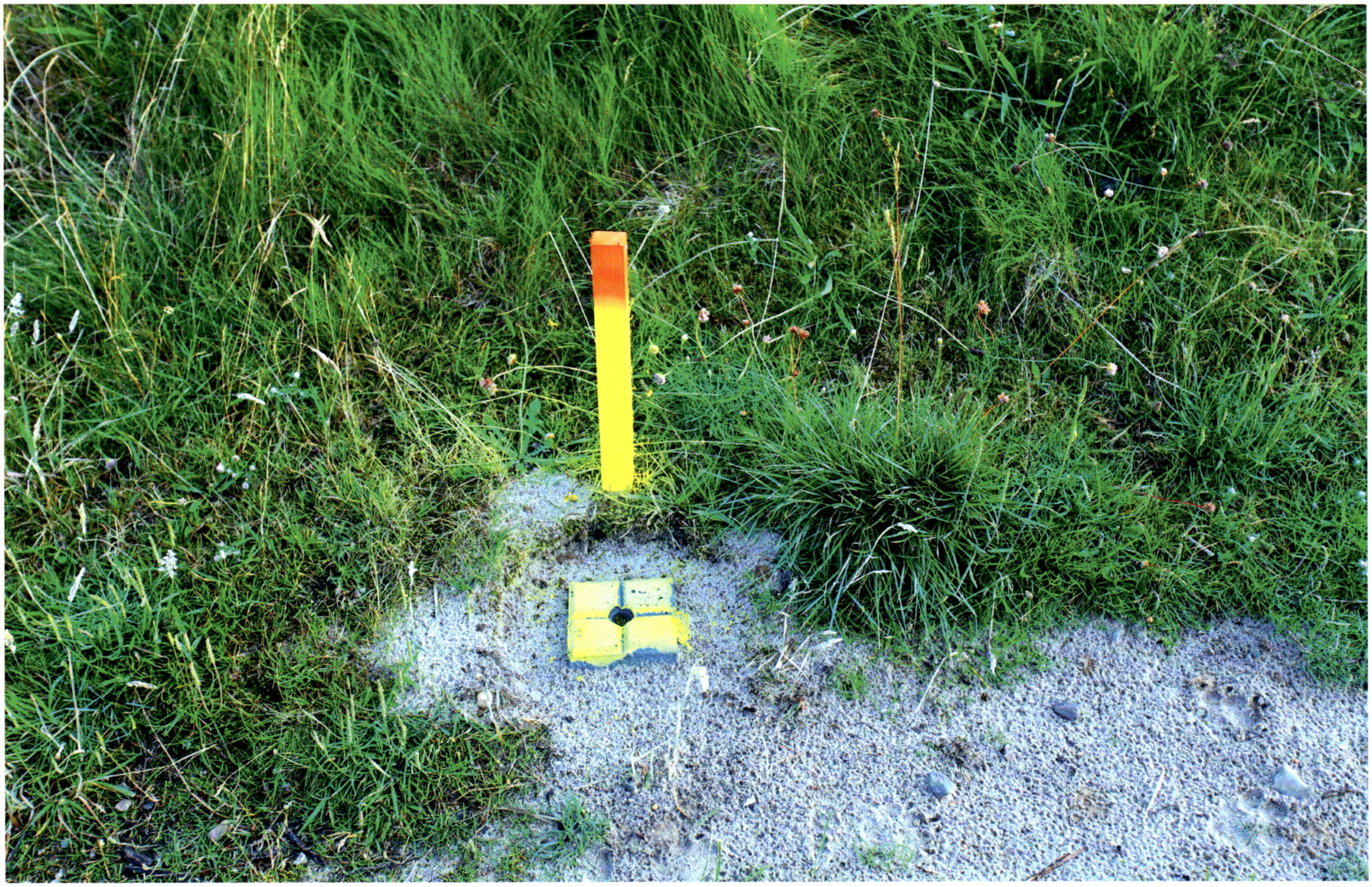

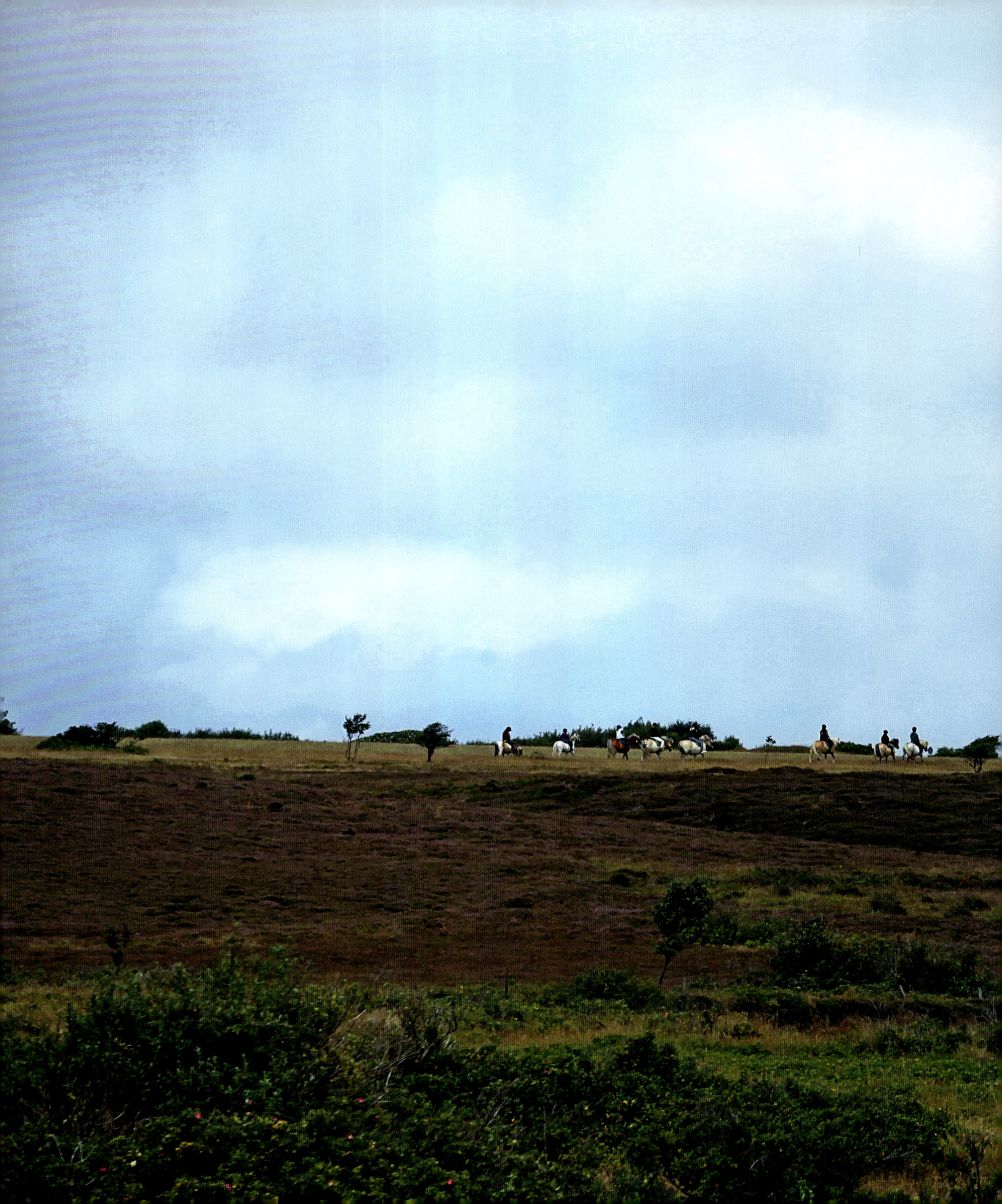

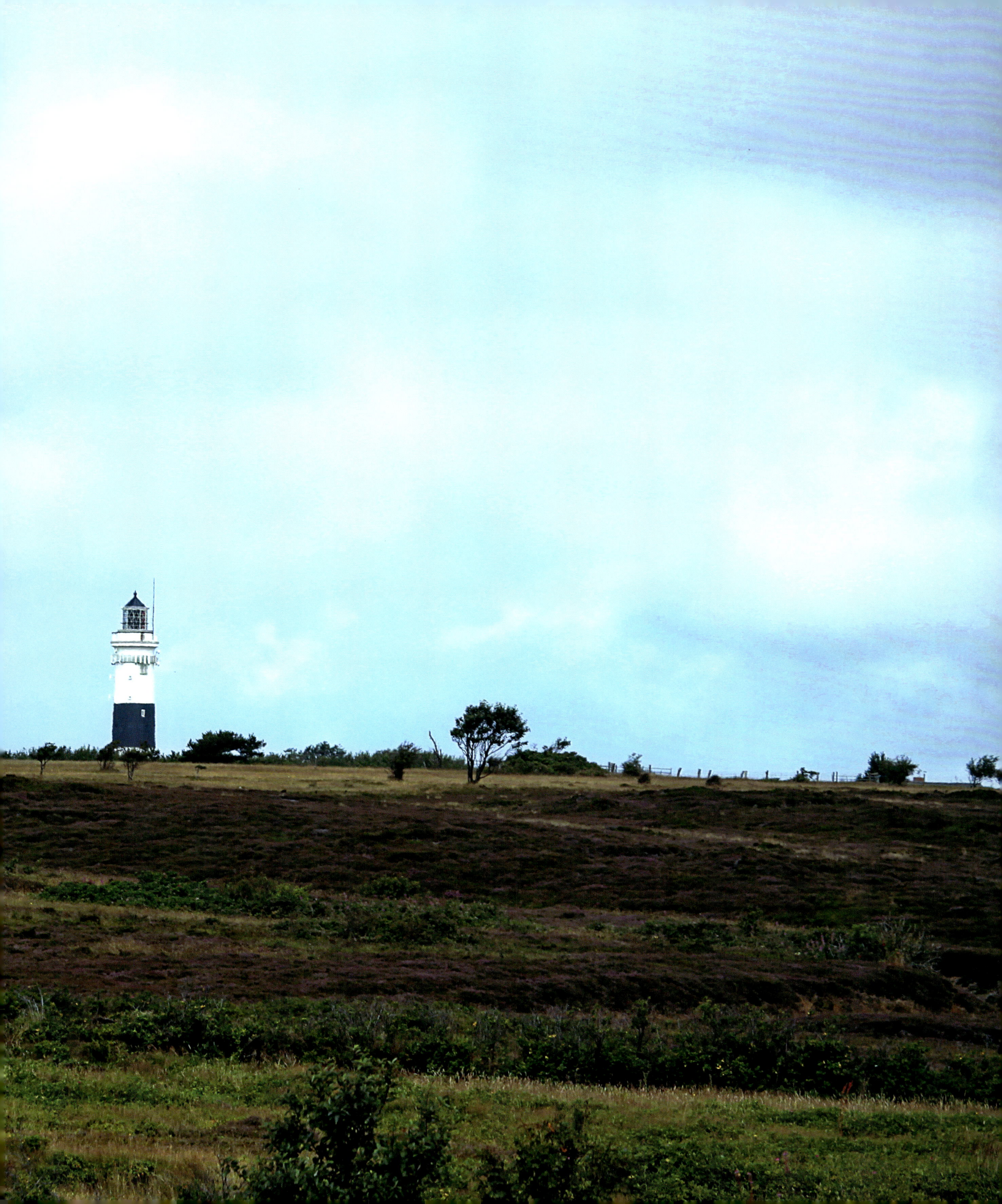

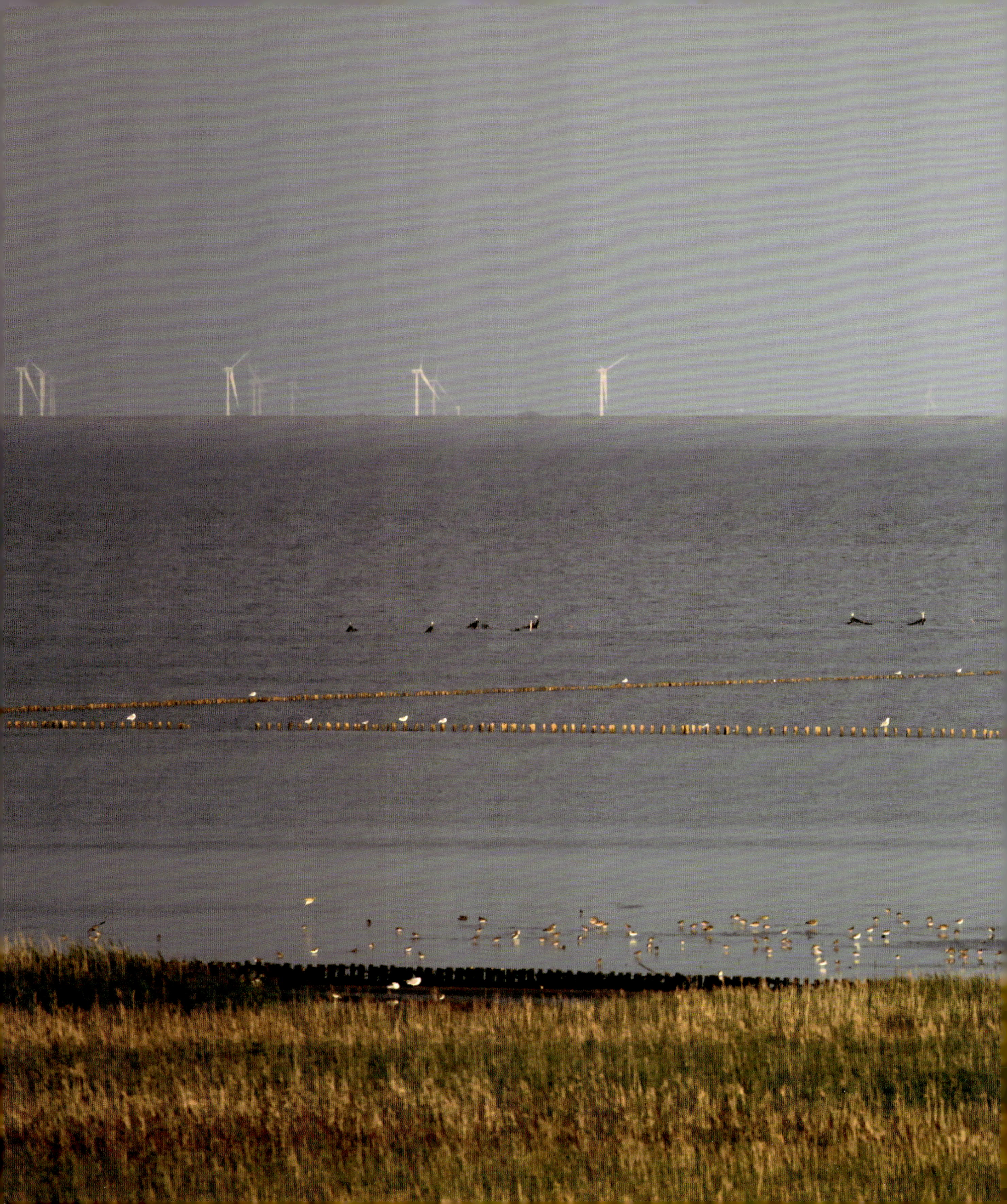

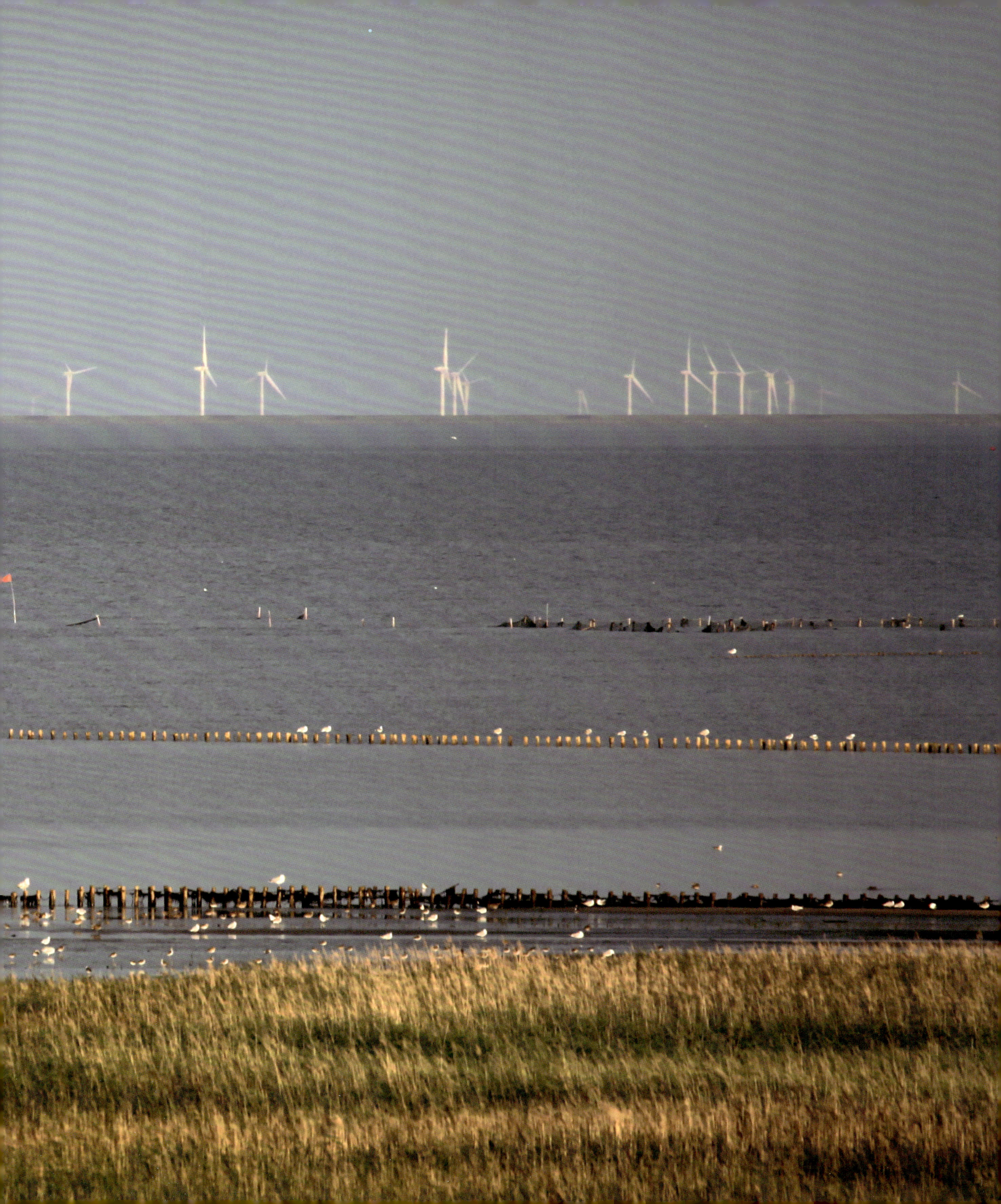

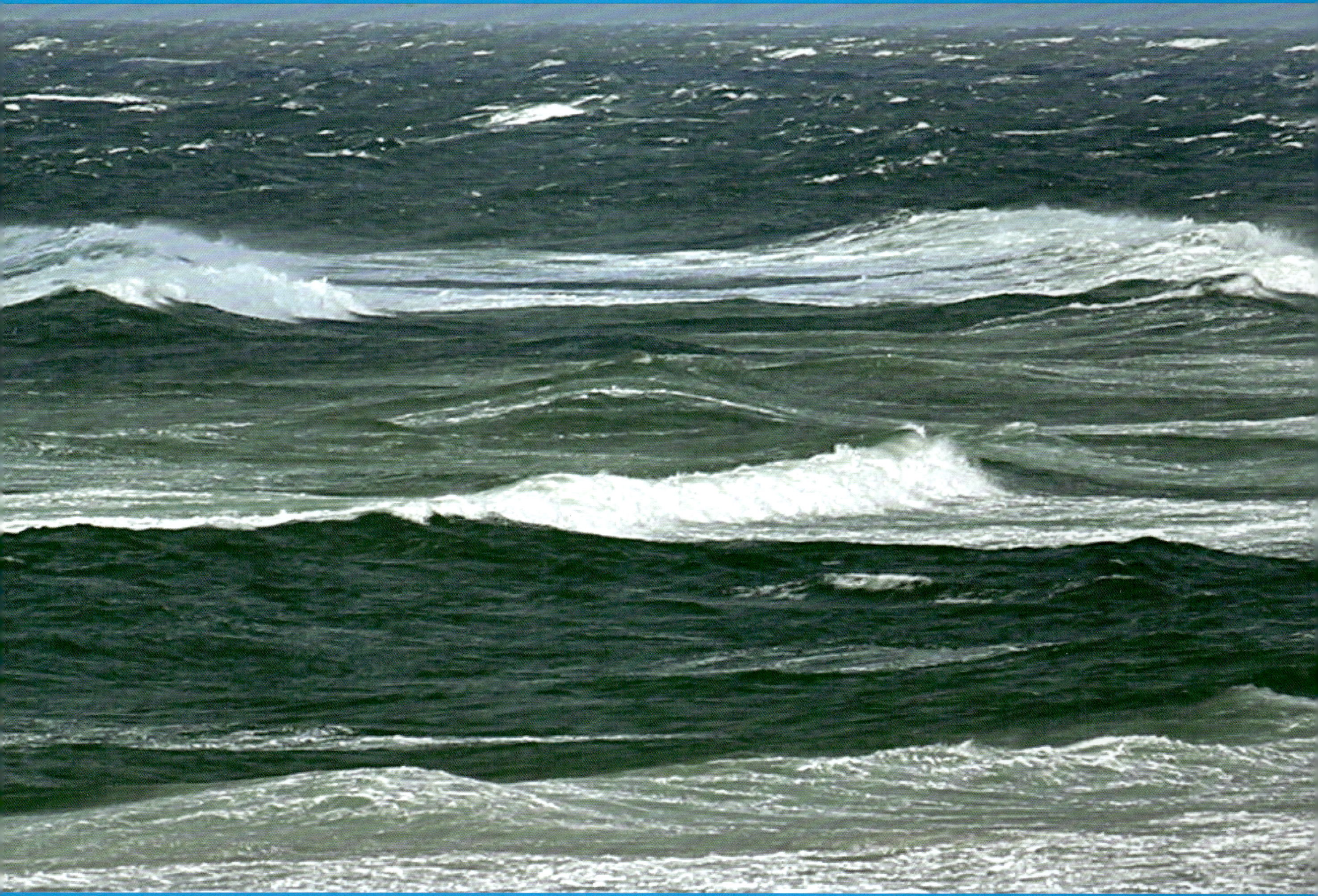

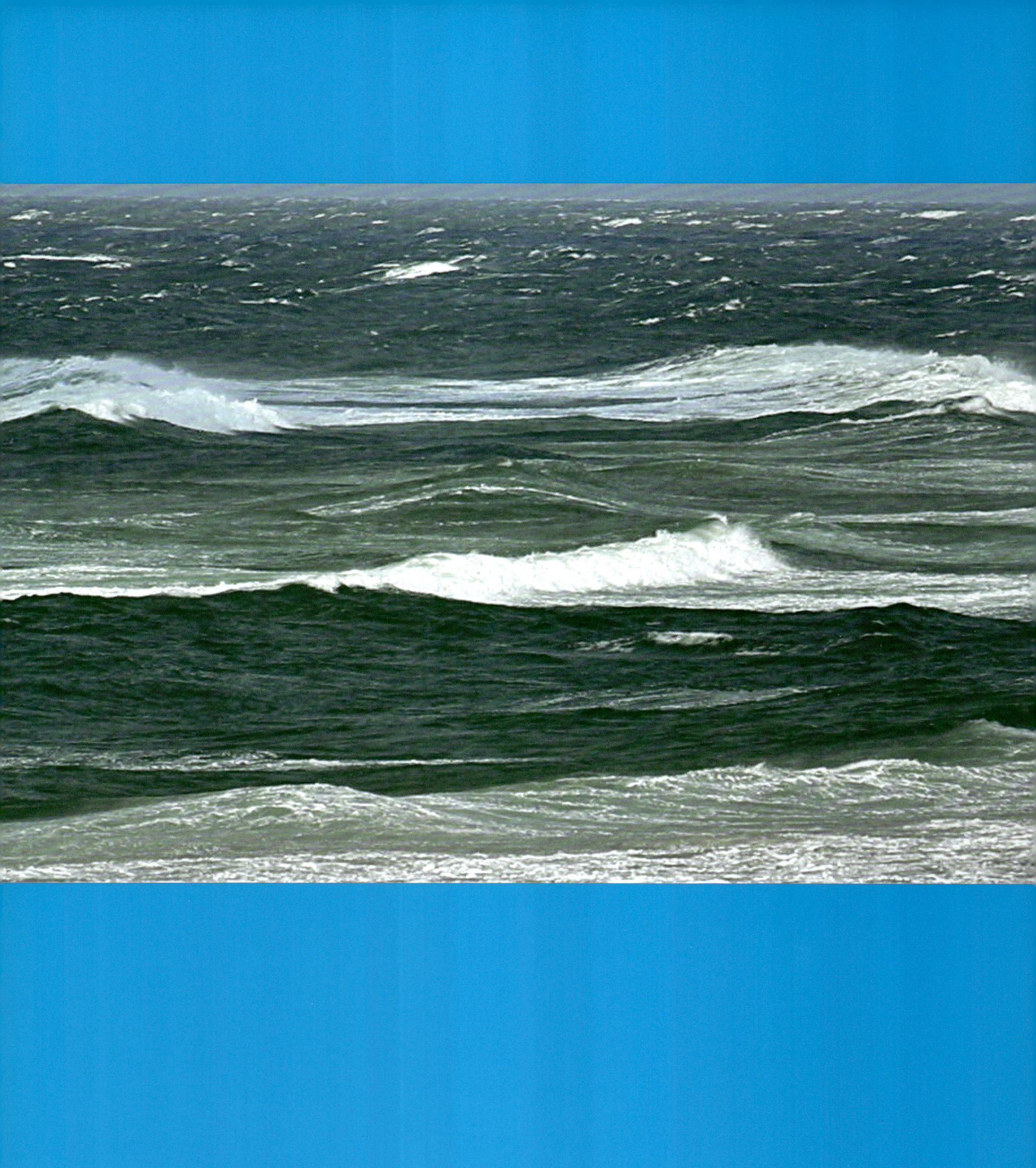

Nordsee

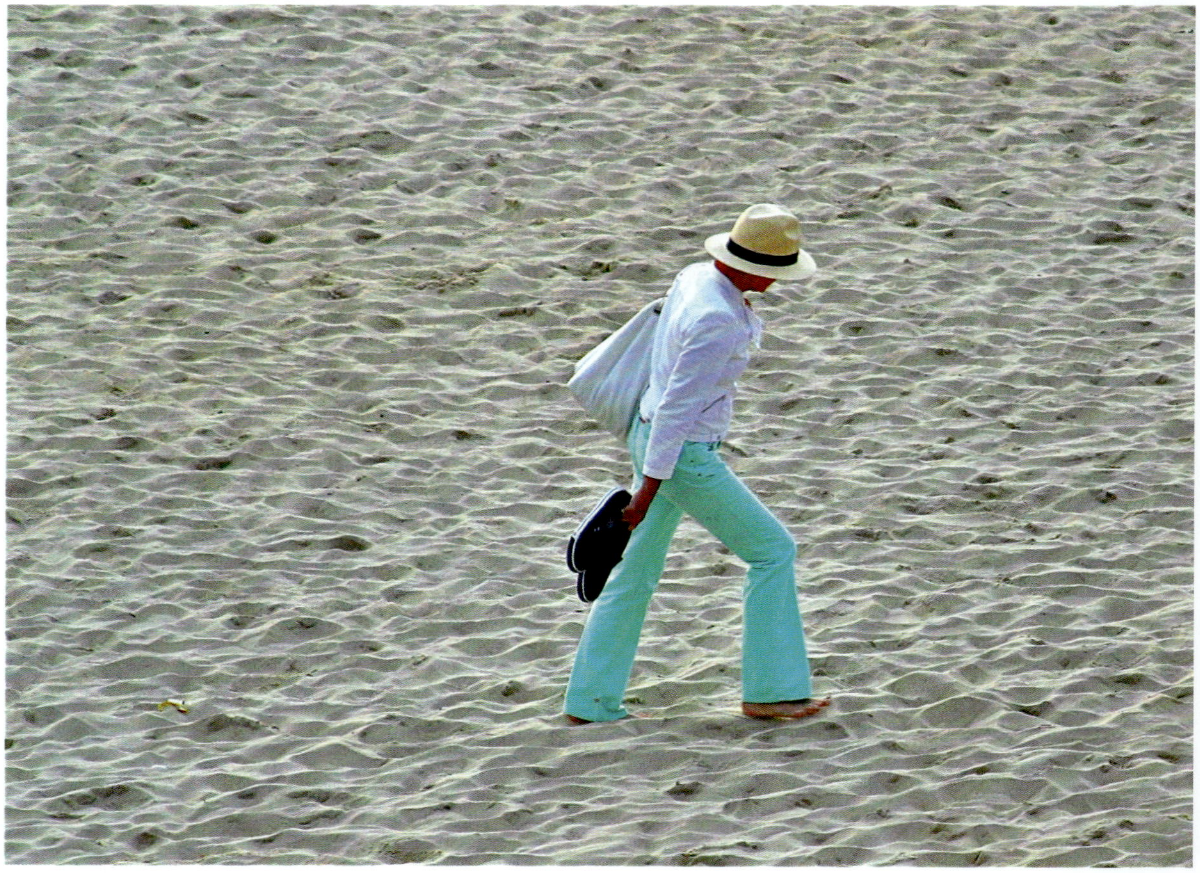

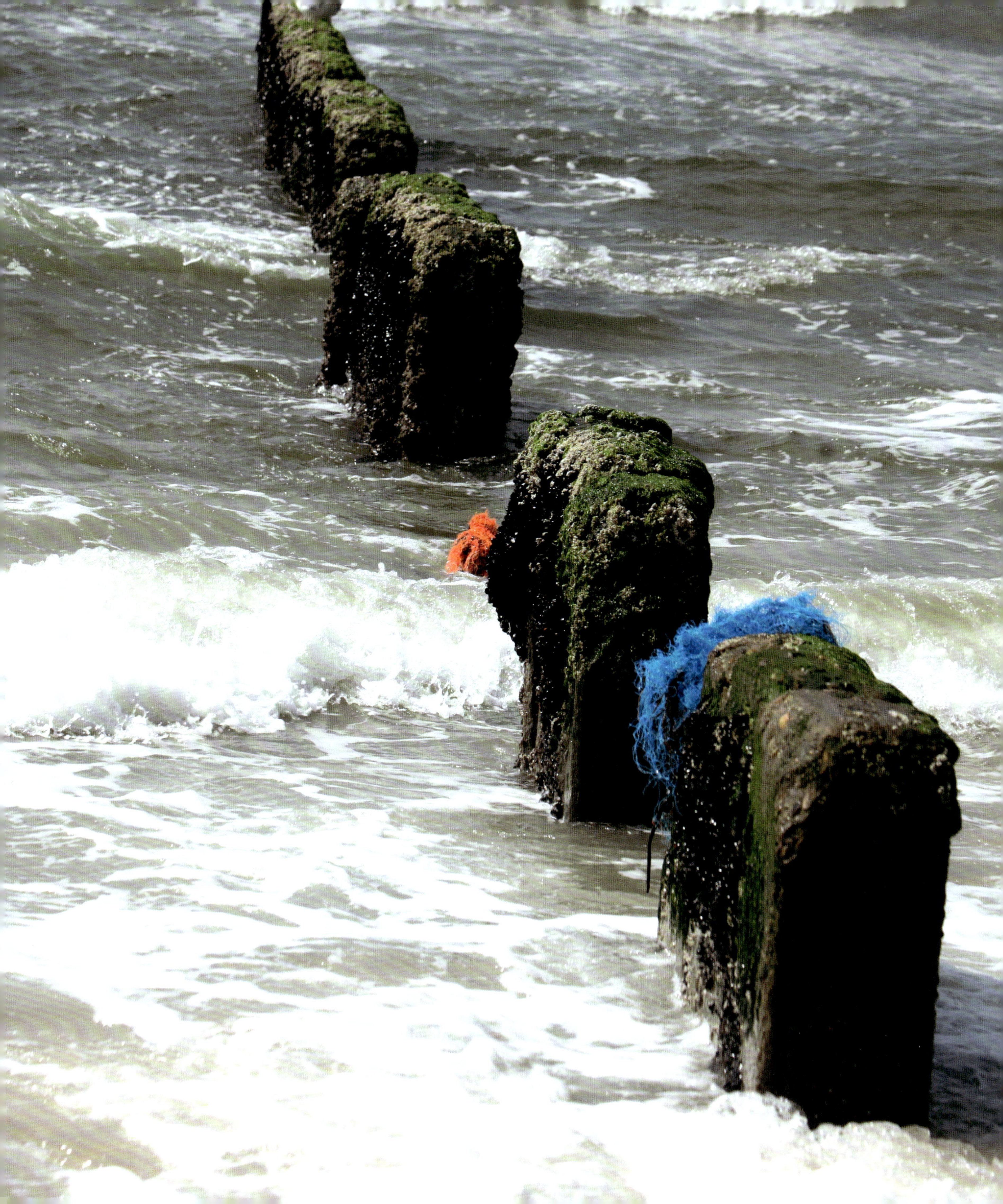

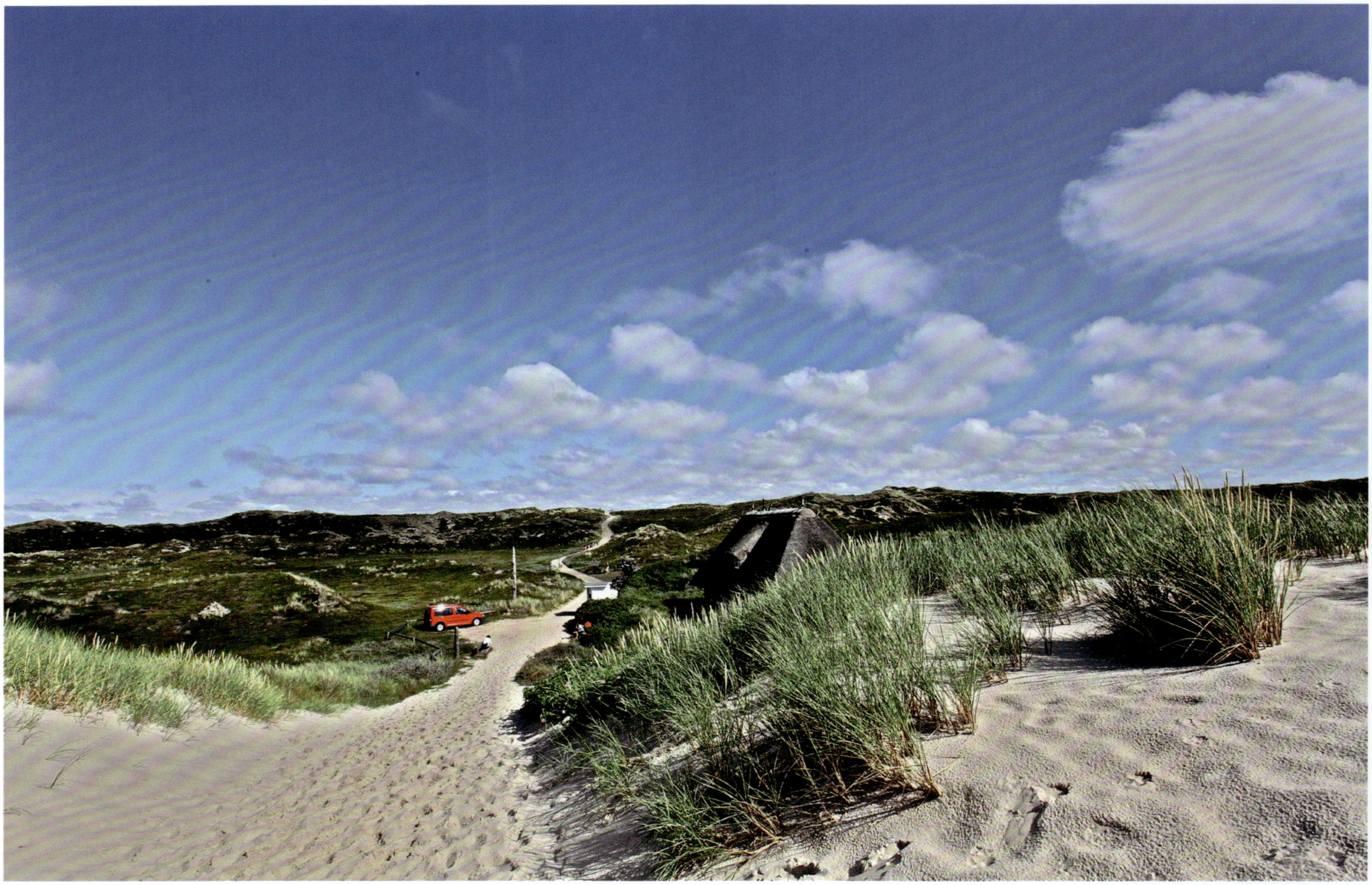

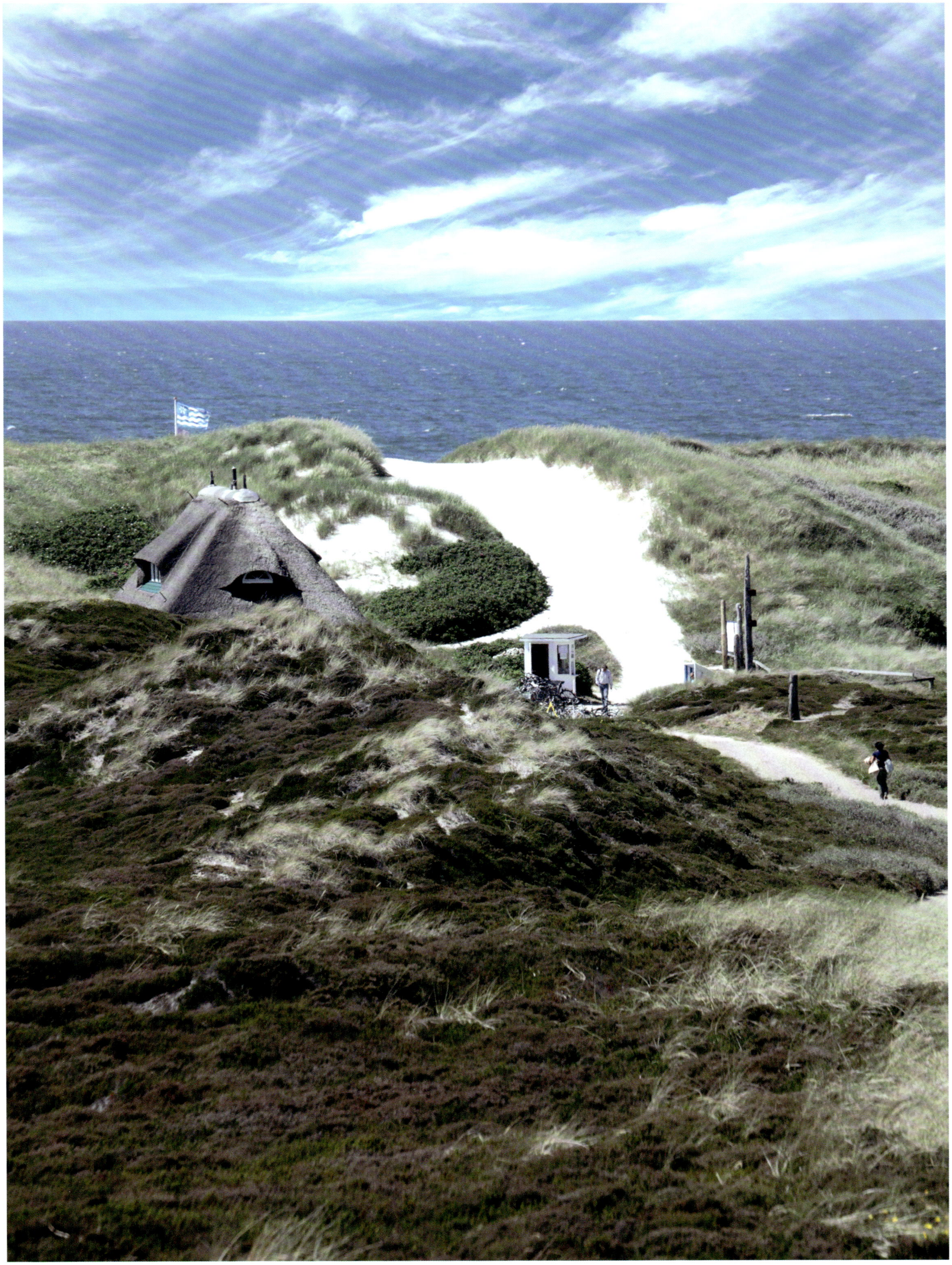

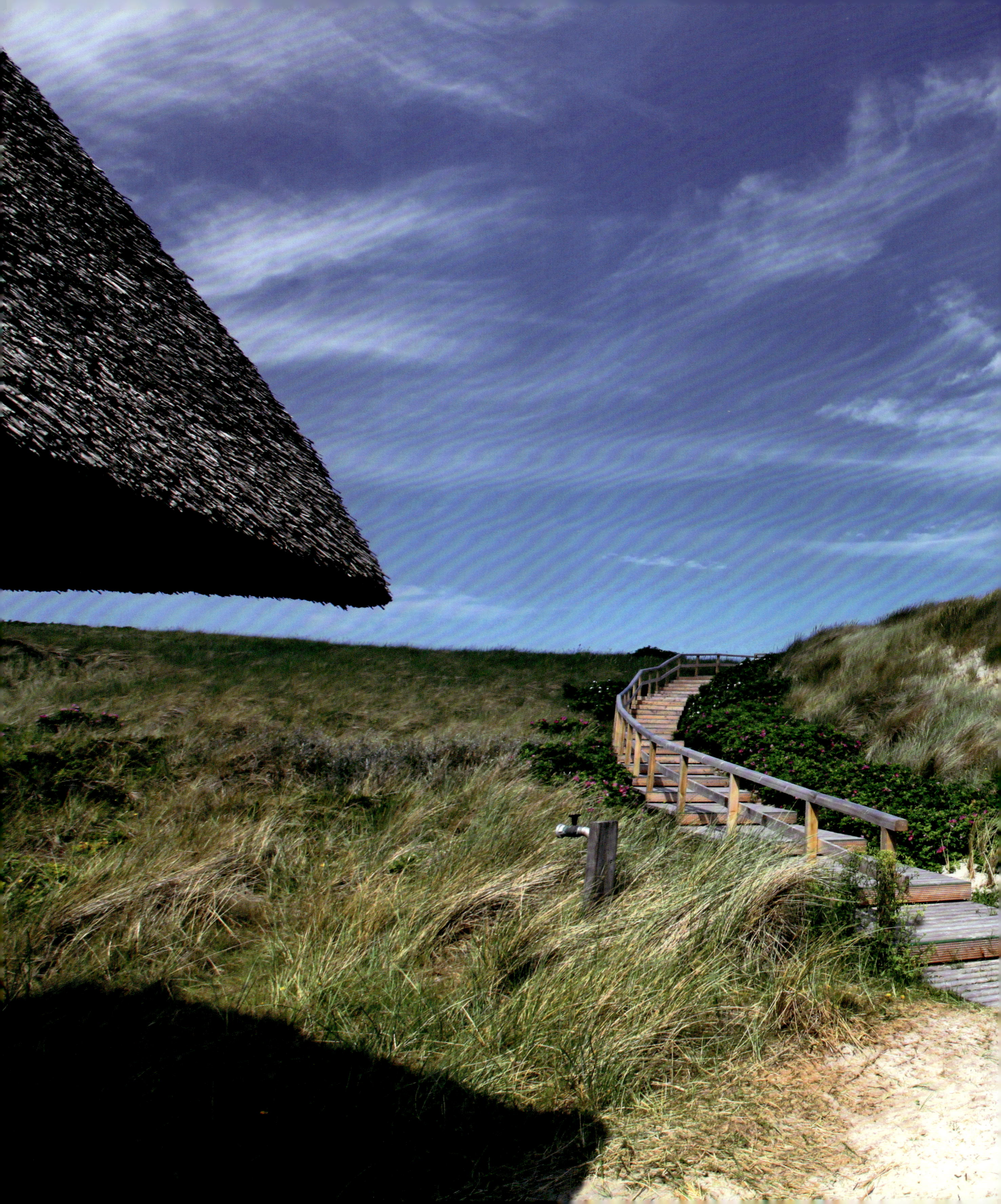

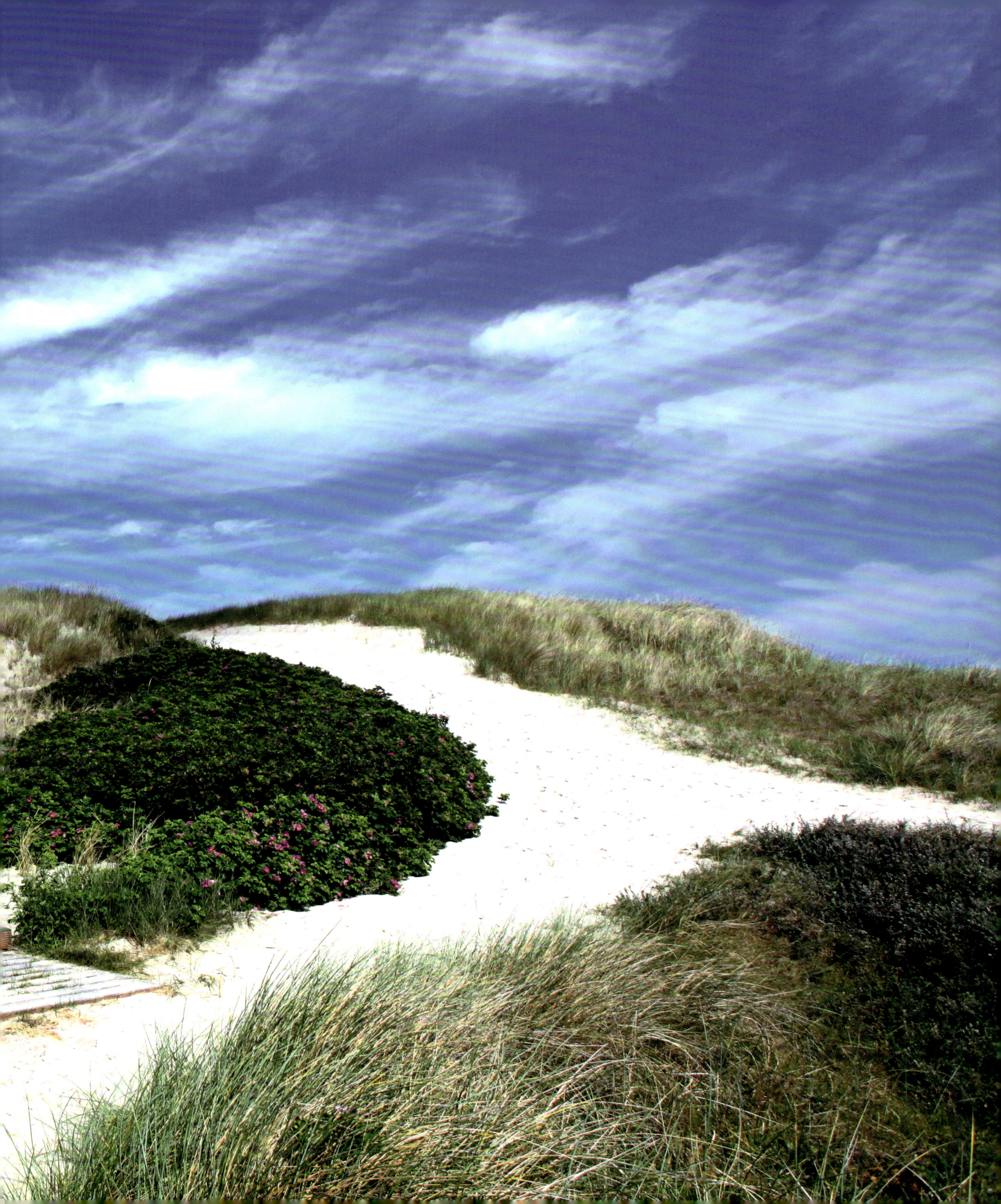

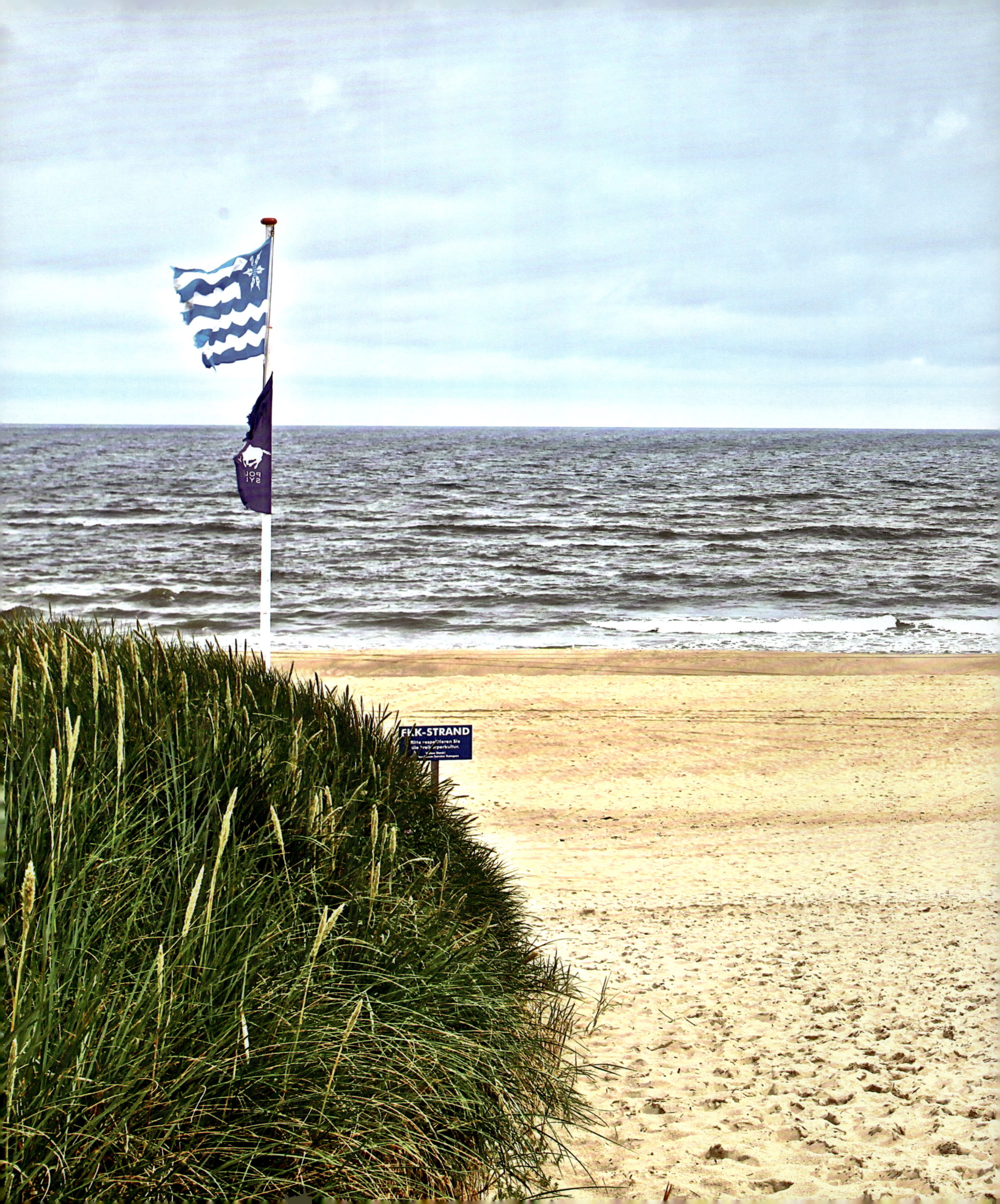
FKK-STRAND

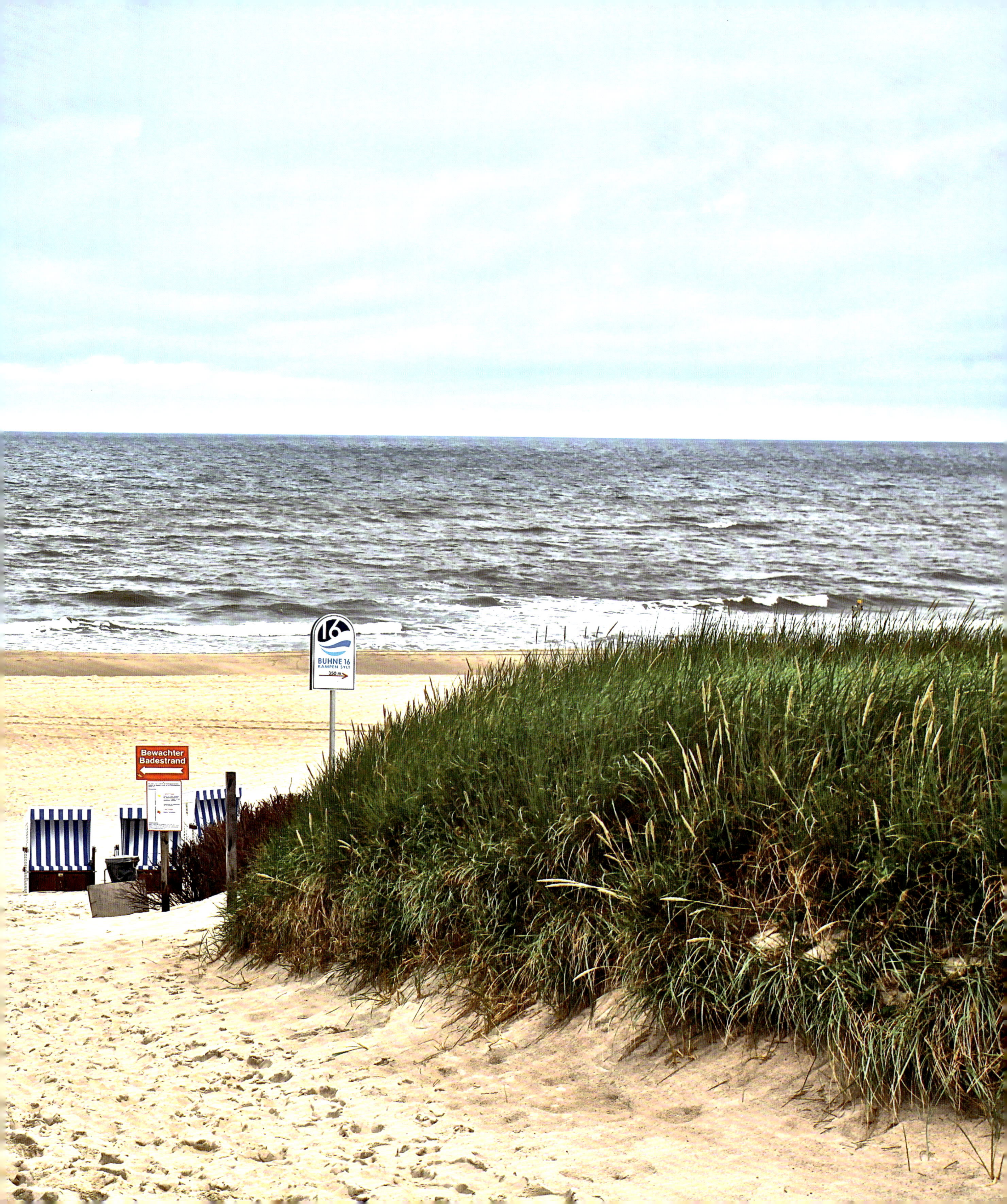
16
BUHNE 16
KAMPEN SYLT
350 m
Bewachter
Badestrand

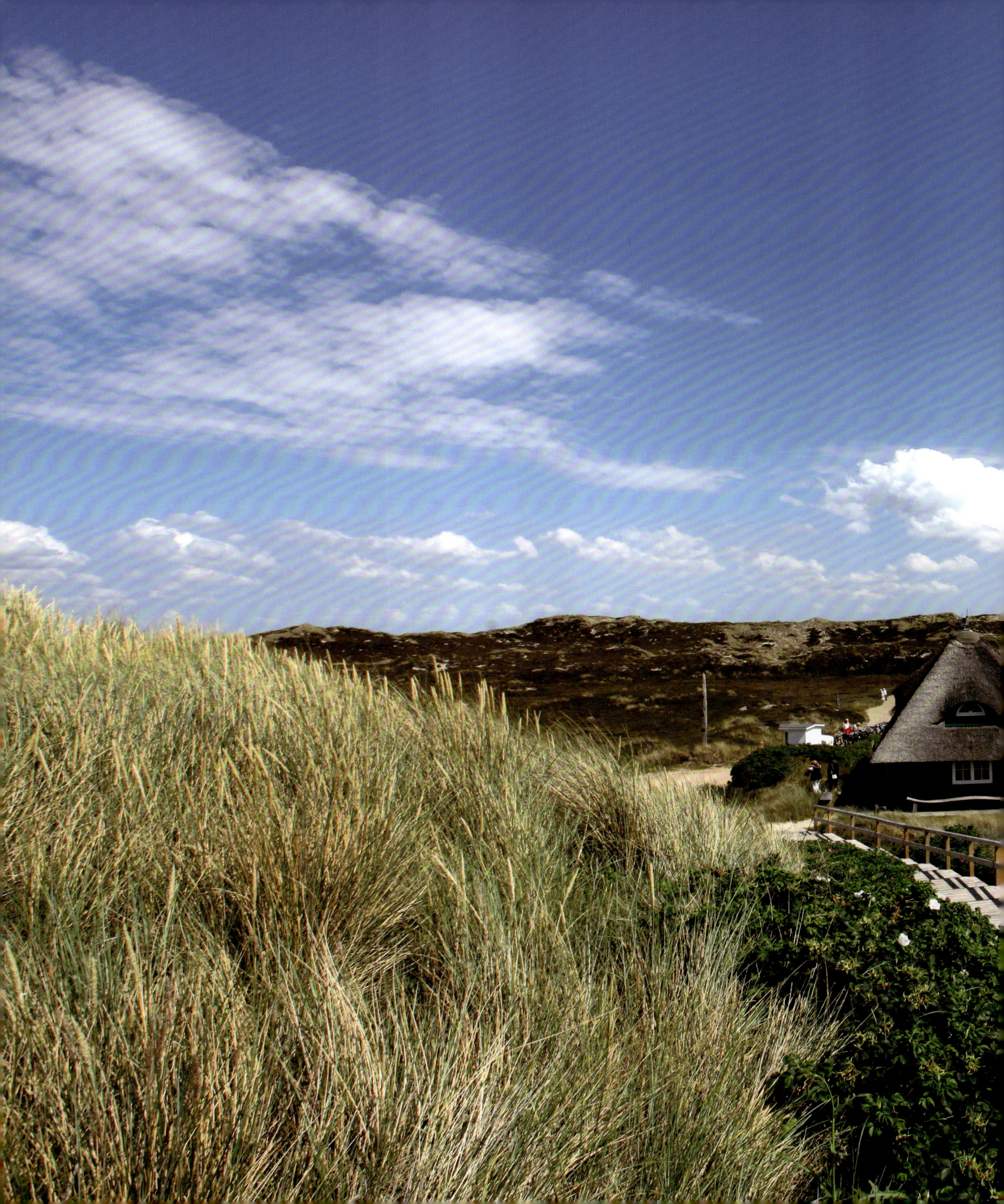

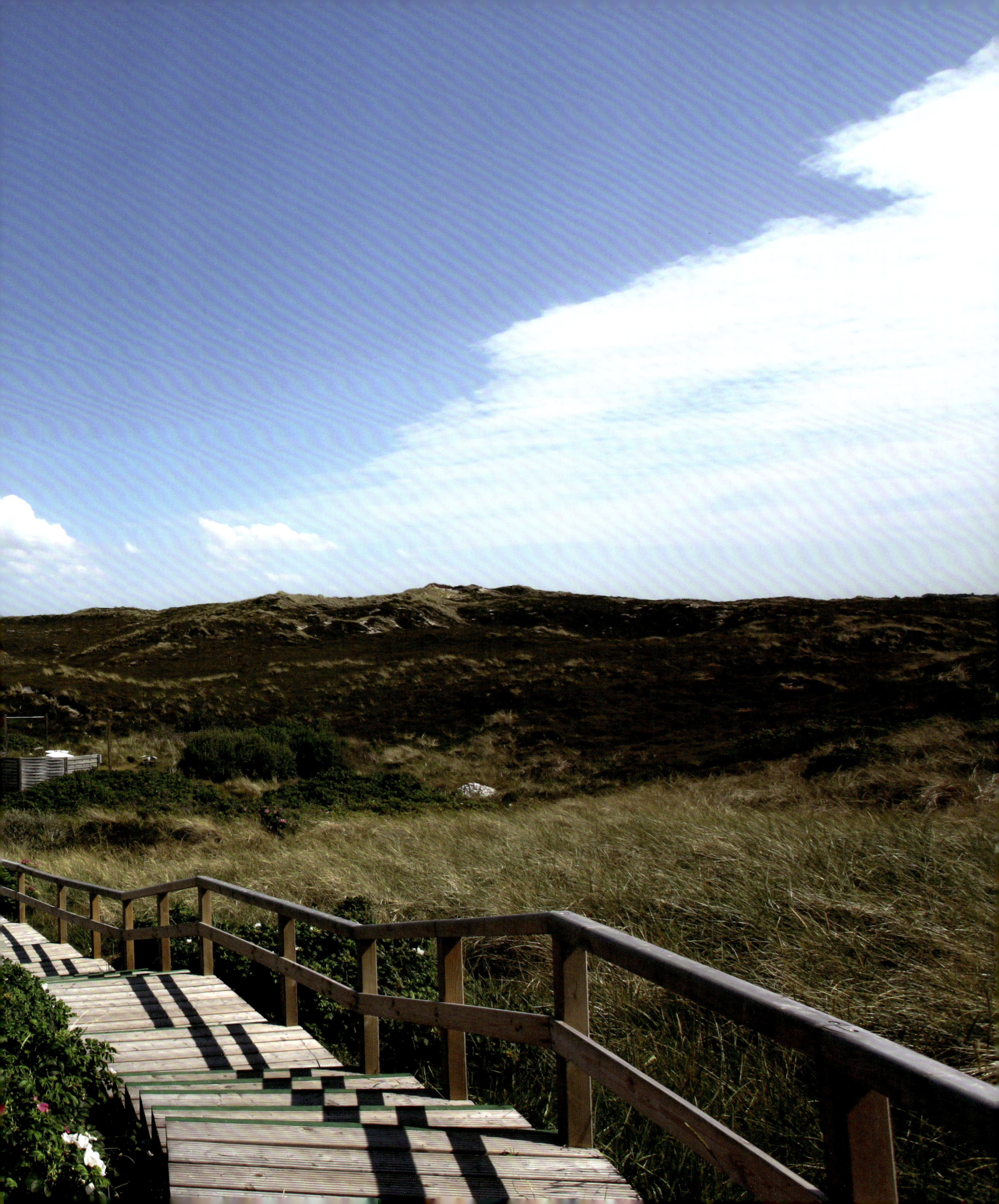

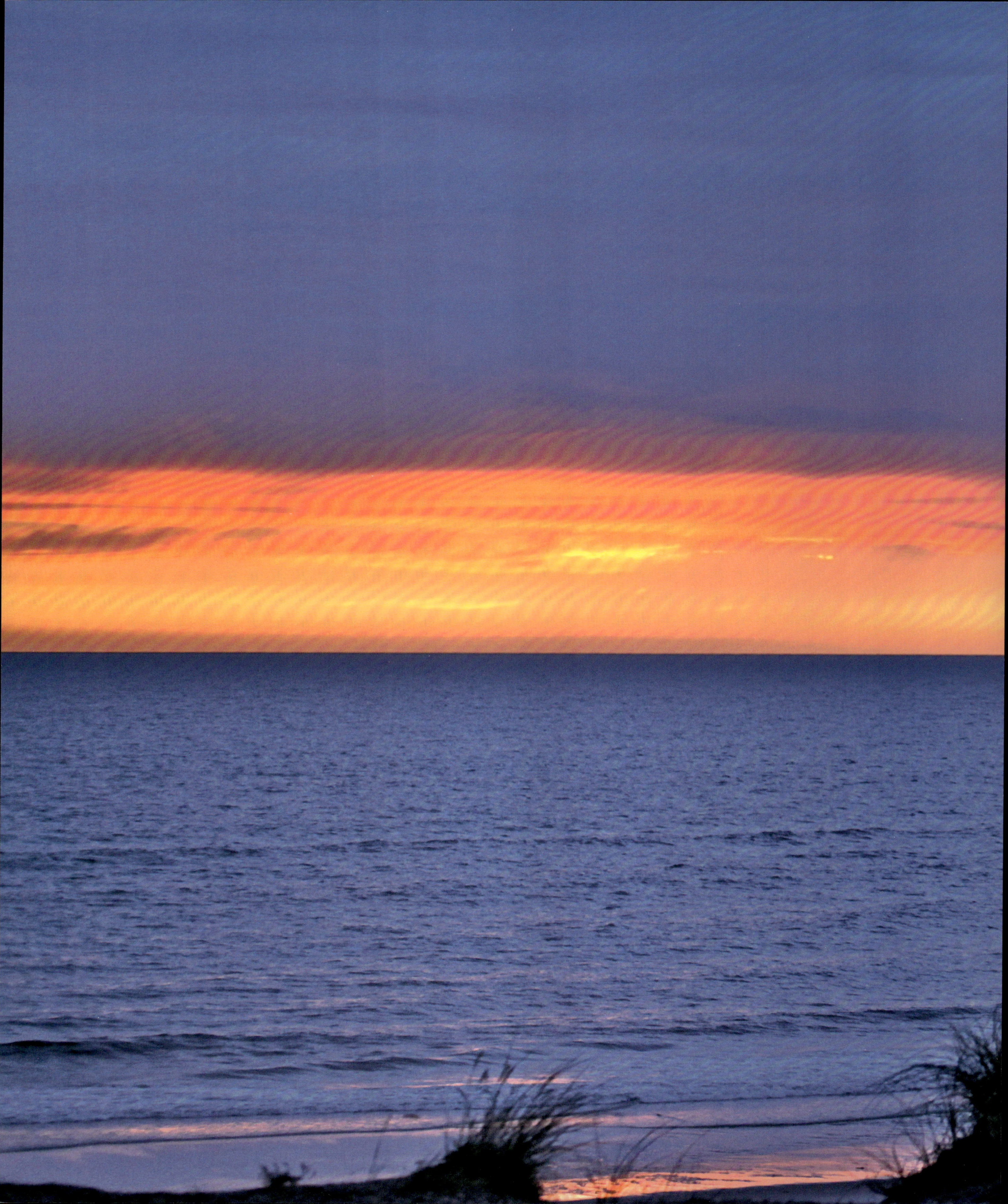

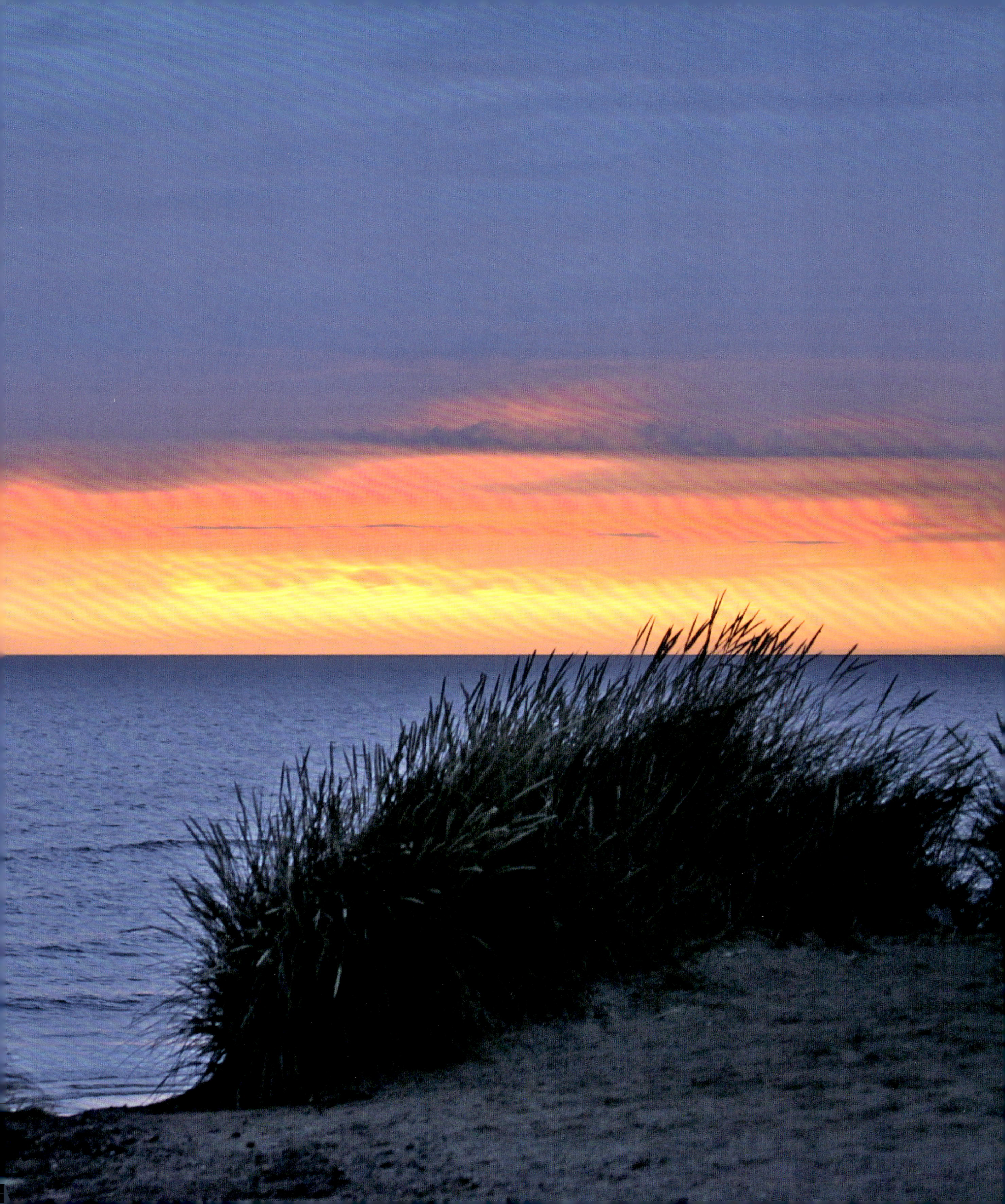

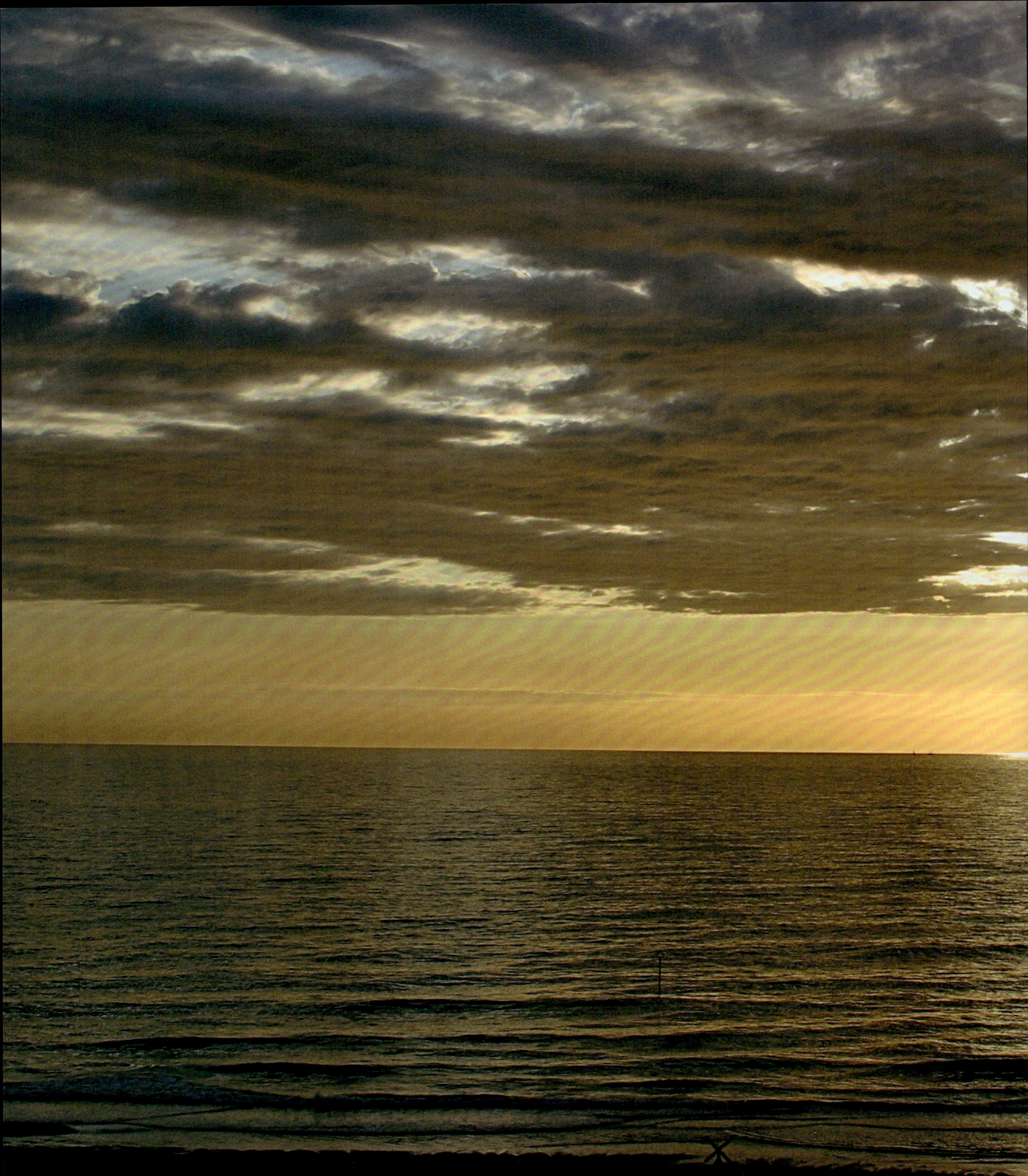

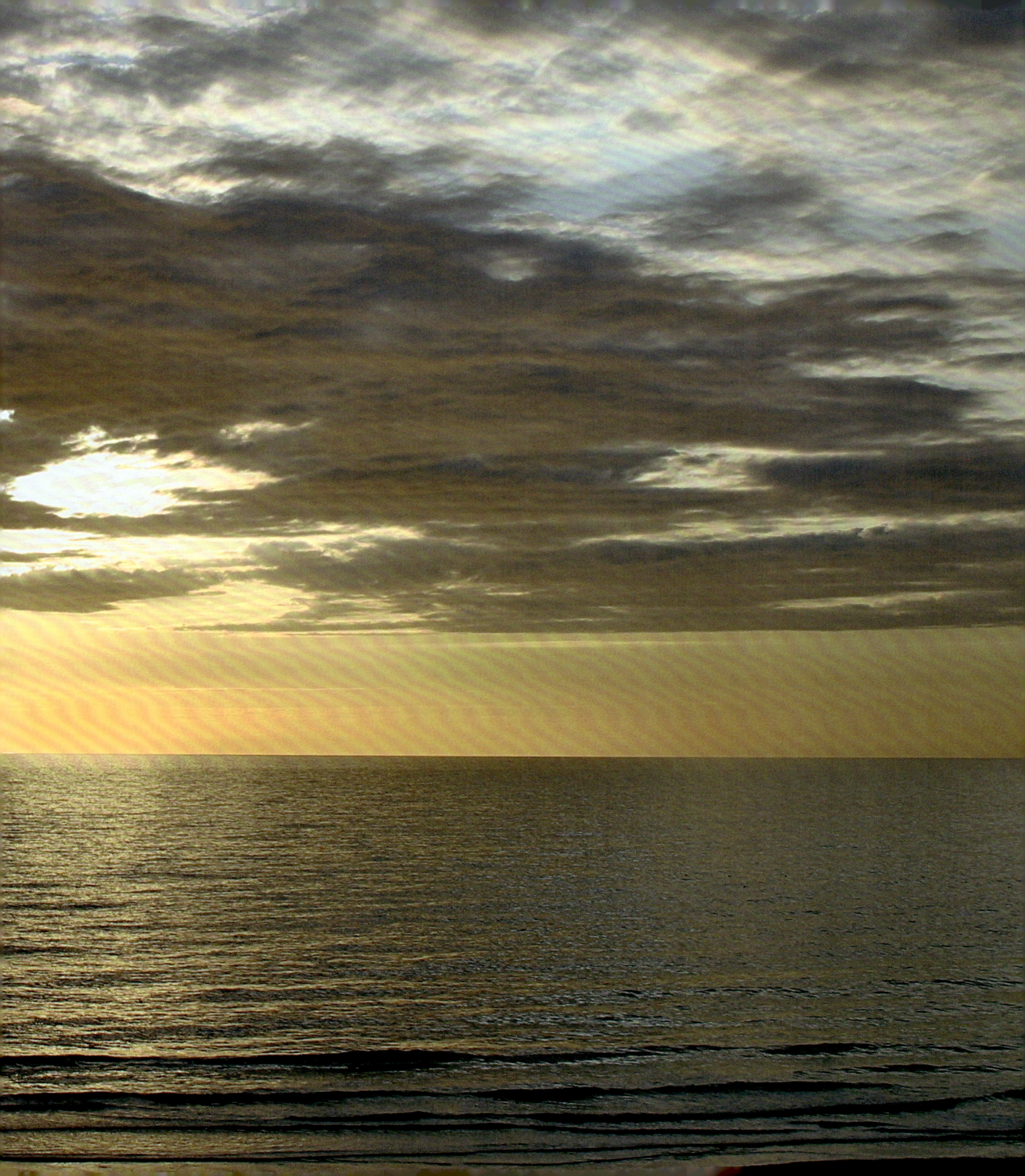

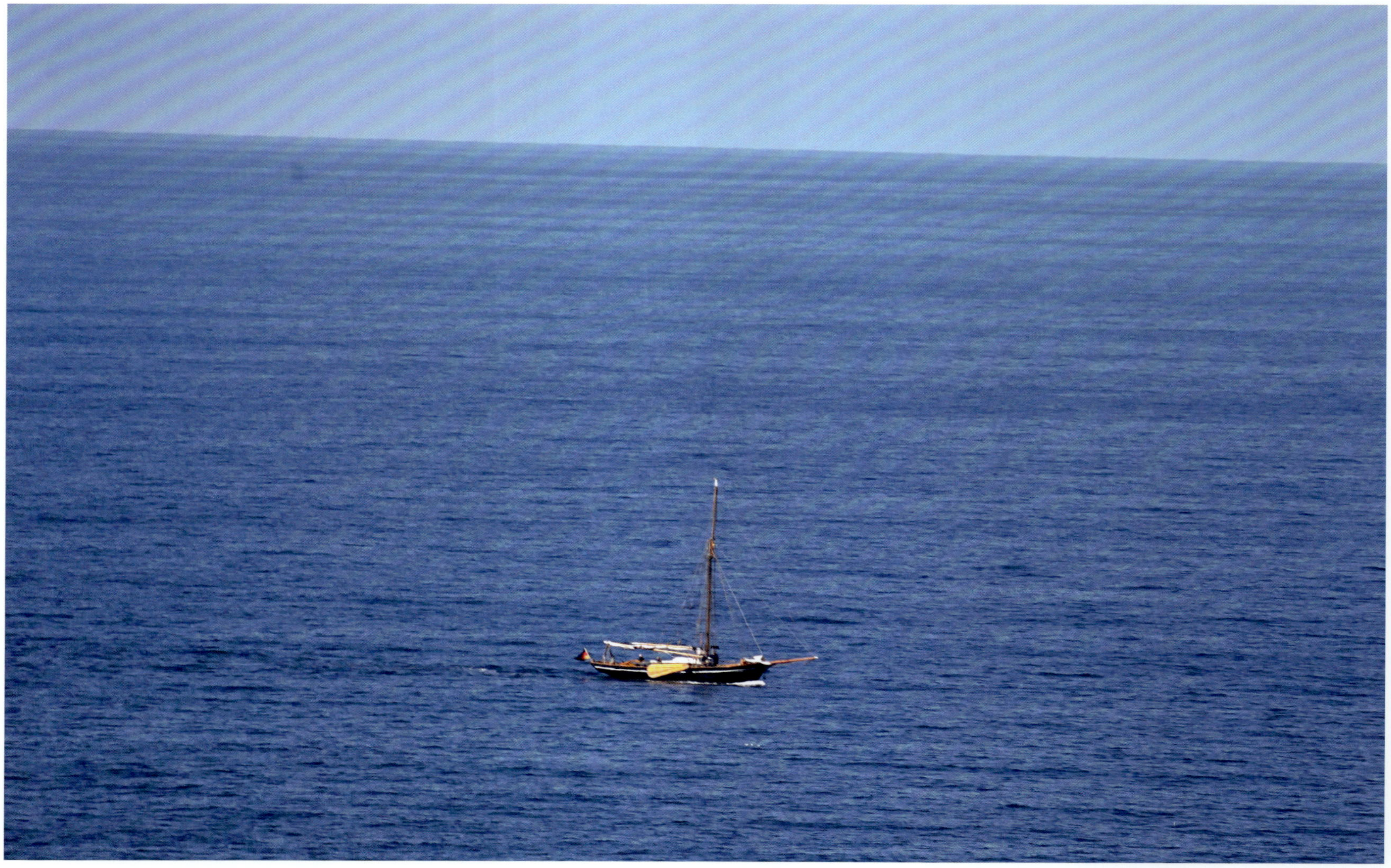

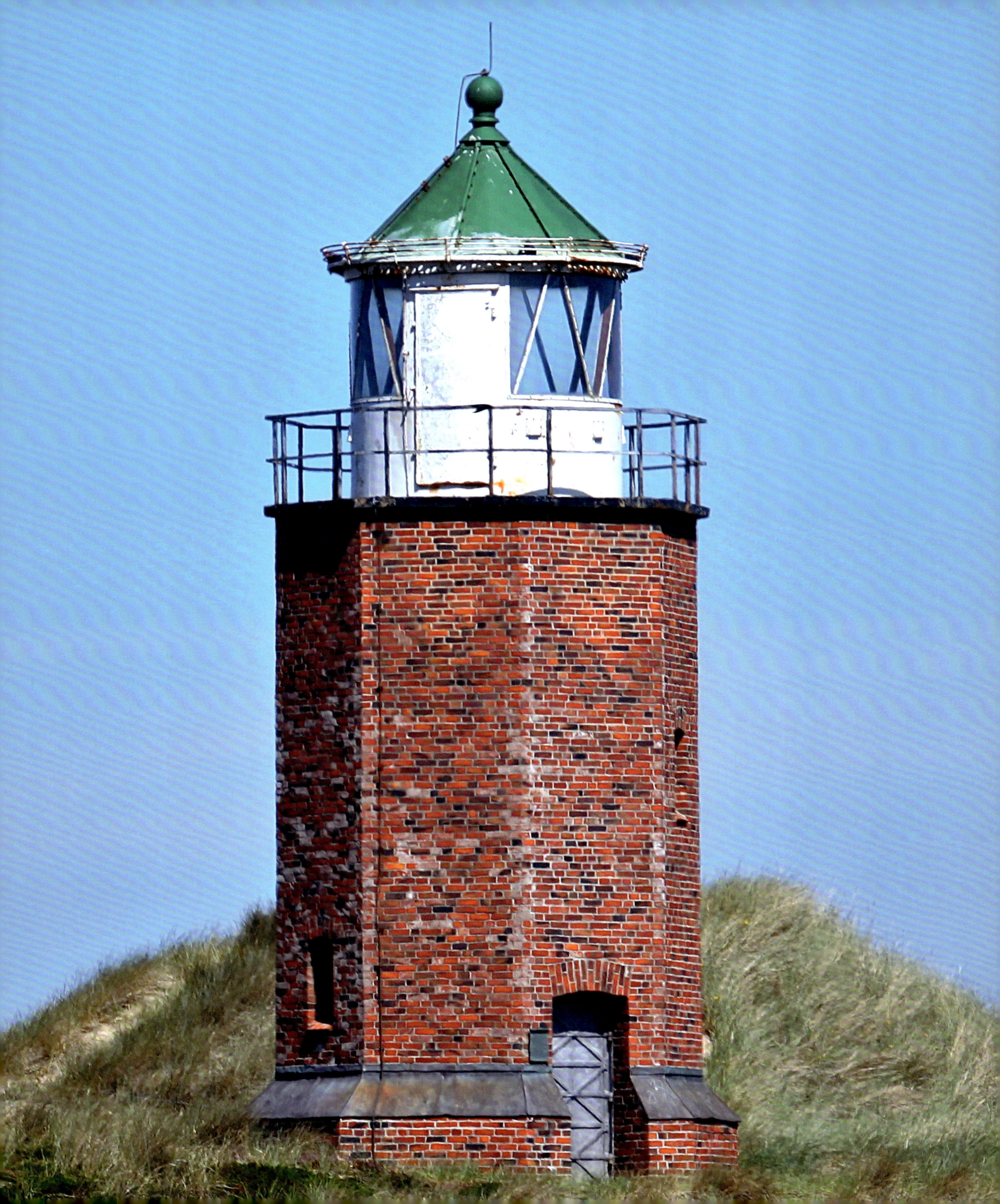

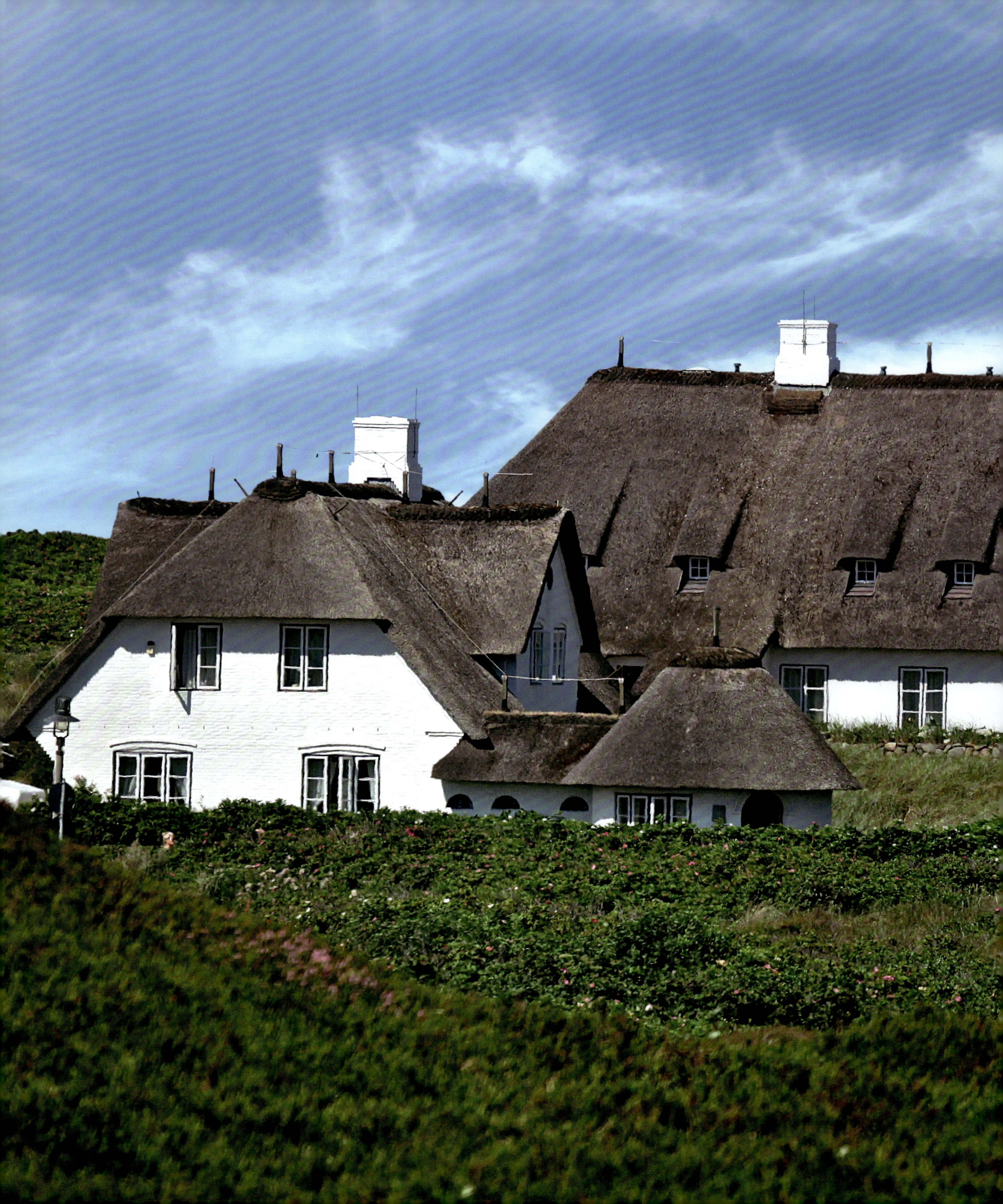

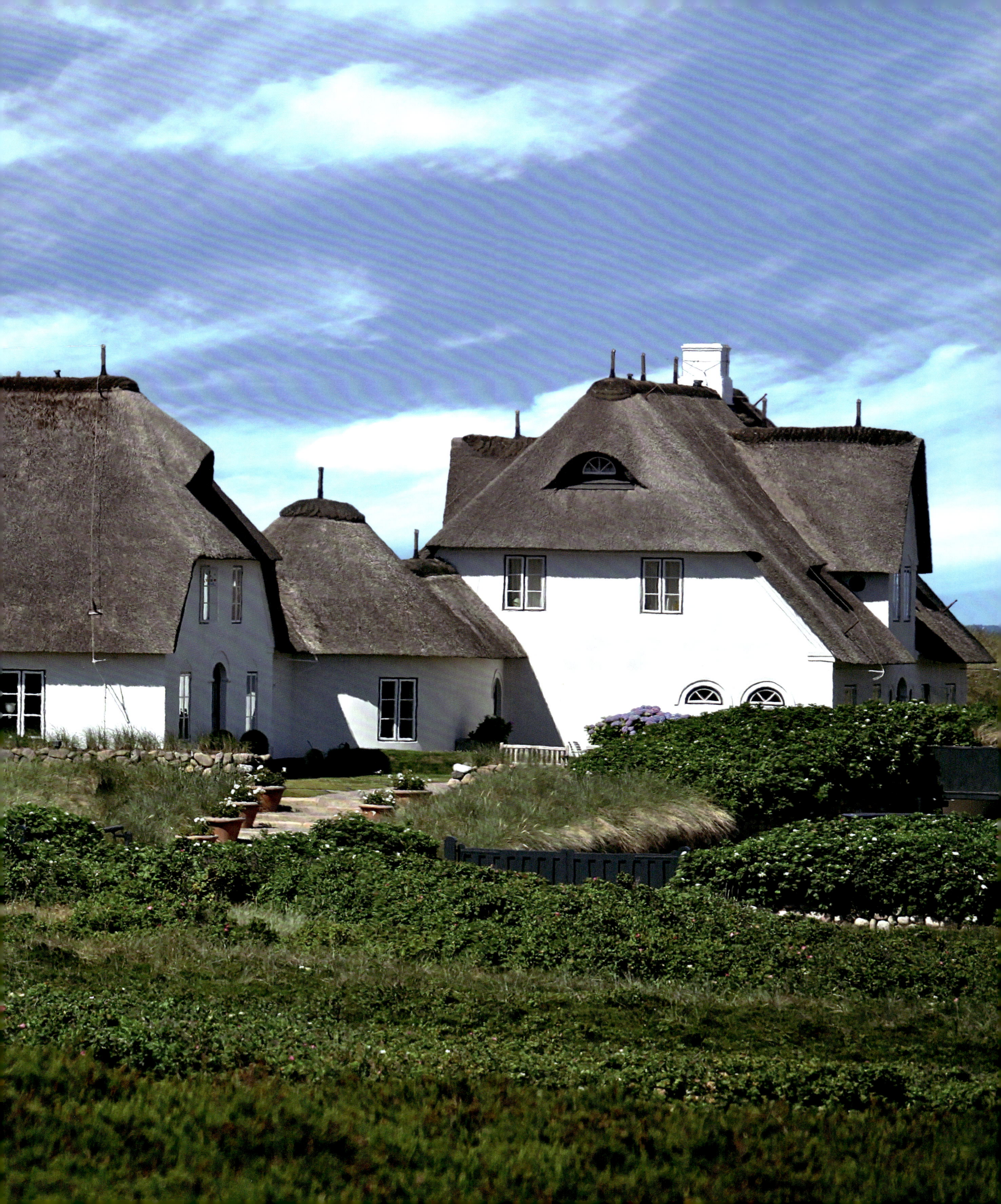

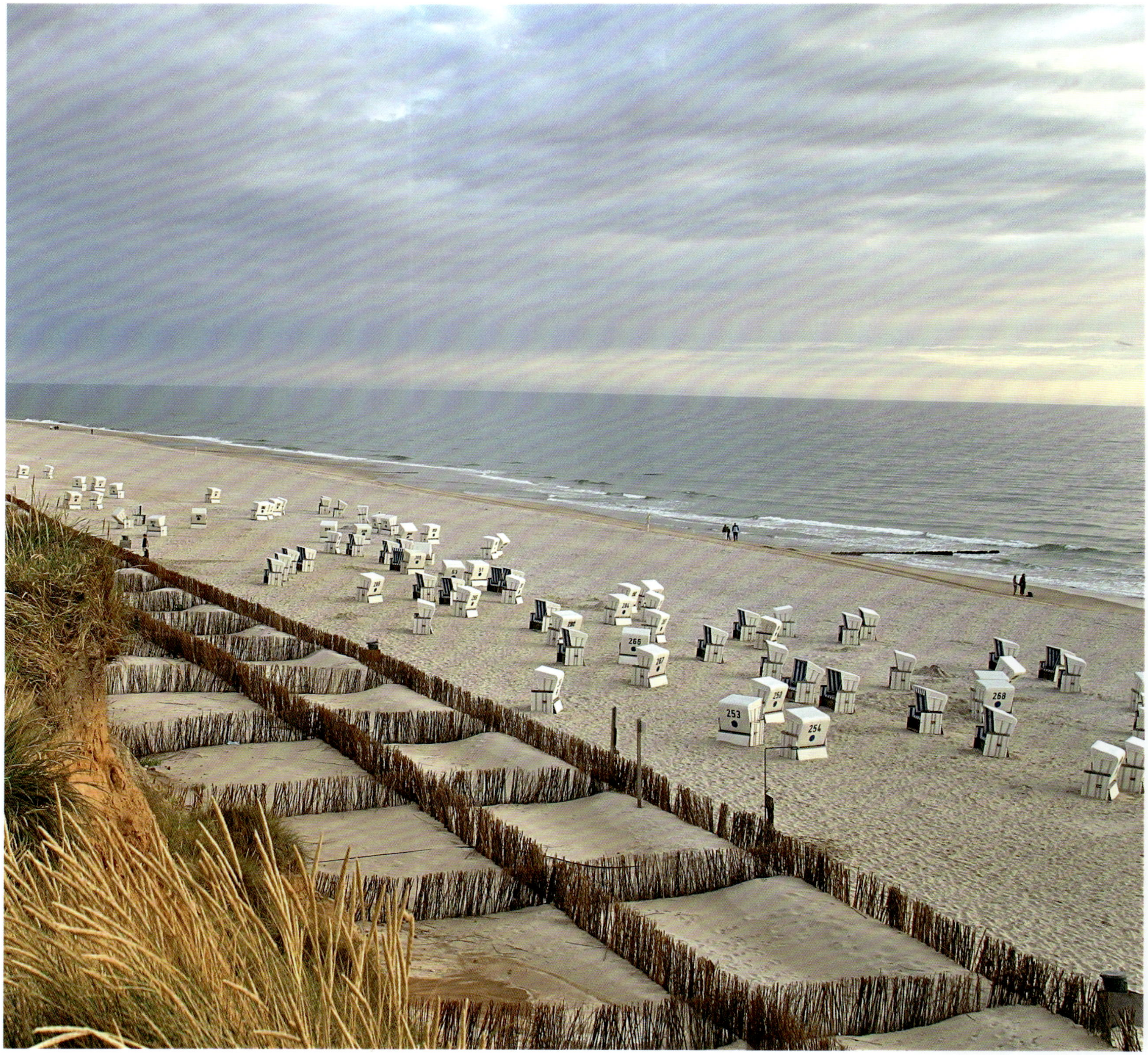
266
268
253
254

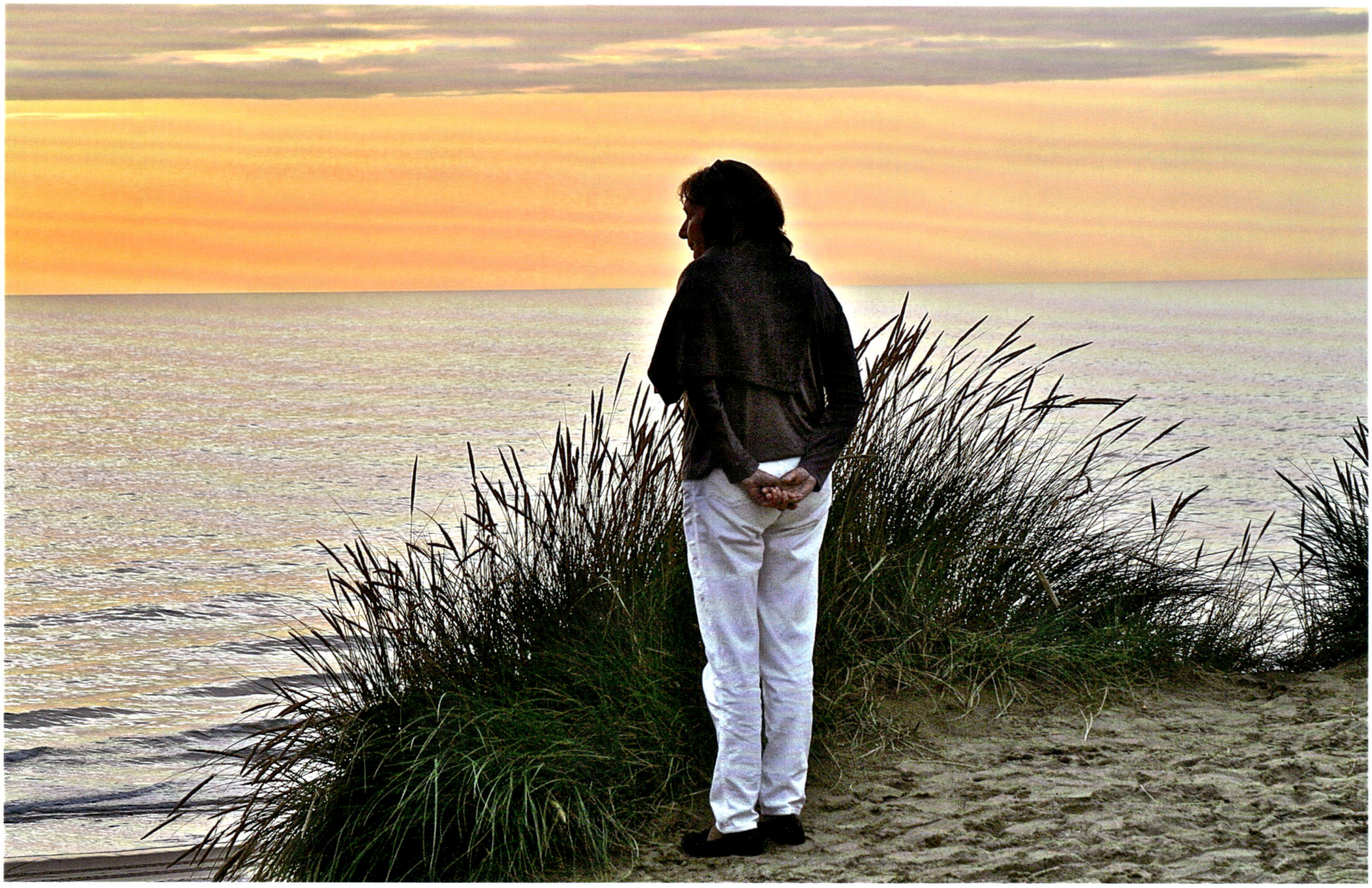

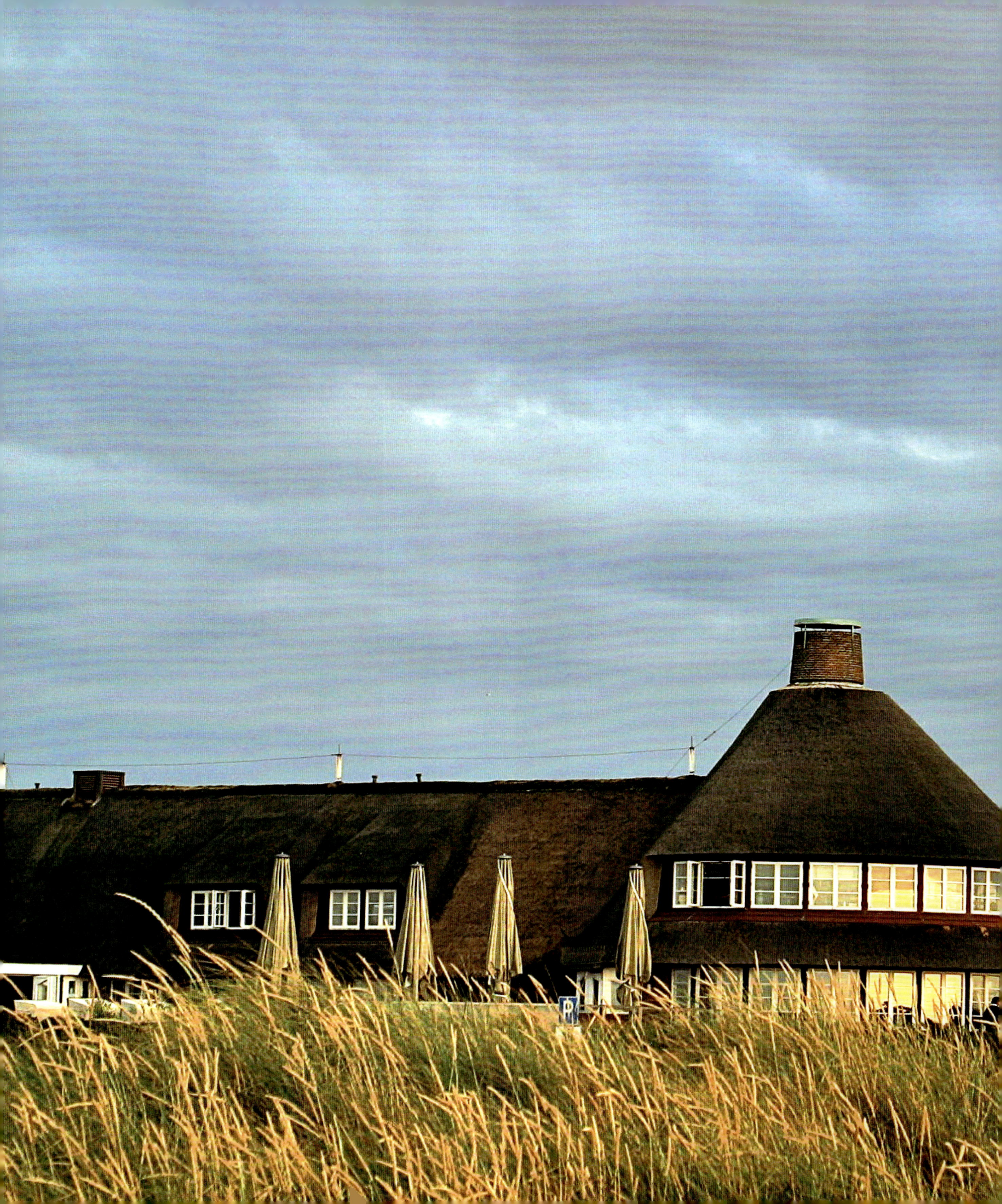

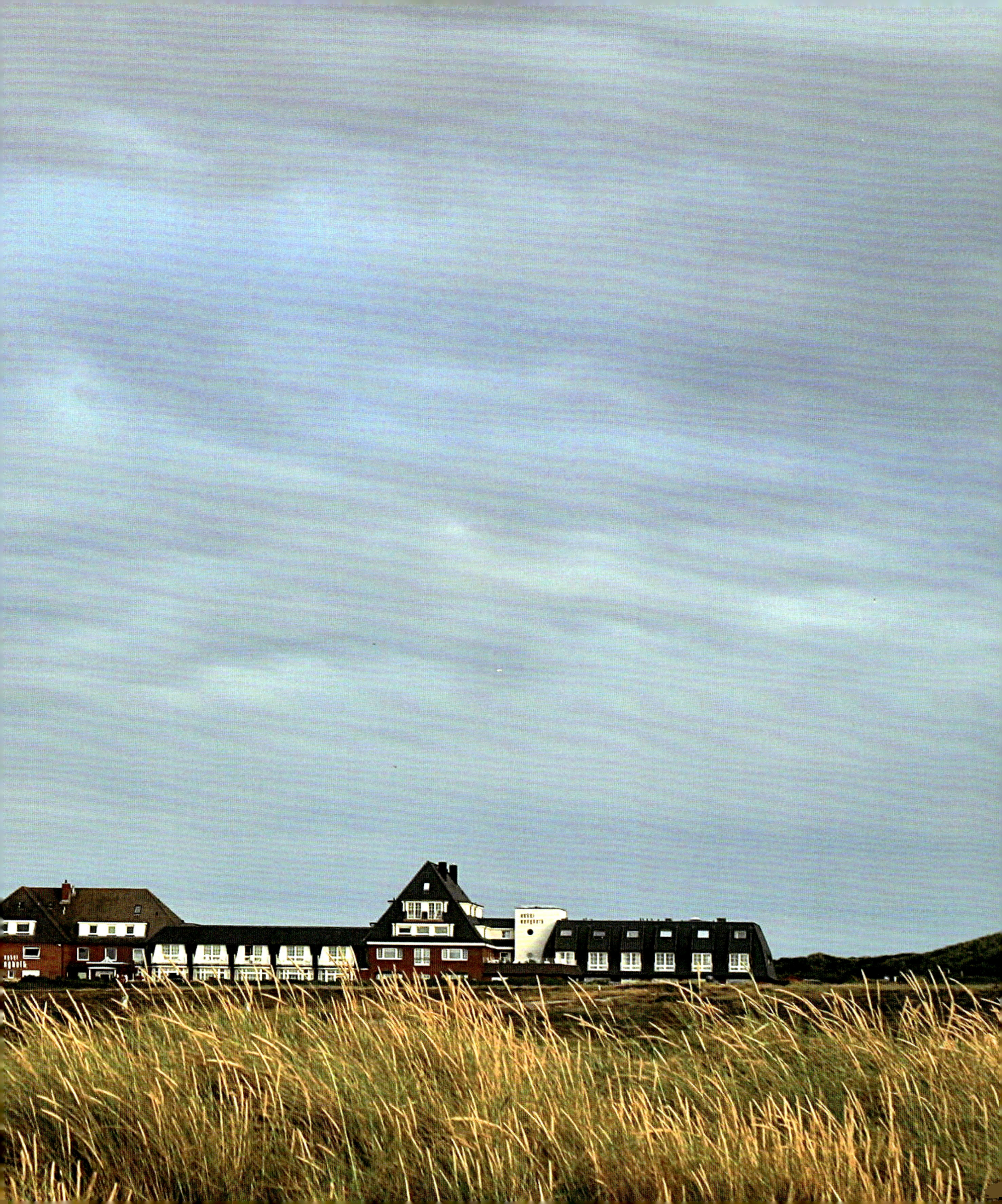

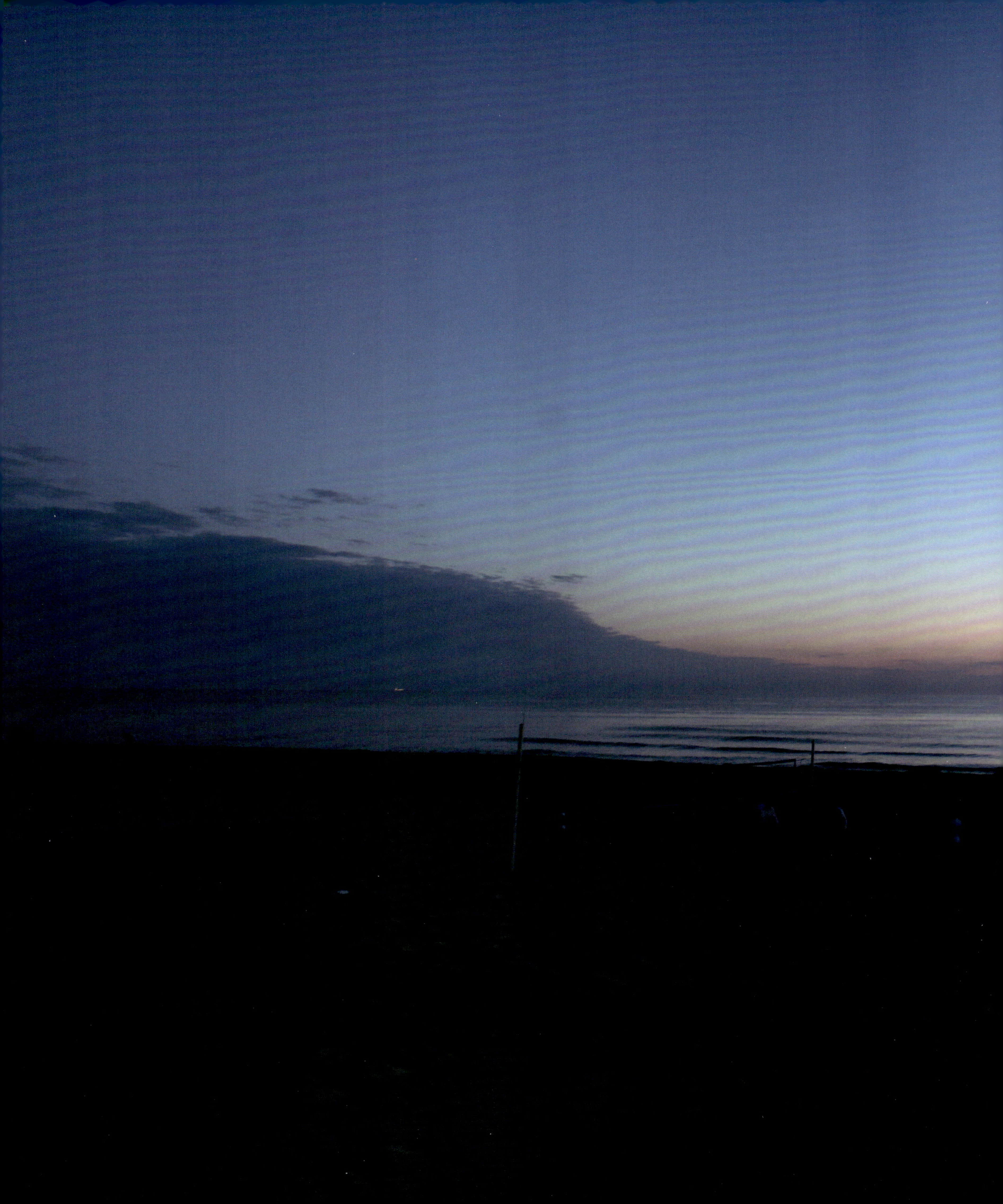

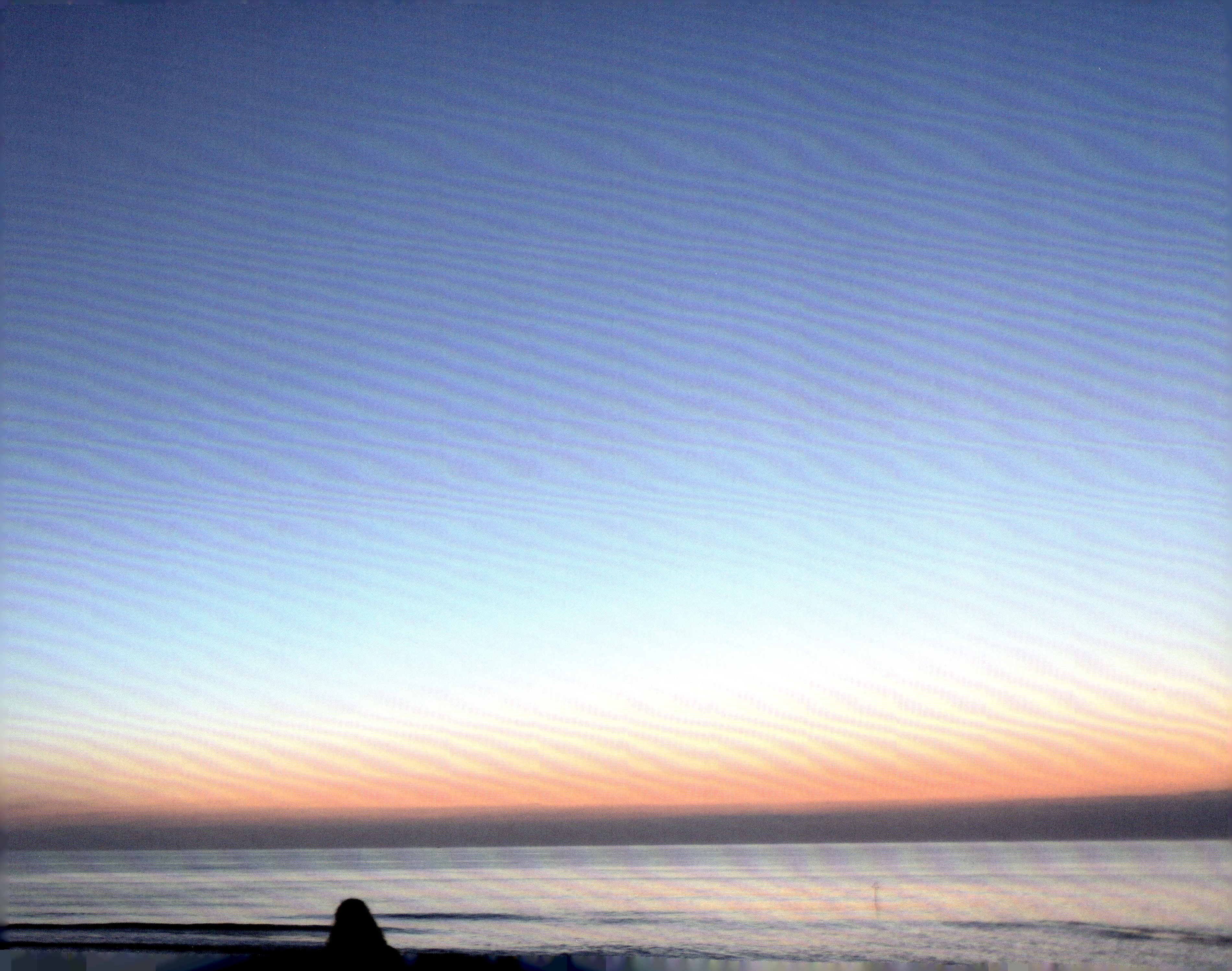

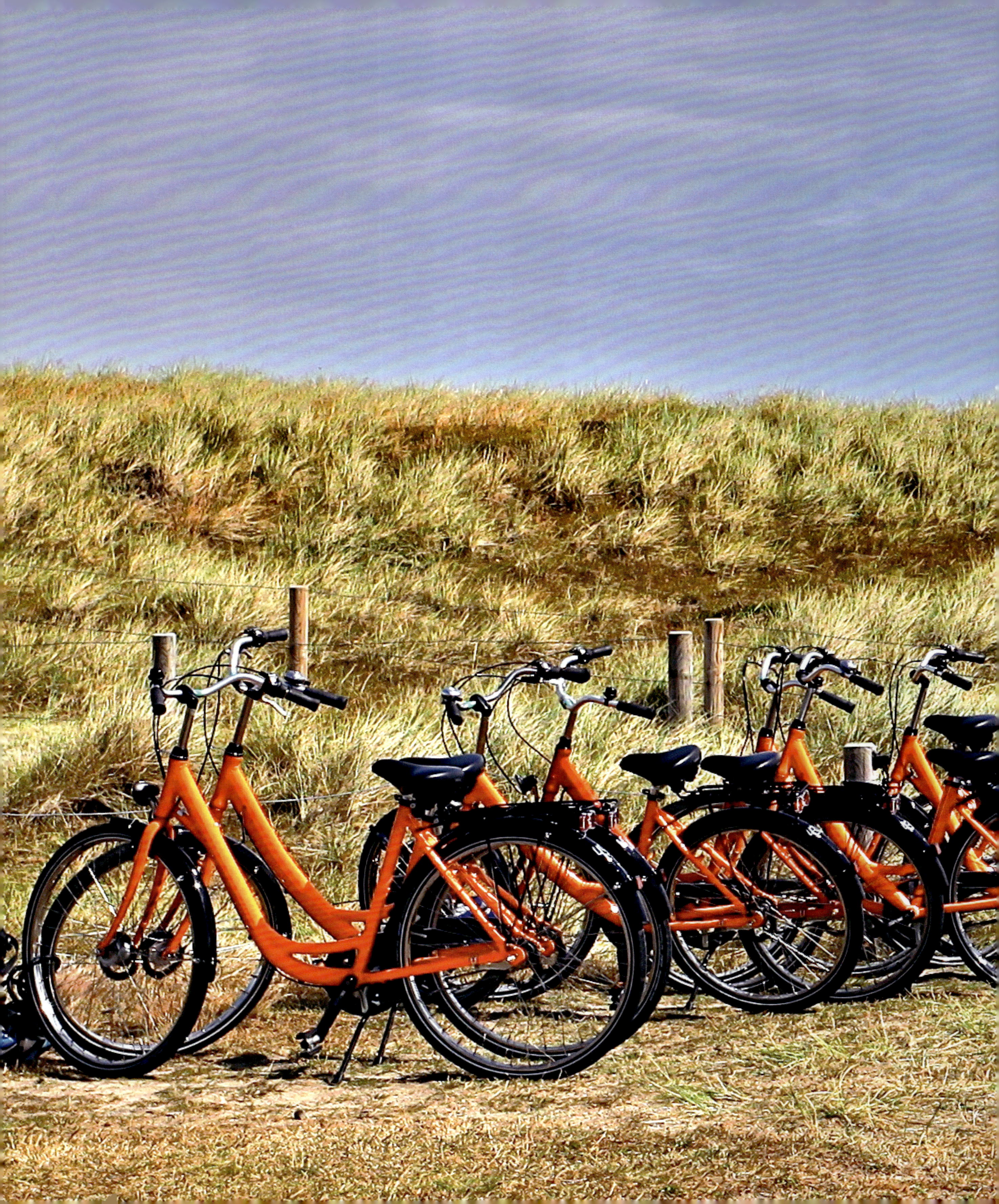

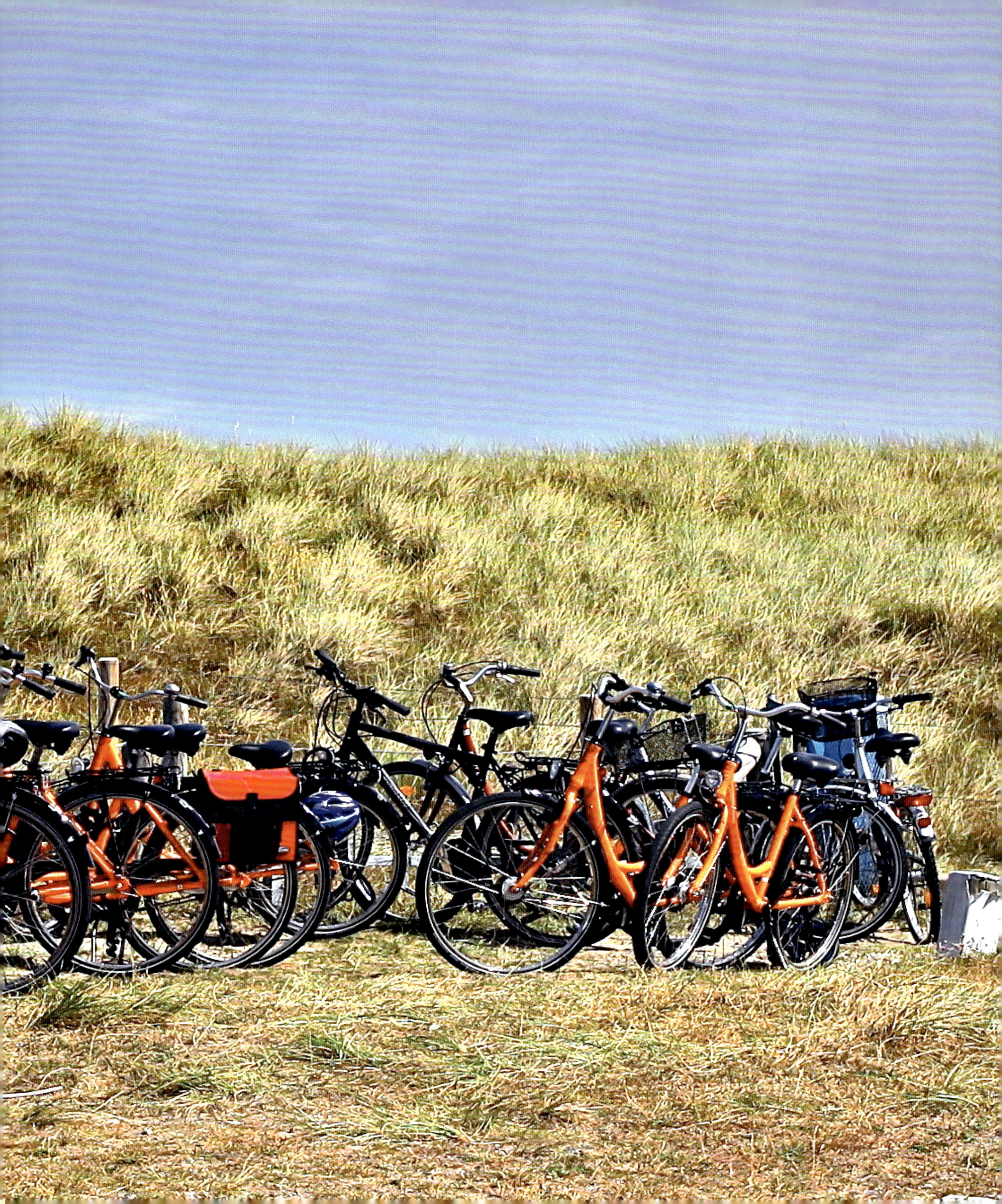

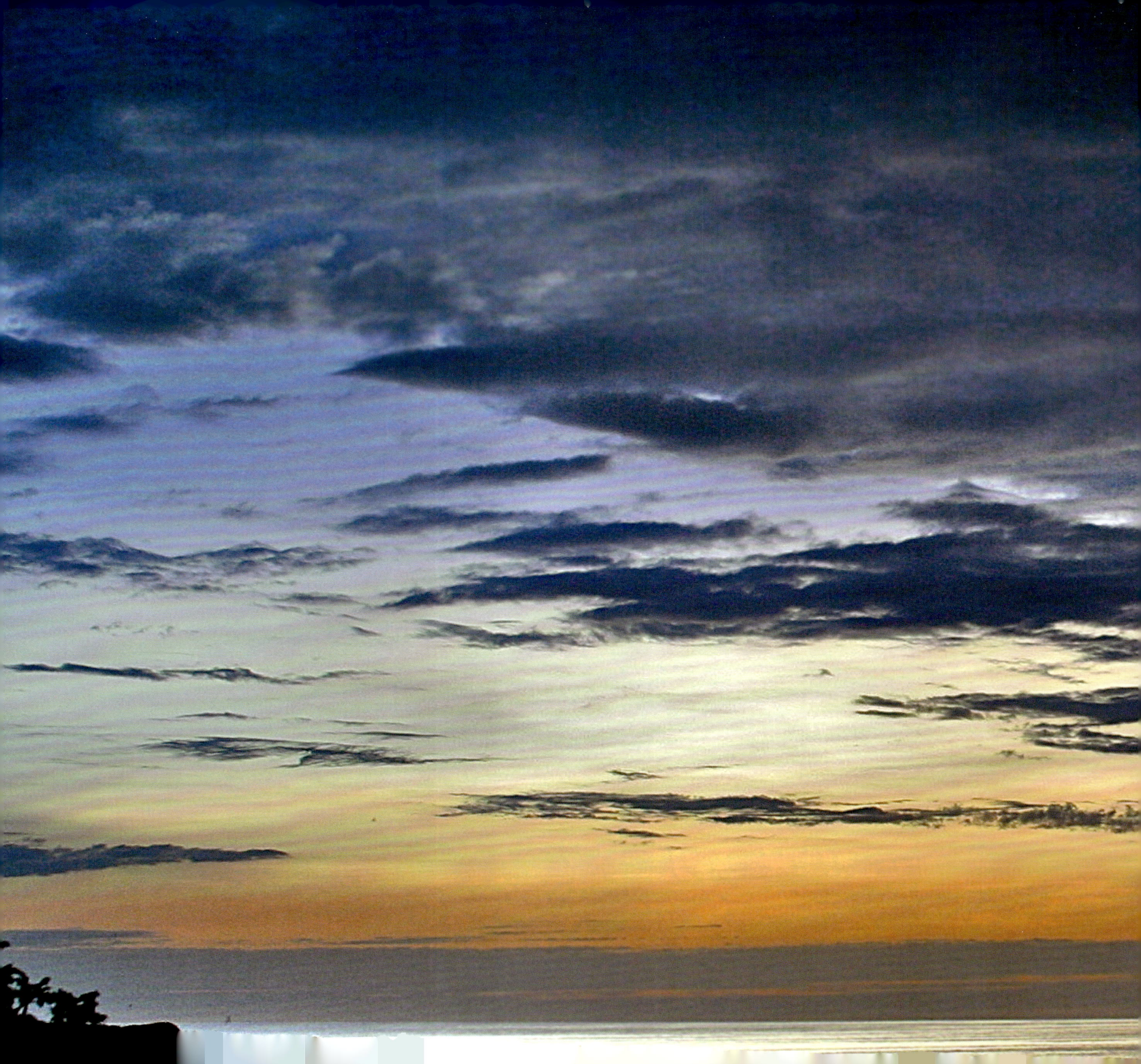

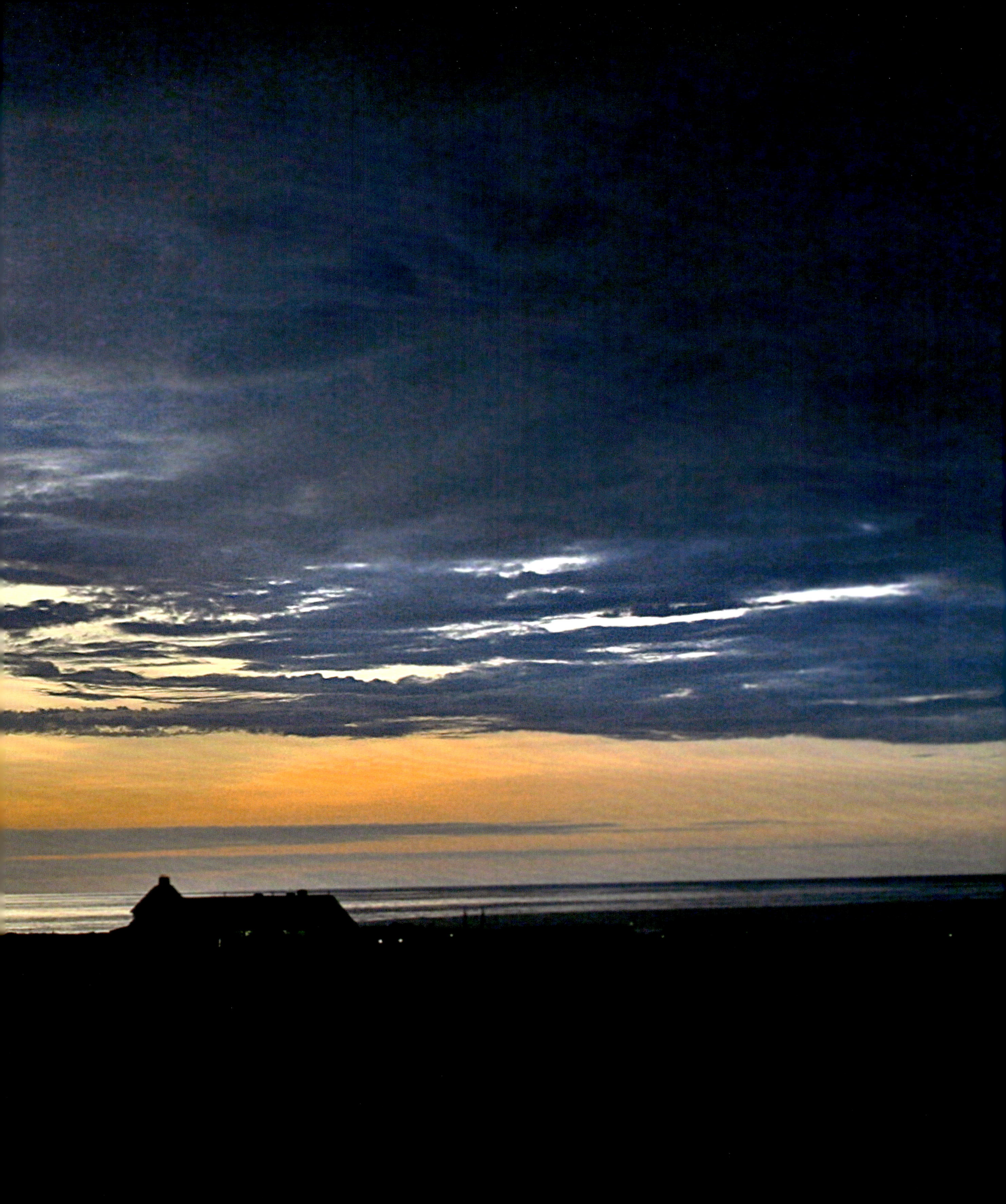

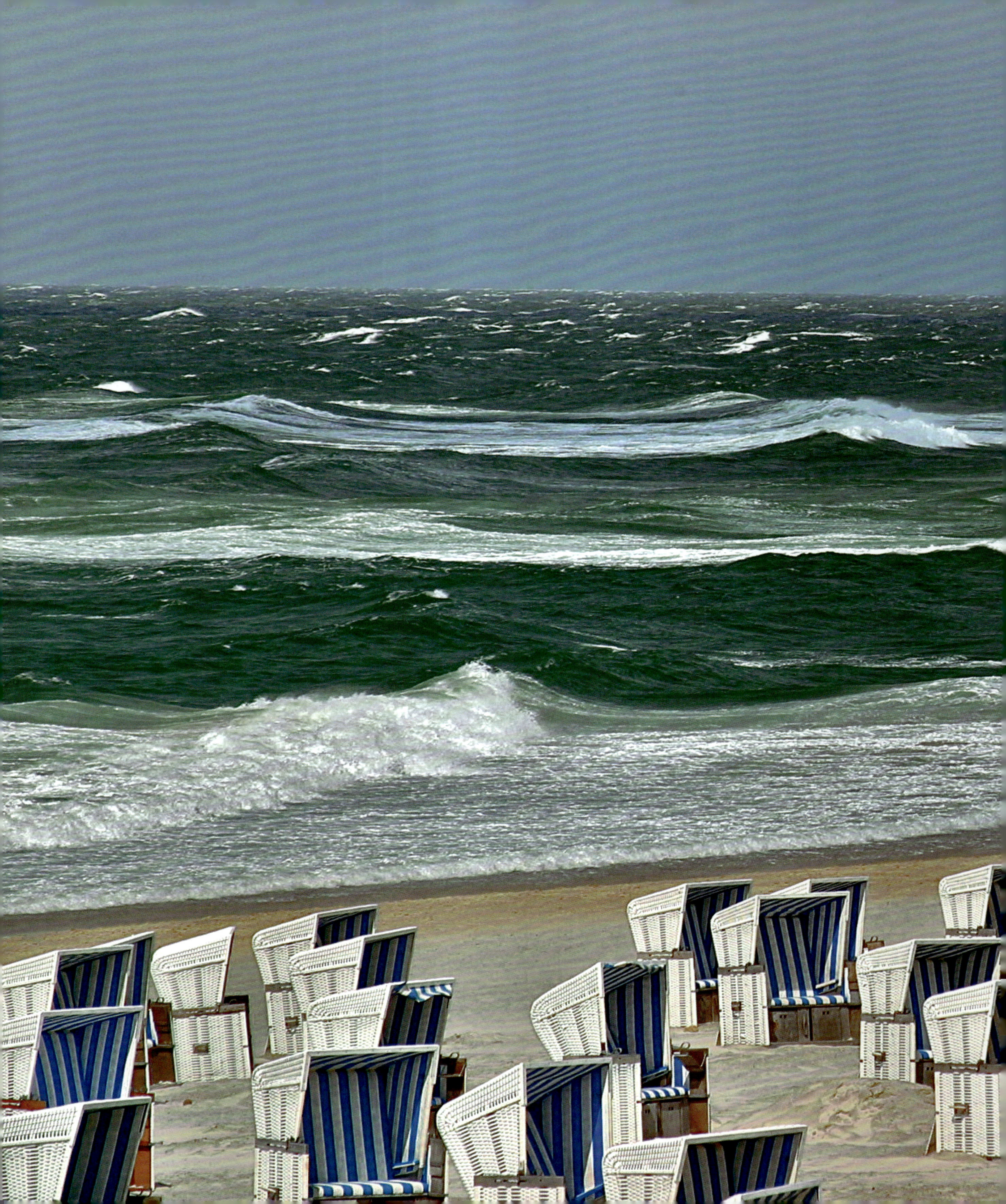

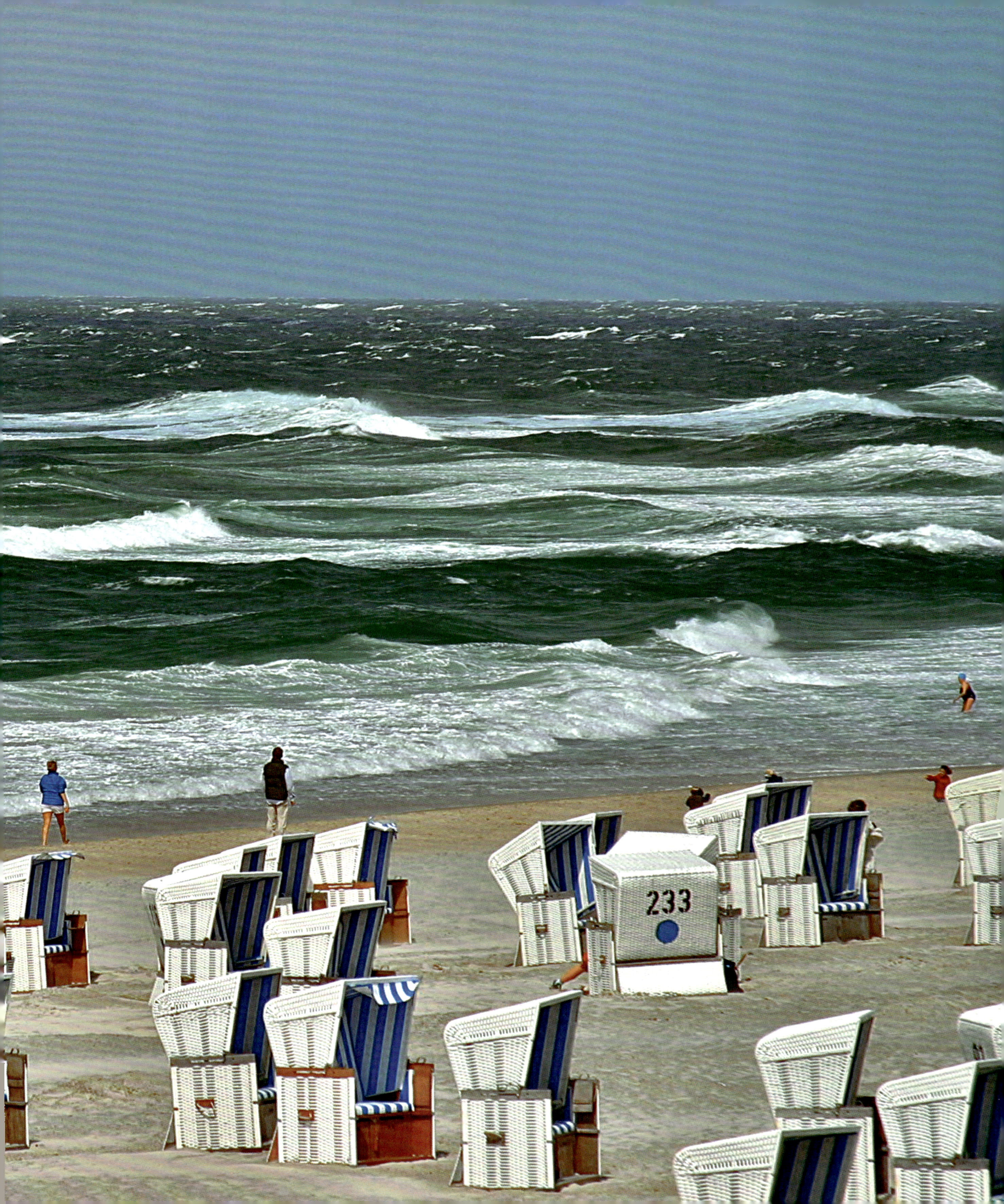
233

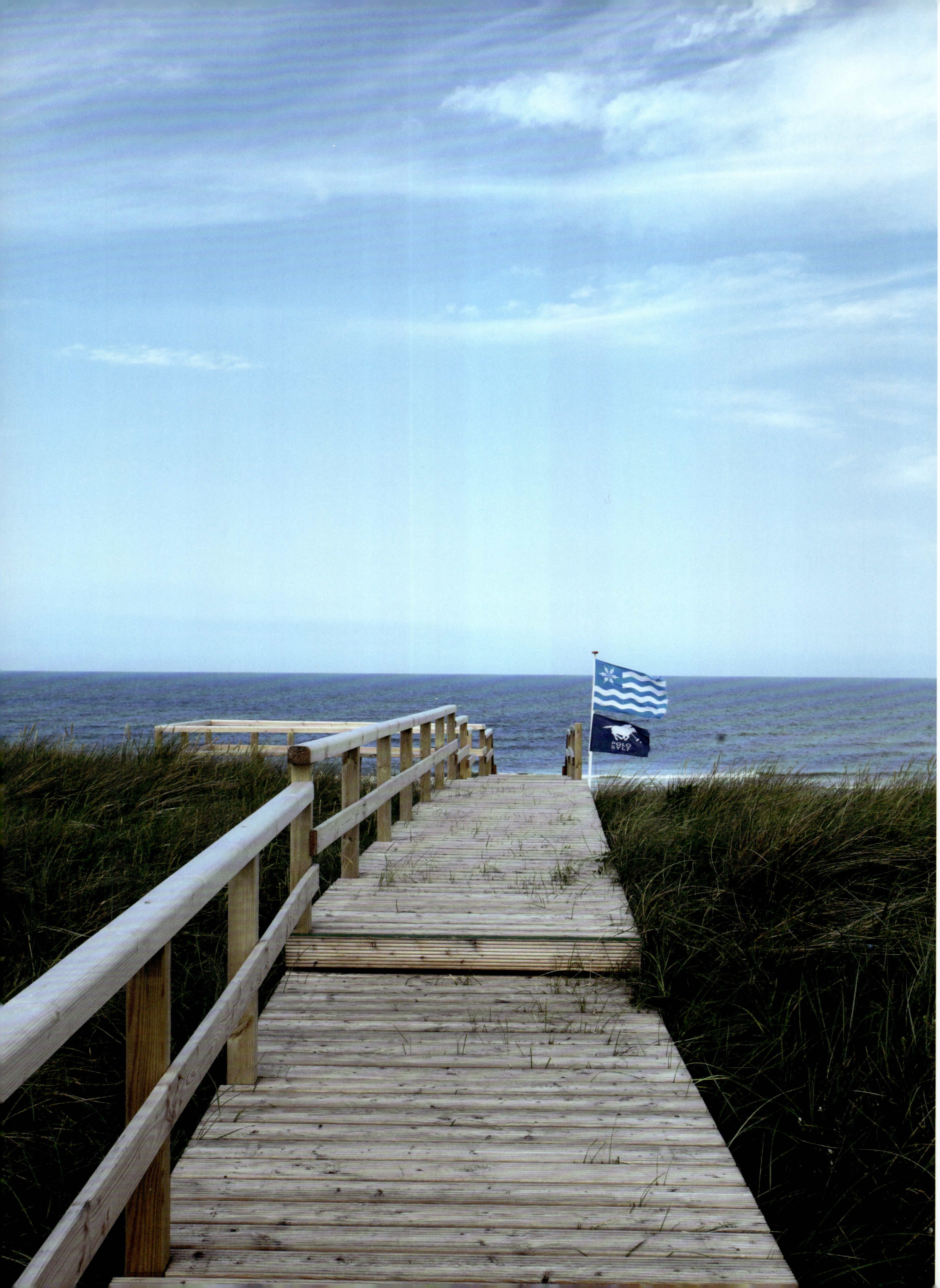
POLO
SYLT

LA GRAND PLACE
STRANDBI
KA

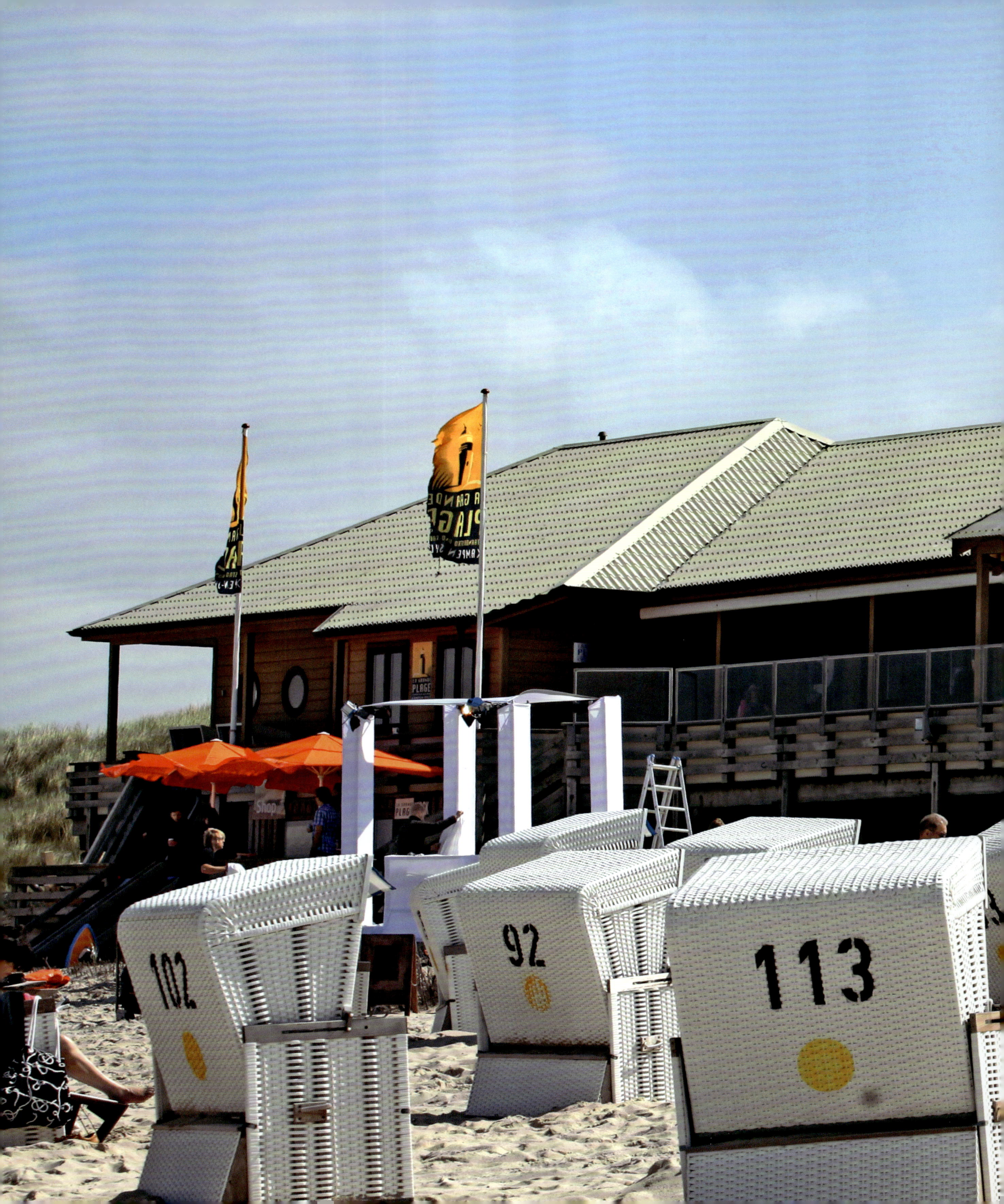
102
92
113

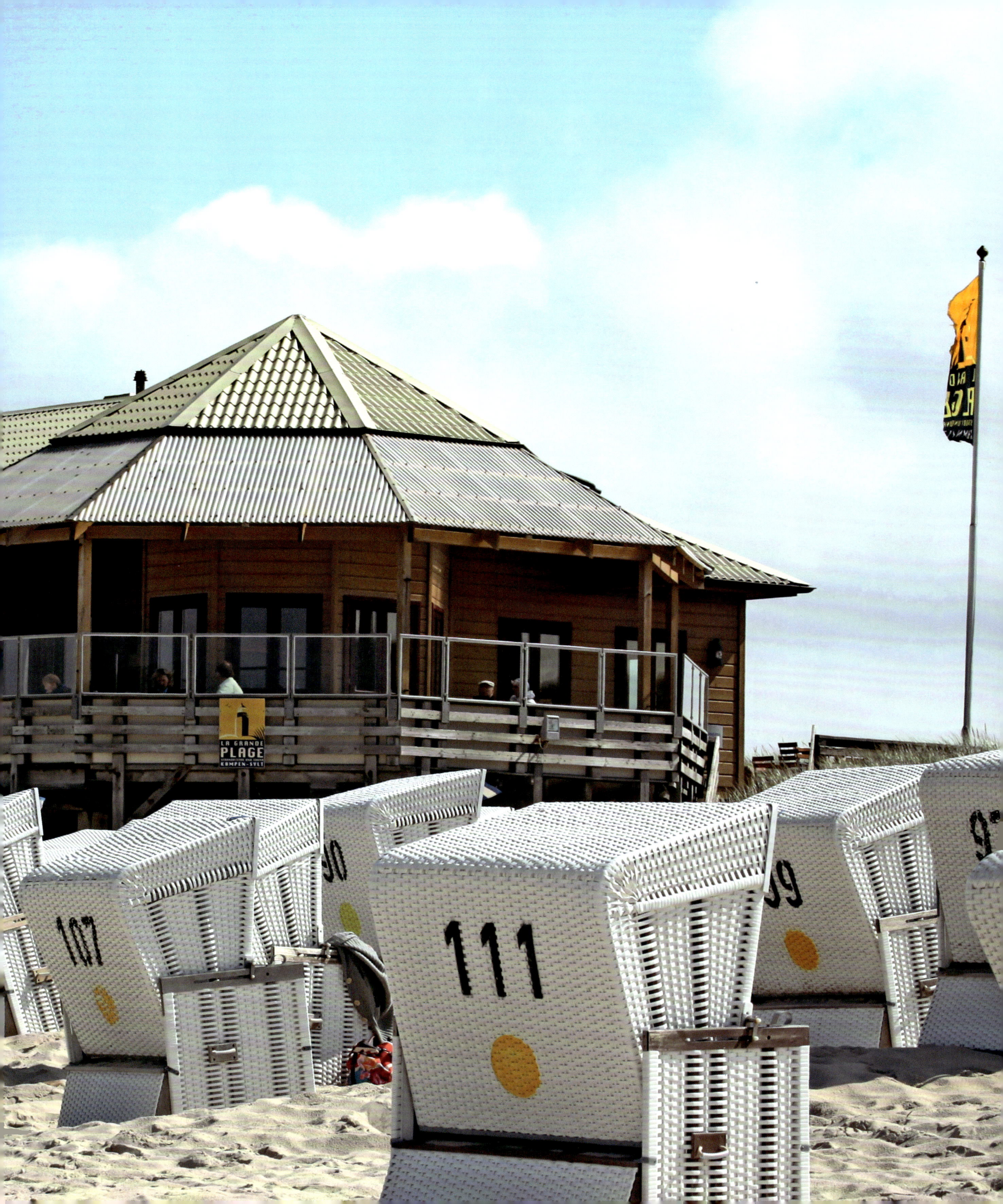
LA GRANDE
PLAGE
KAMPEN-SYLT
107
111

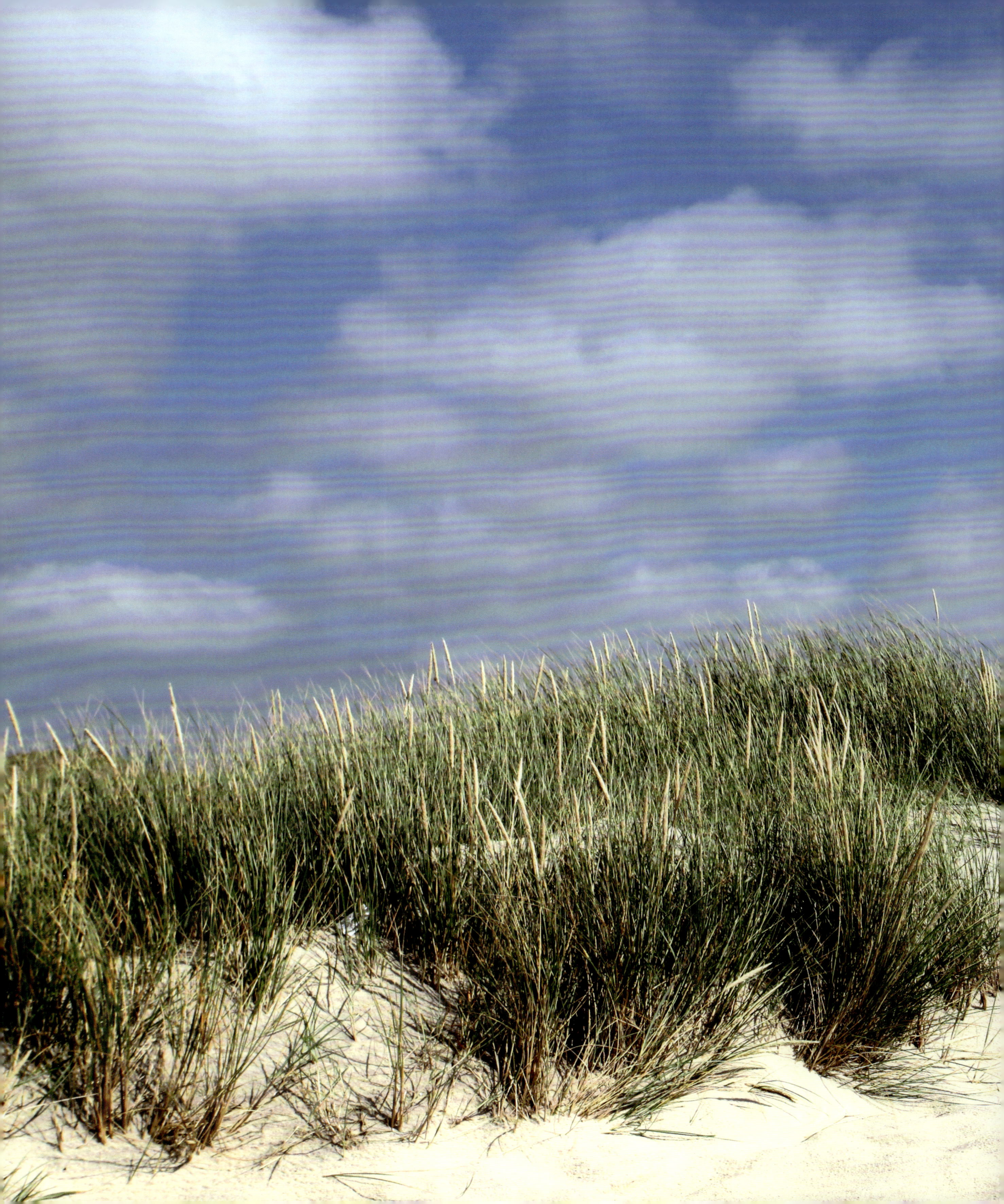

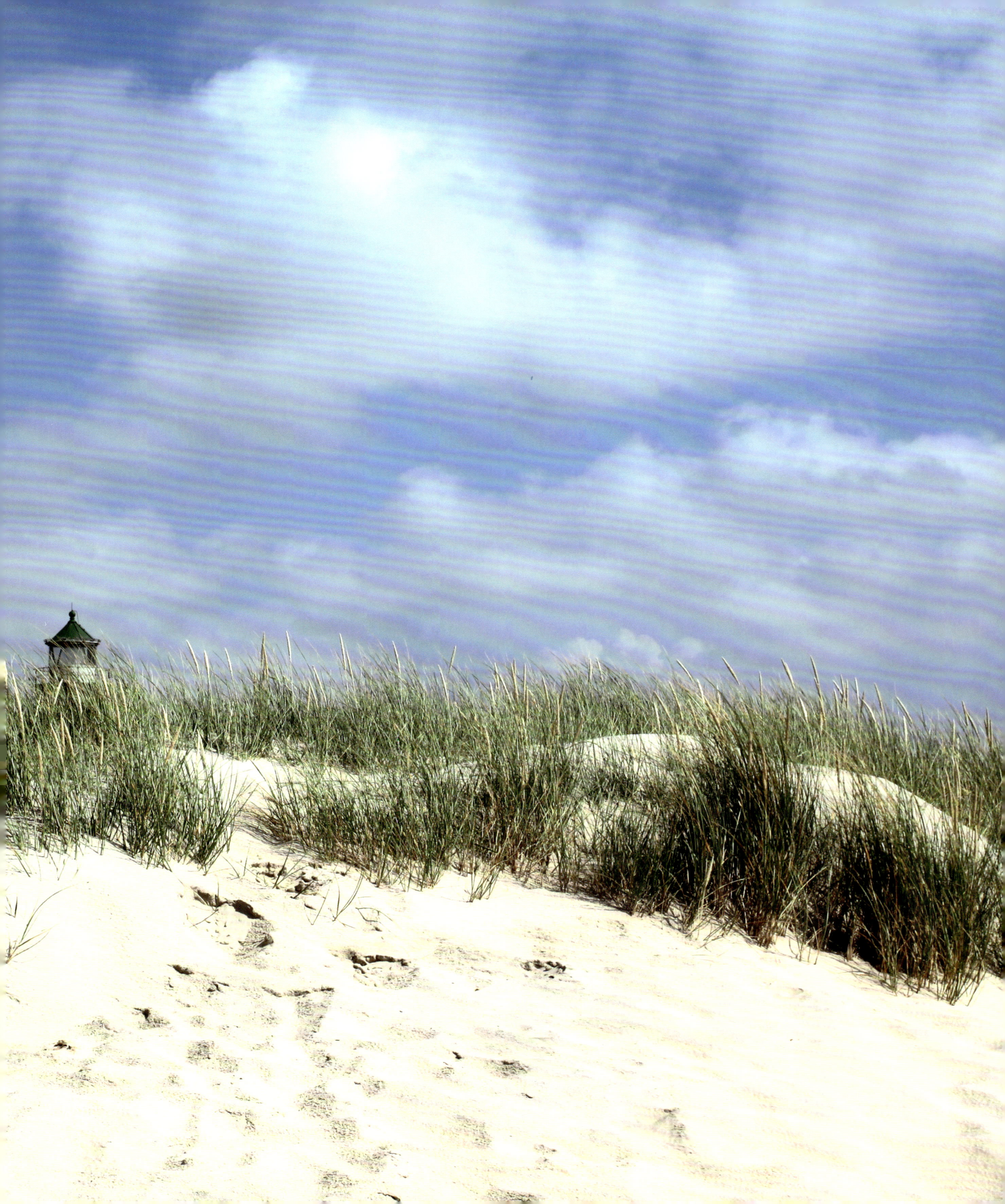

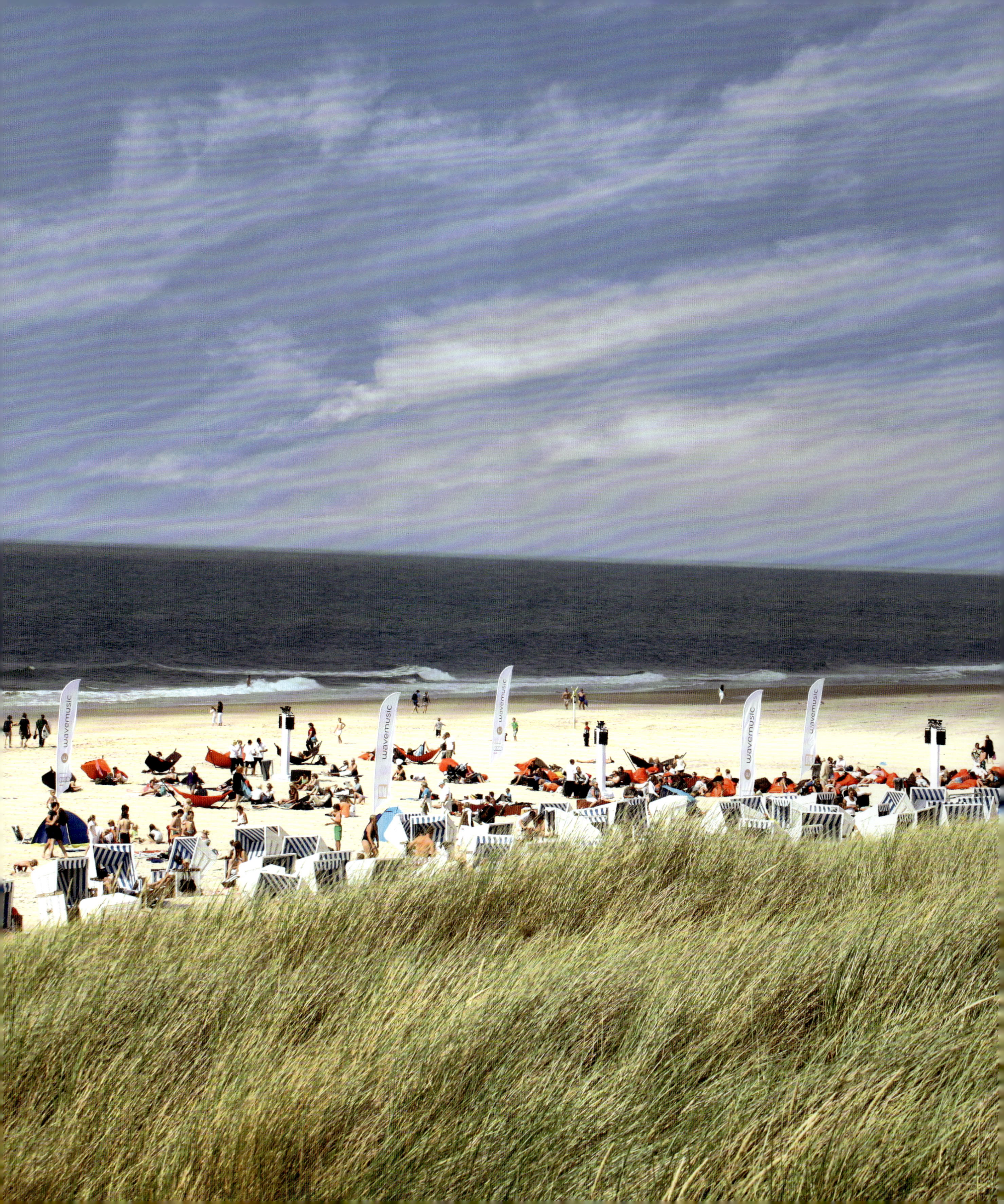
wavemusic
wavemusic
wavemusic
wavemusic
wavemusic

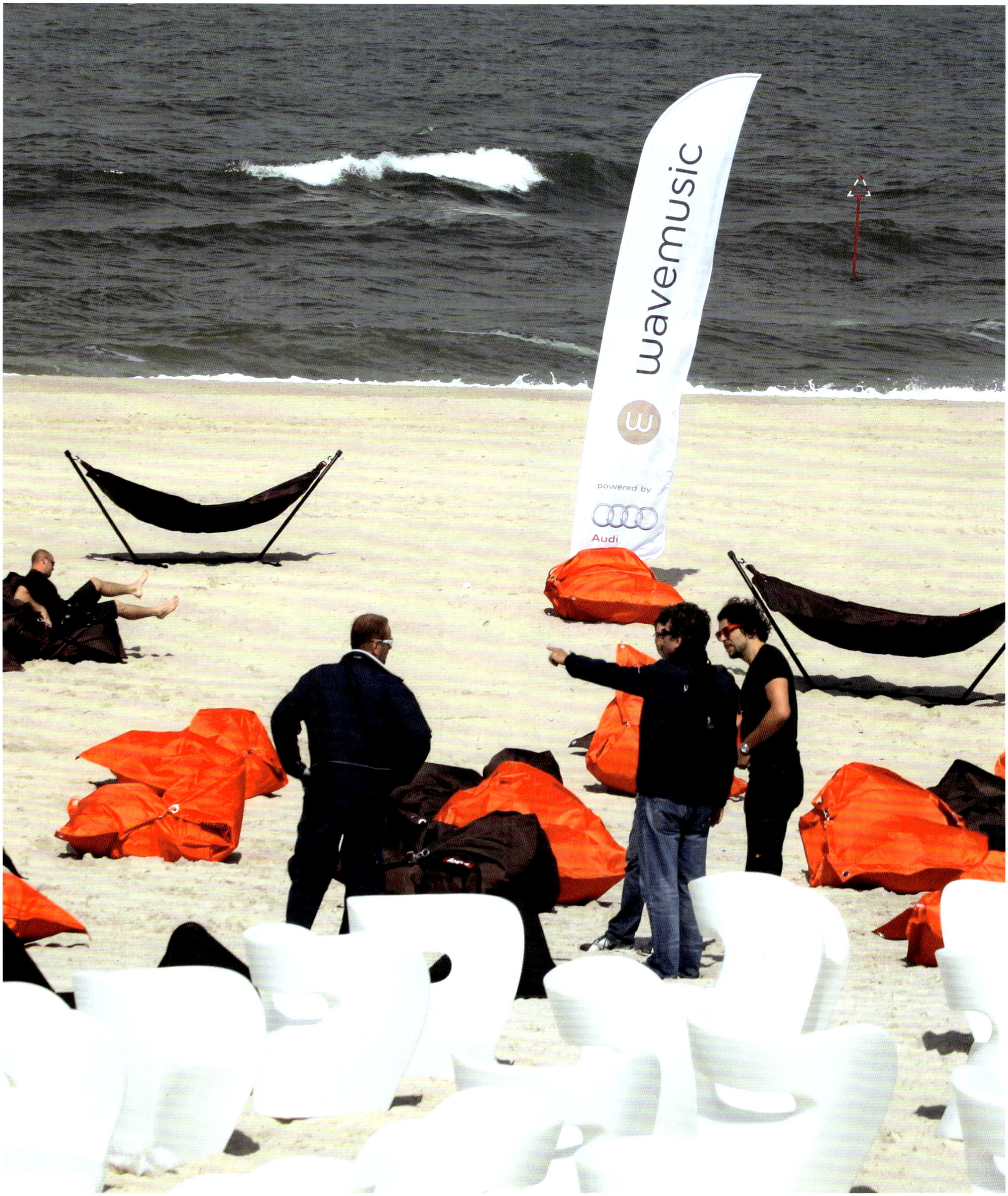
wavemusic
powered by
Audi

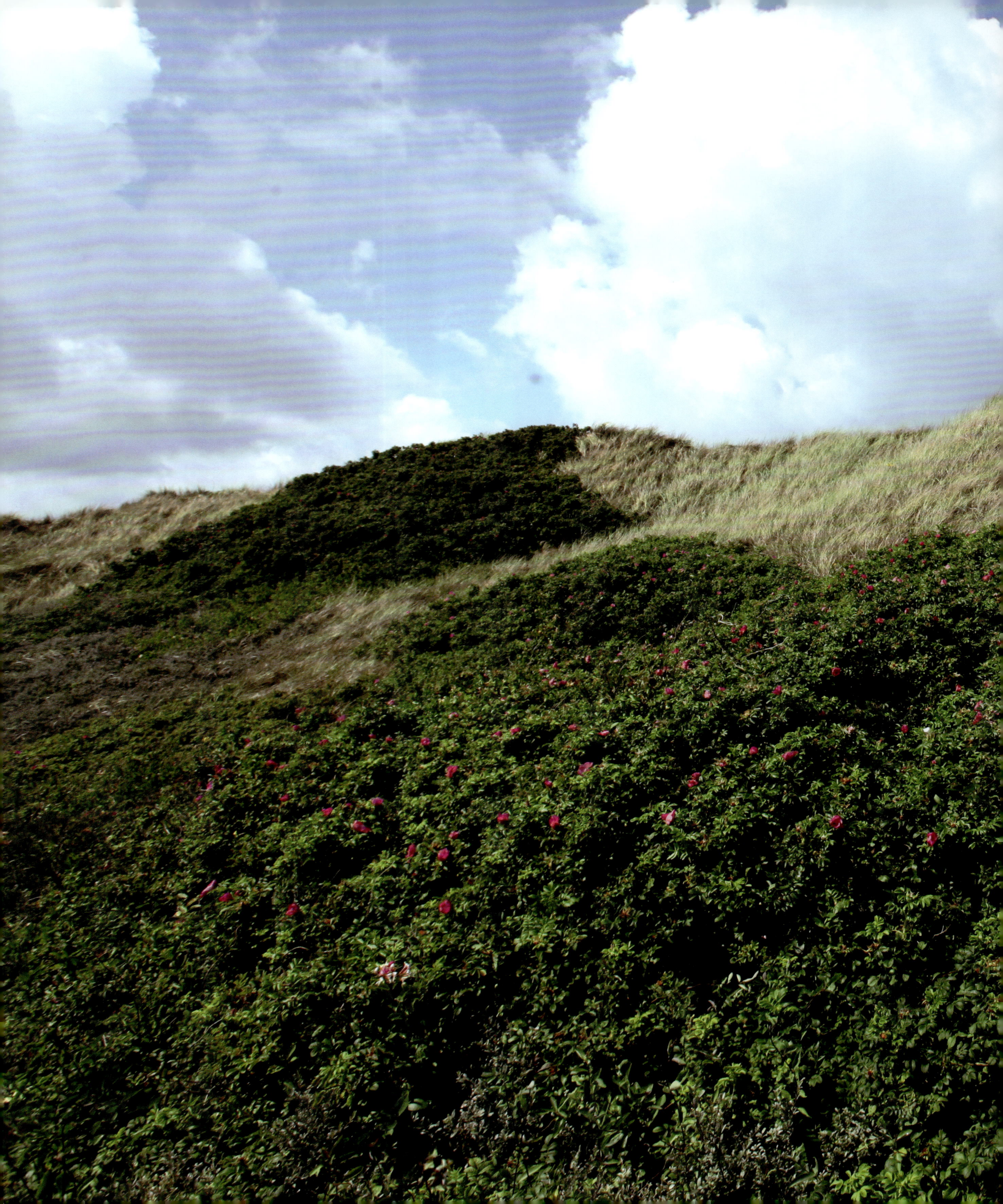

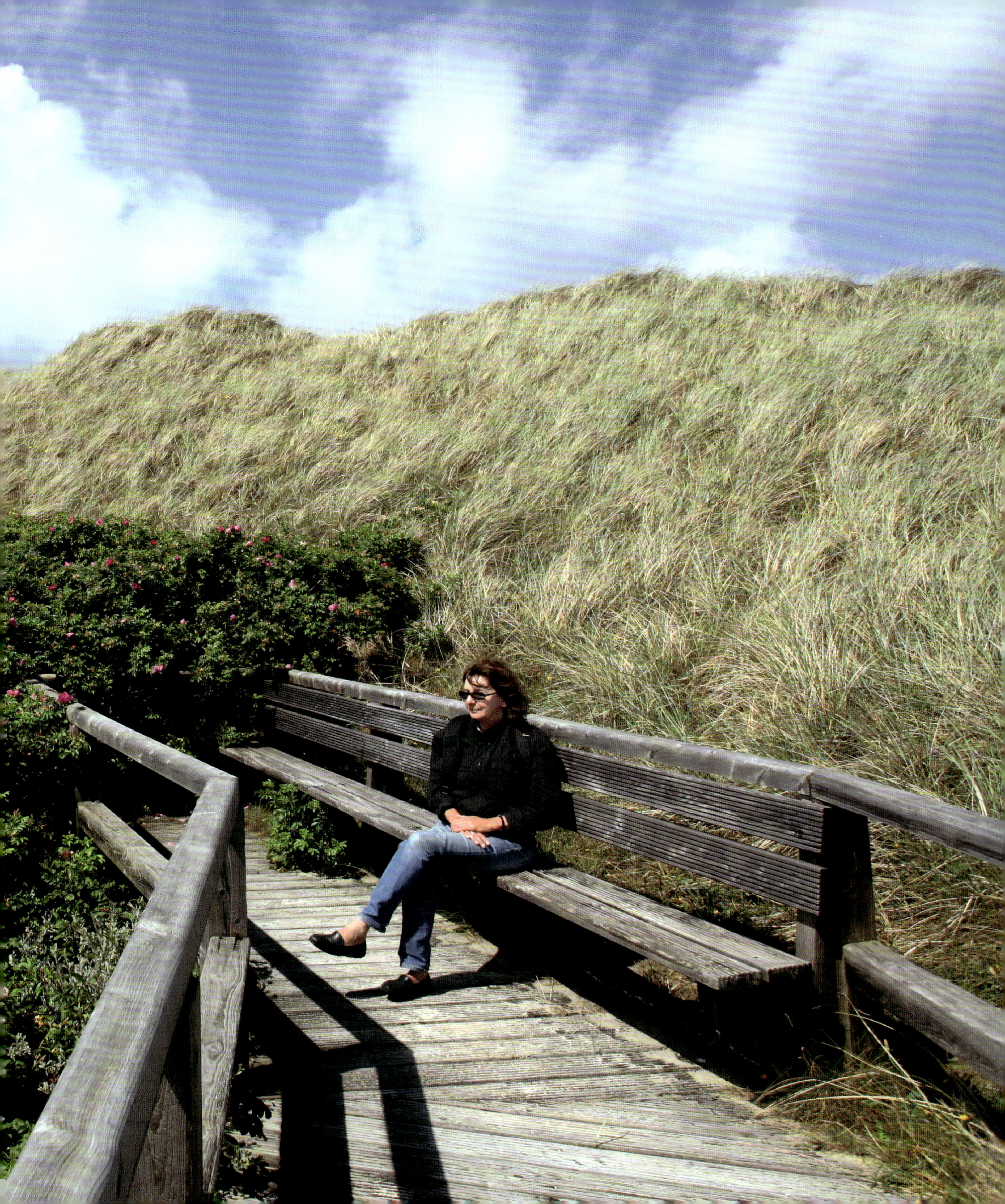

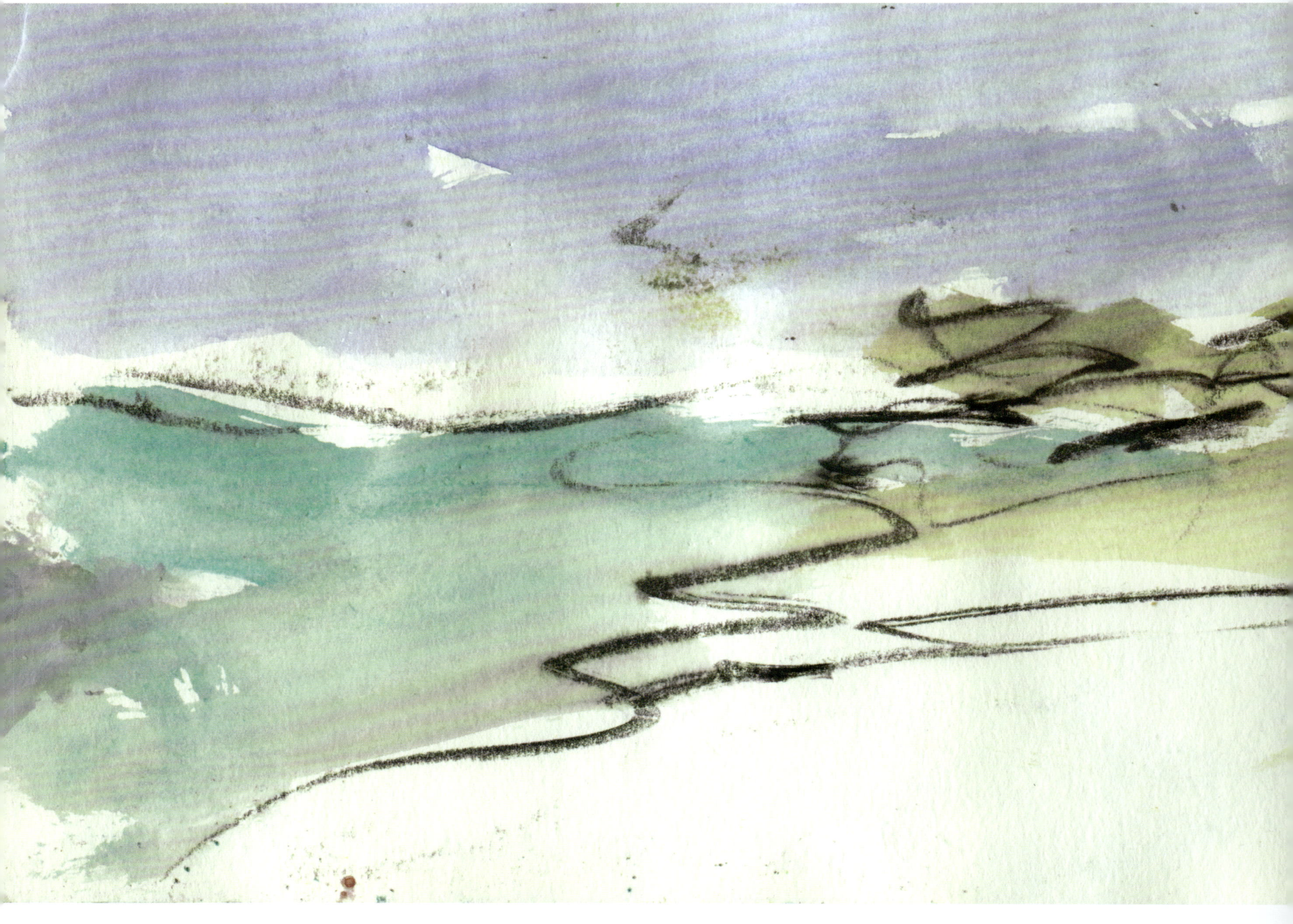

bei Kampen 31. März

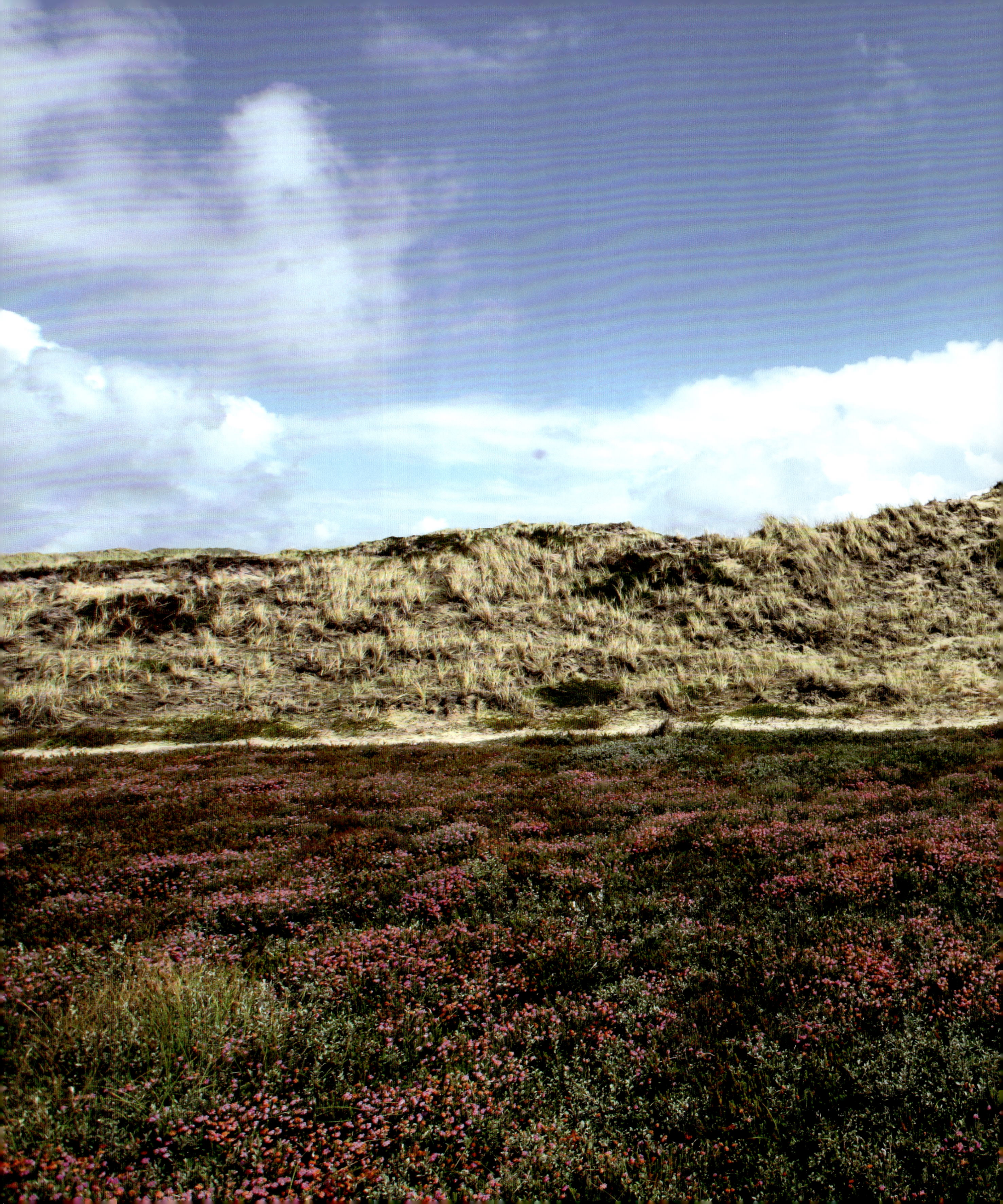

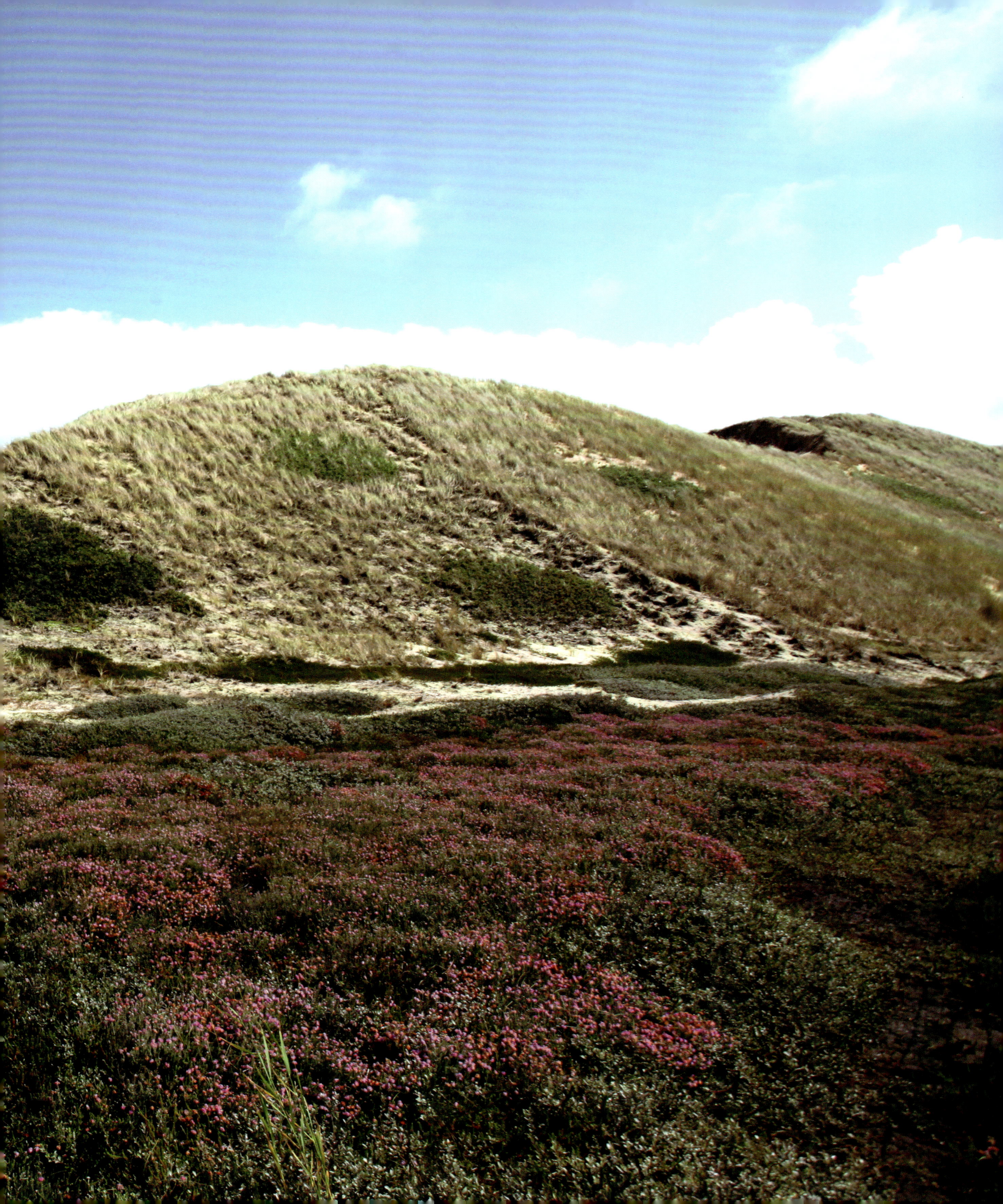

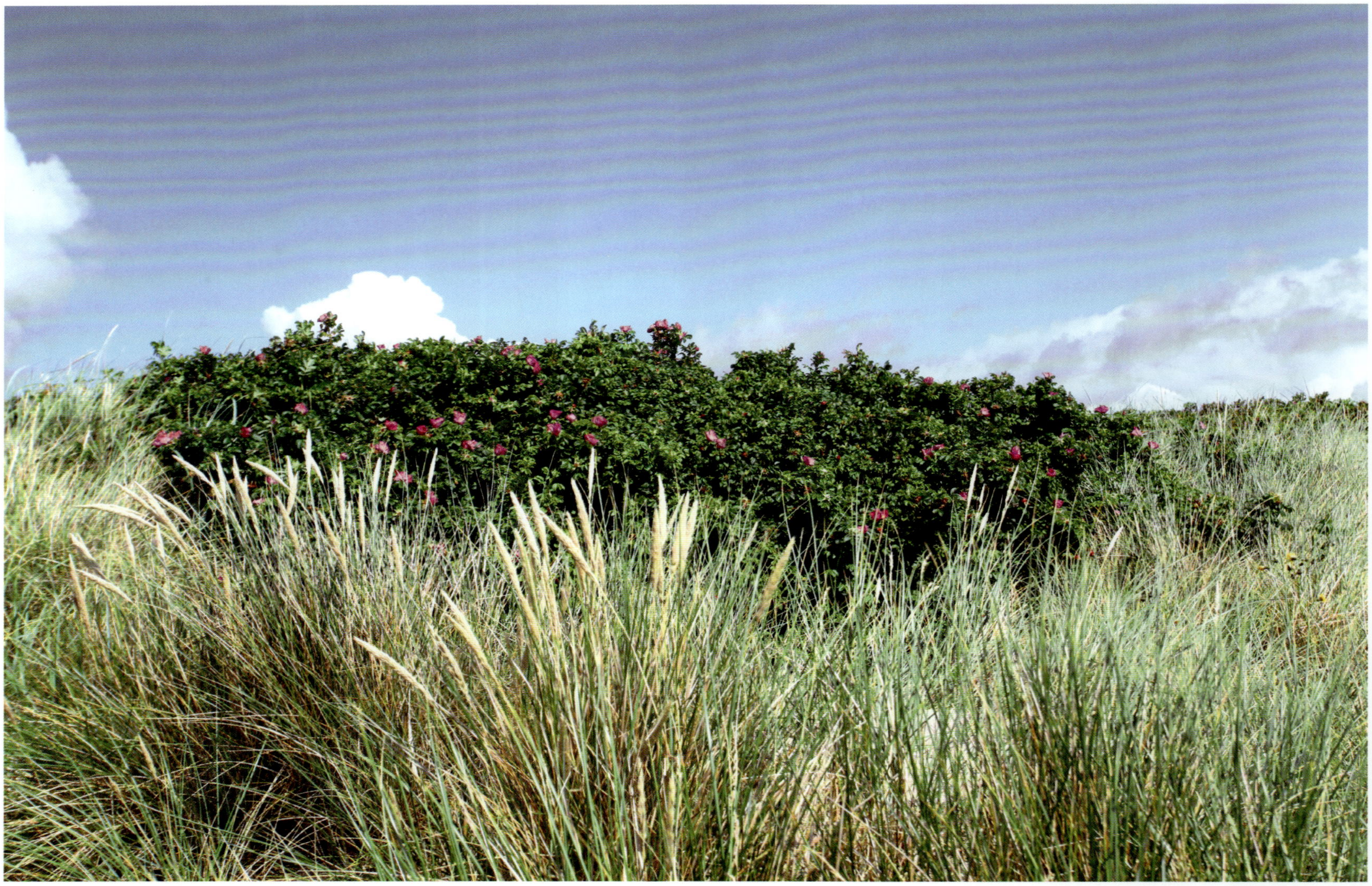

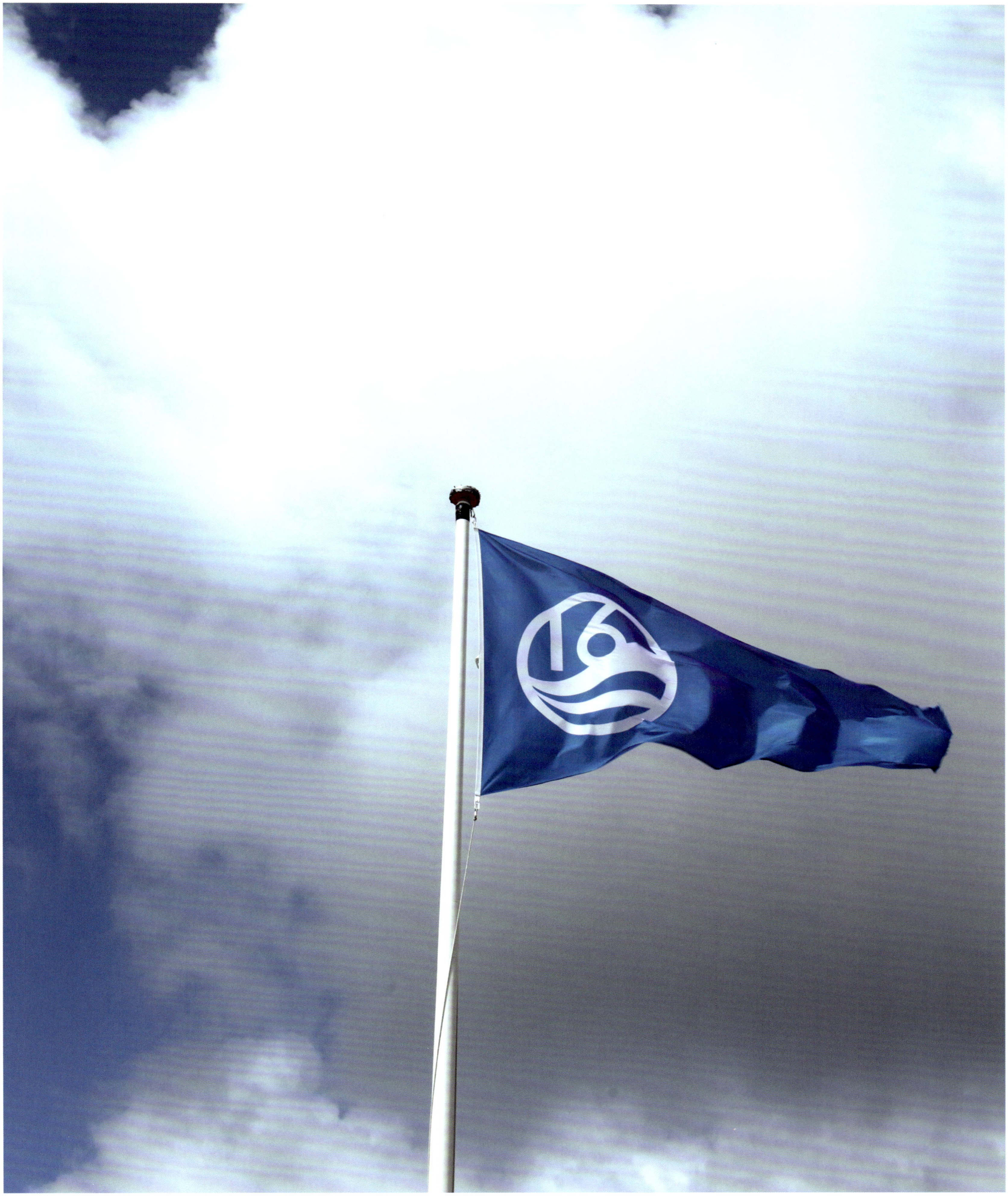

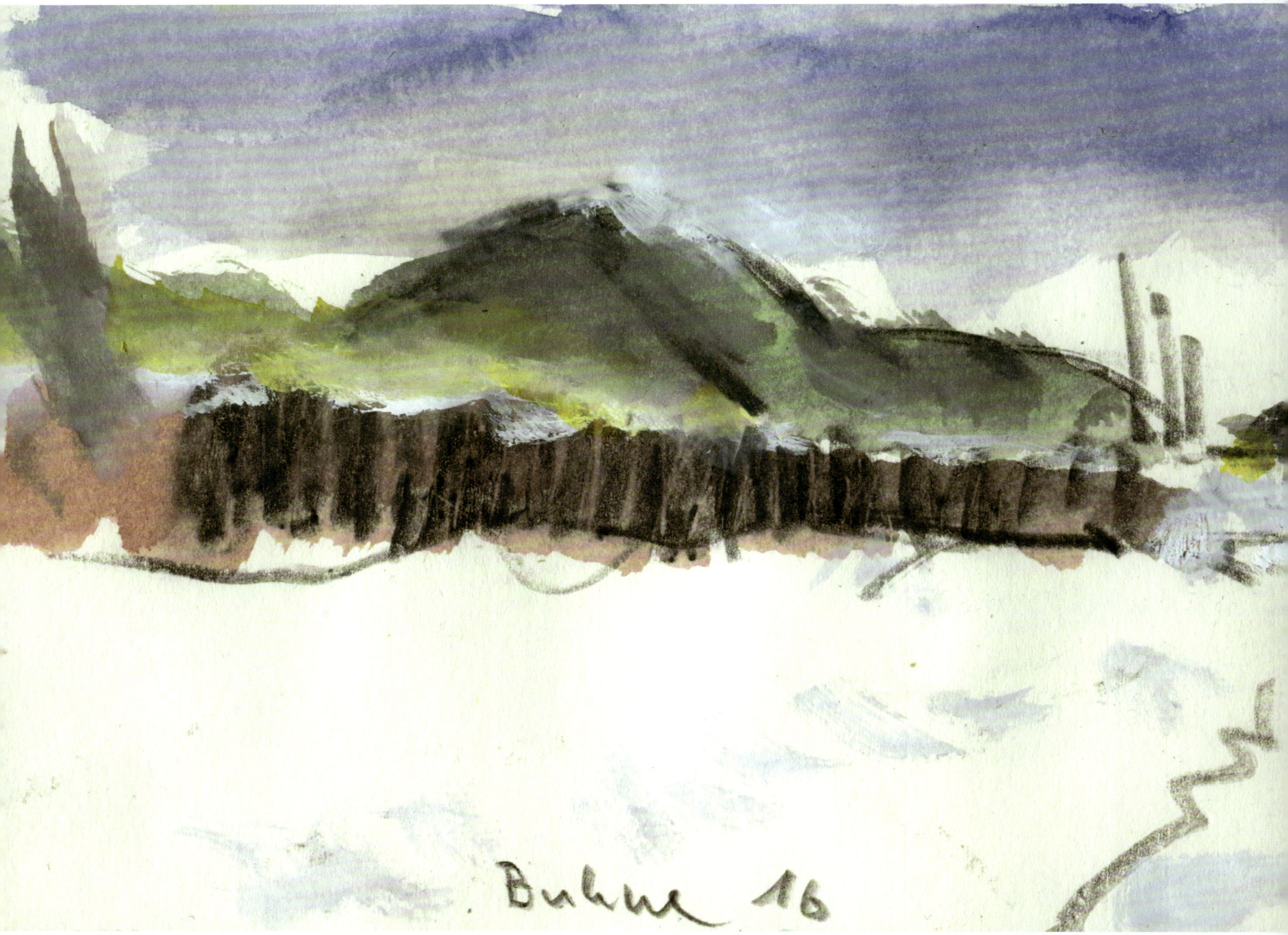
Buhre 16

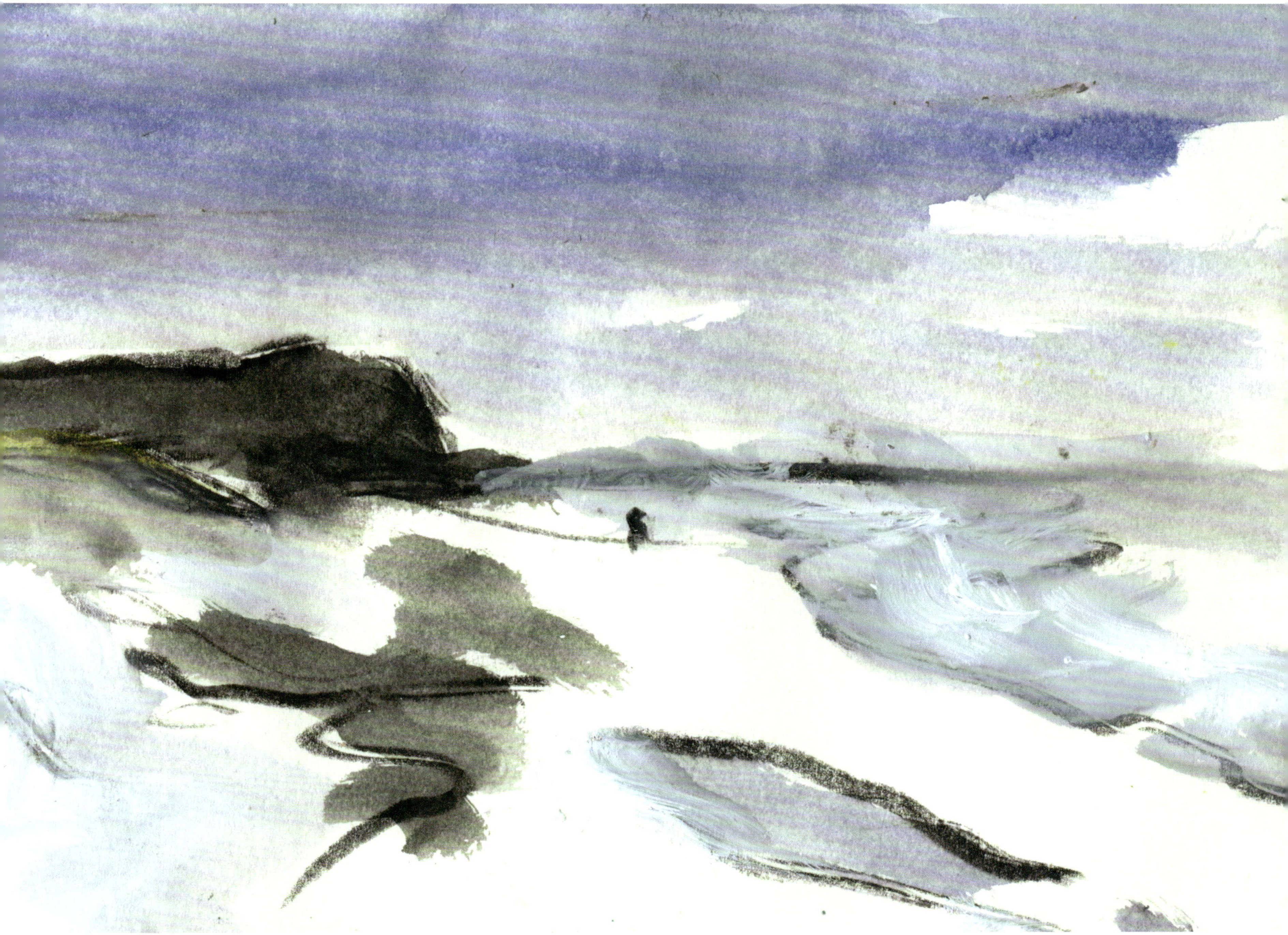

Herzlich Willkommen

BUHNE 16

Wine Special
Cabernet Sauvignon
aus dem Hause
Esser
California 2008
Flasche 0,75 €

Wine Special
Urban Uco
Argentinien 2010

buhtique
← beachwear & accessoires

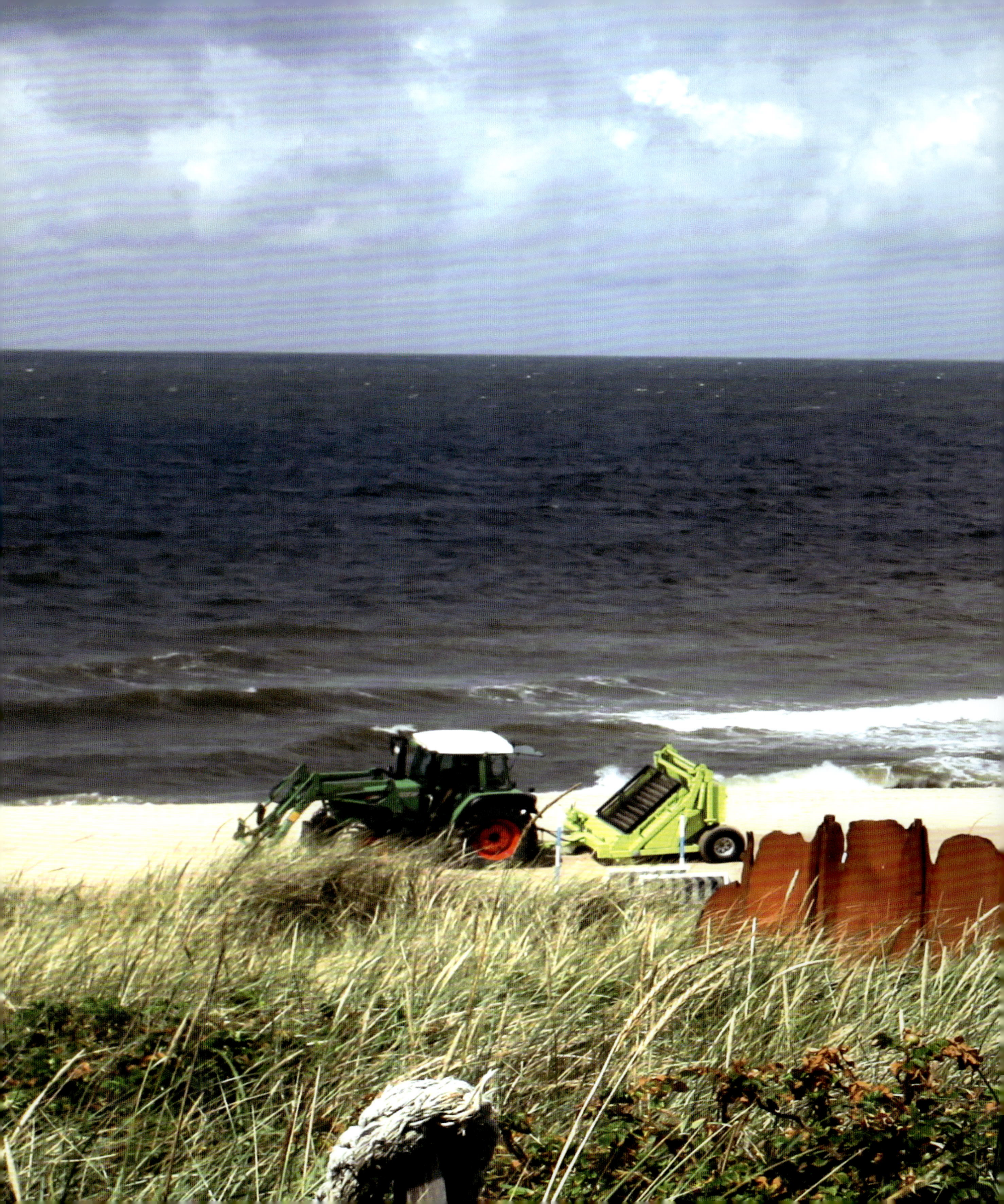

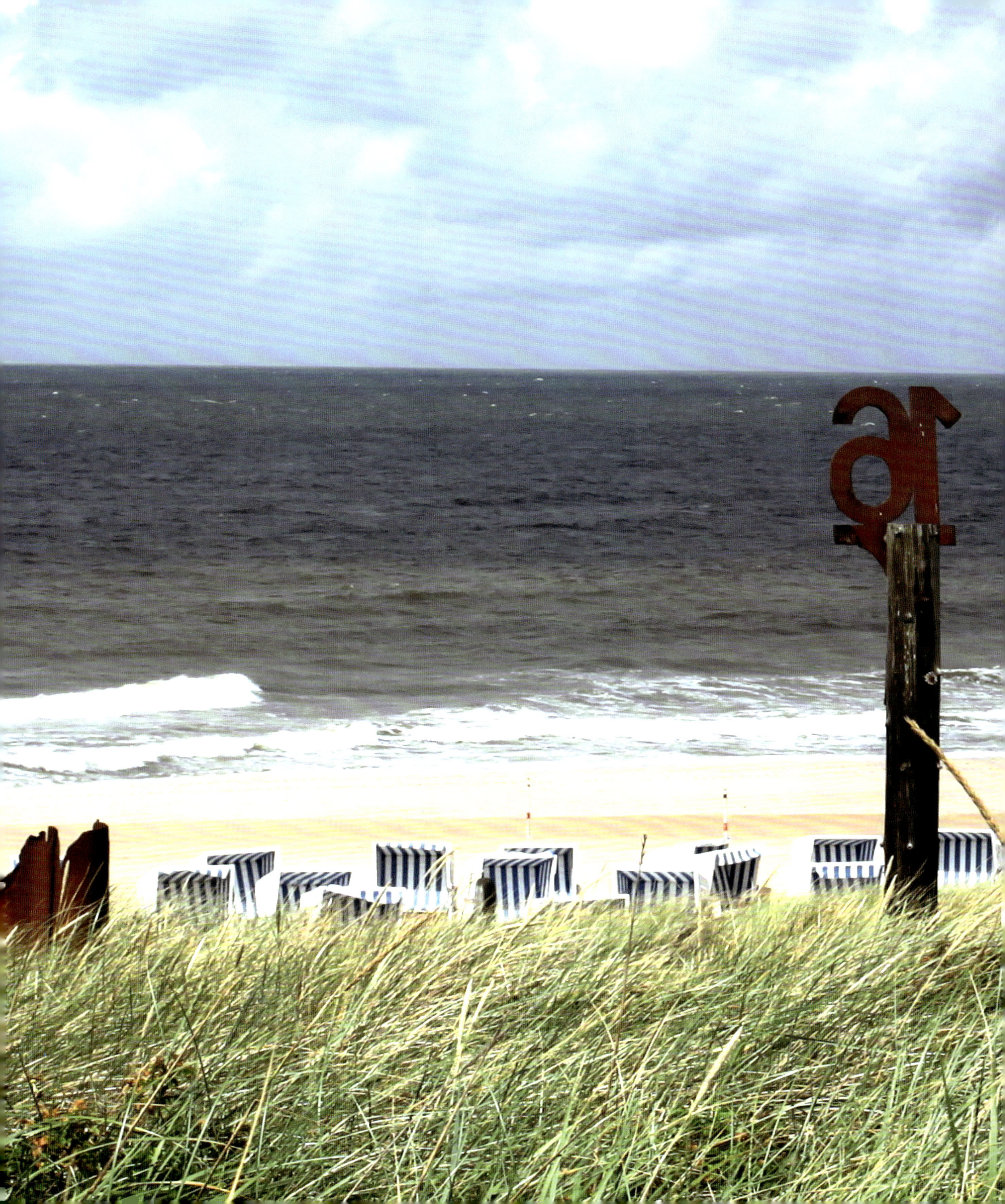

THE WORLD OF DIGITALPRINT
DISPLAYSYSTEME XXL-PRINT
MONTAGE LOGISTIK & SUPPLY
CORPORATE DESIGN SIEBDRUCK
wavemusic
LANGNESE
ChariTea
SuperSonderSpecial
Astra Bier 3,50 €

16
Brat Maxe grillt für Sie :
Berliner Currywurst ohne Darm
hausgemachter Sauce & Pommes 9,90
mit Ketchup oder Mayo 4,-
mit Brot 4,50
mit Brot 6,-

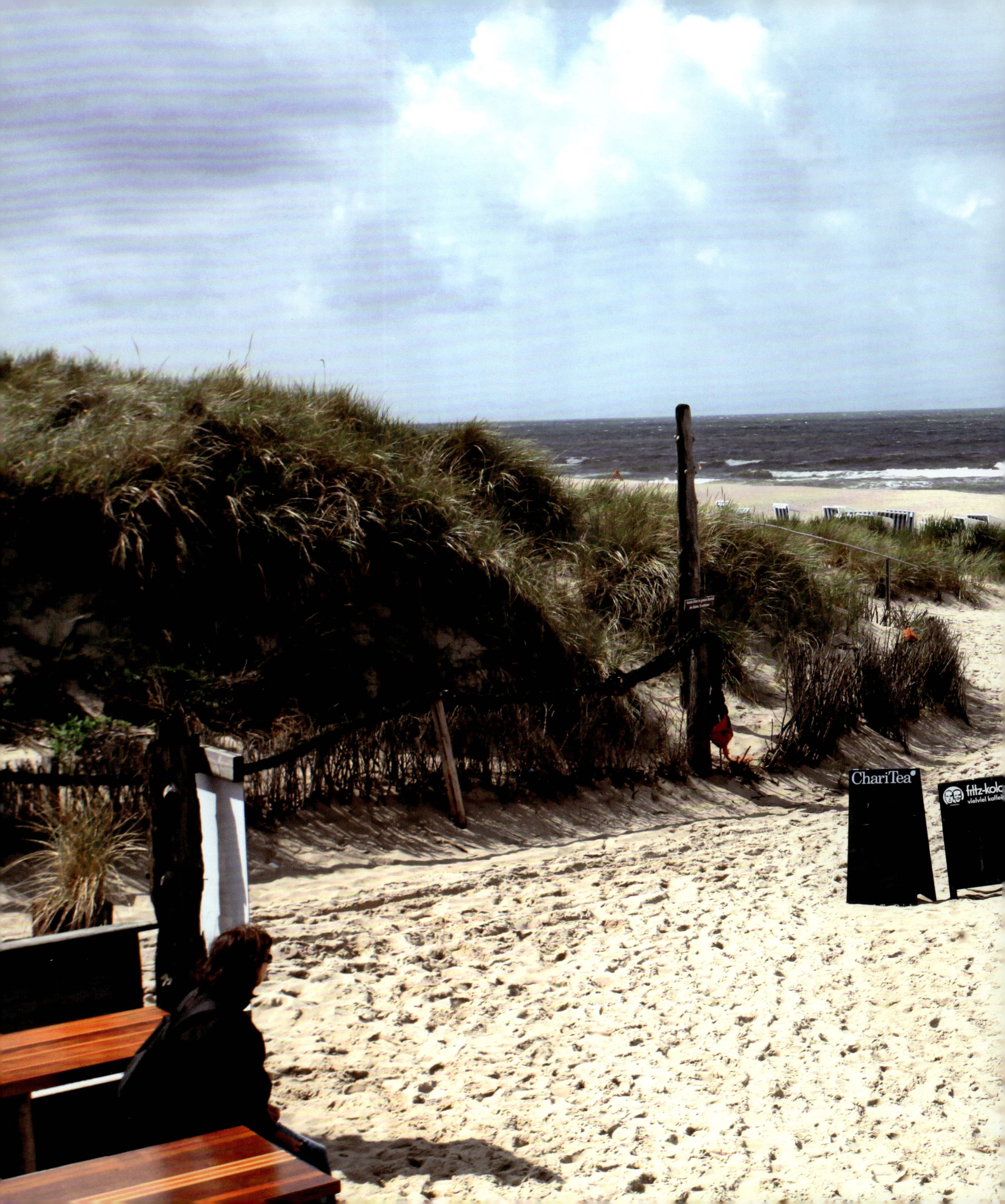
ChariTea
fritz-kol
vielviel koffe

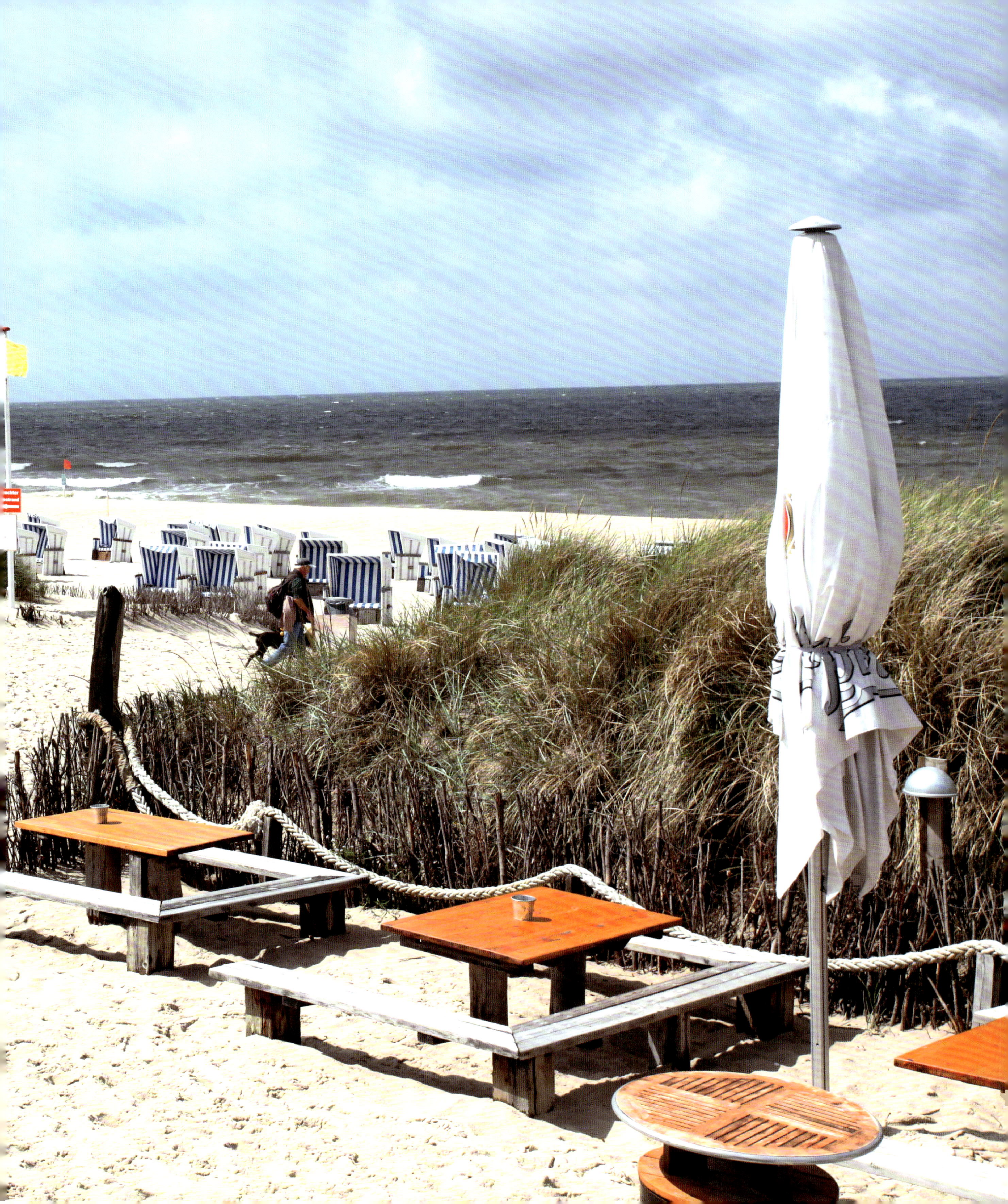

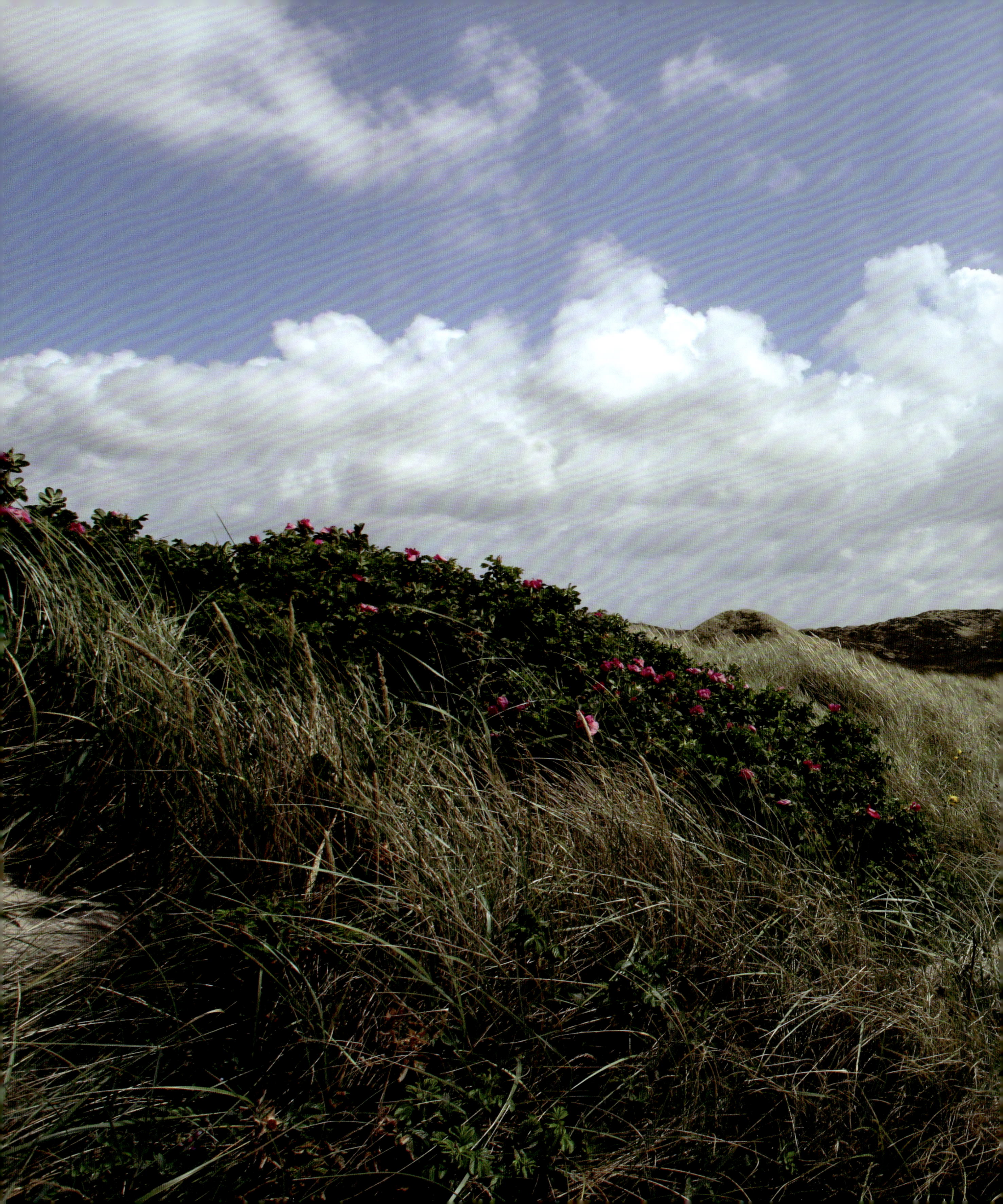

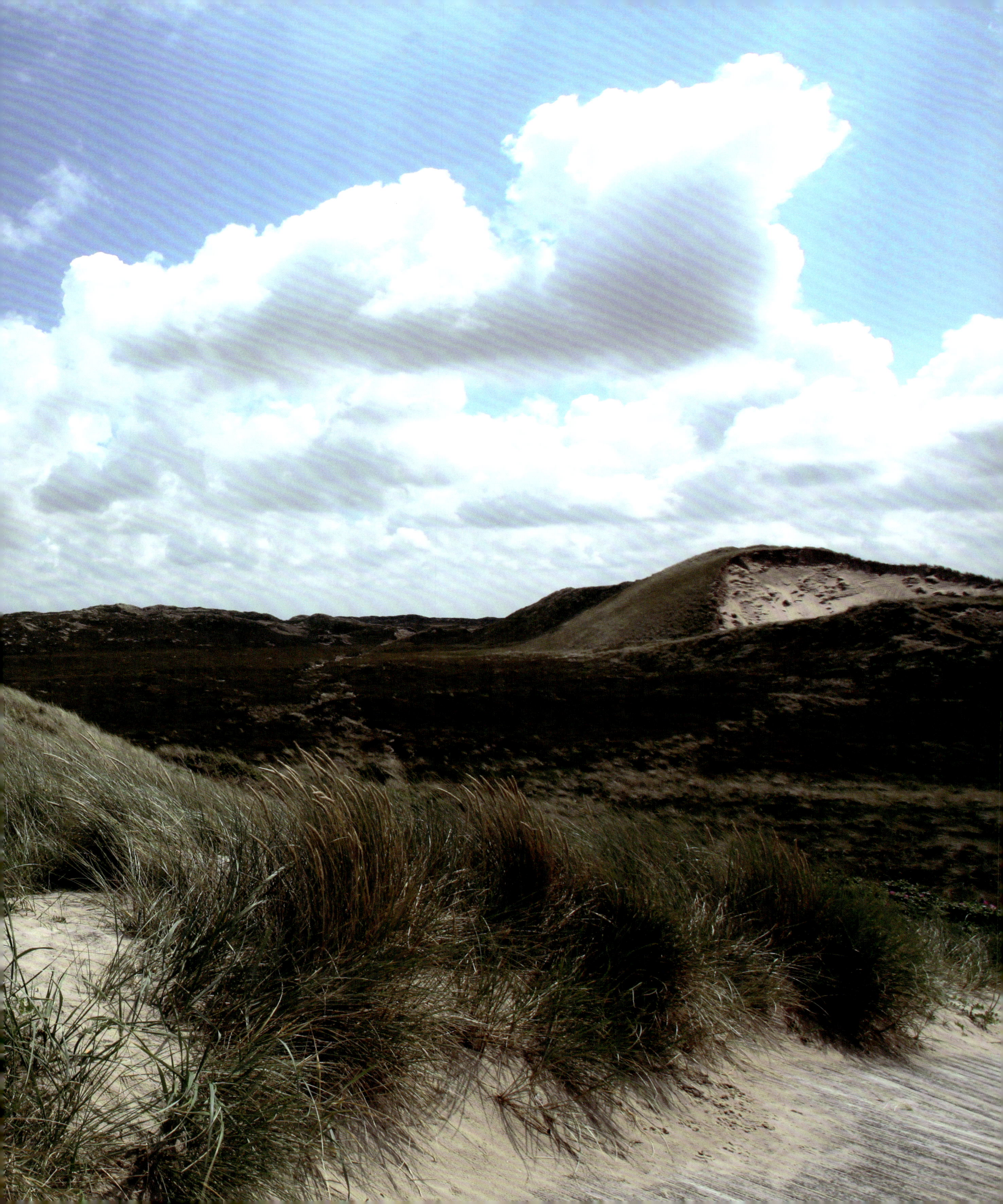

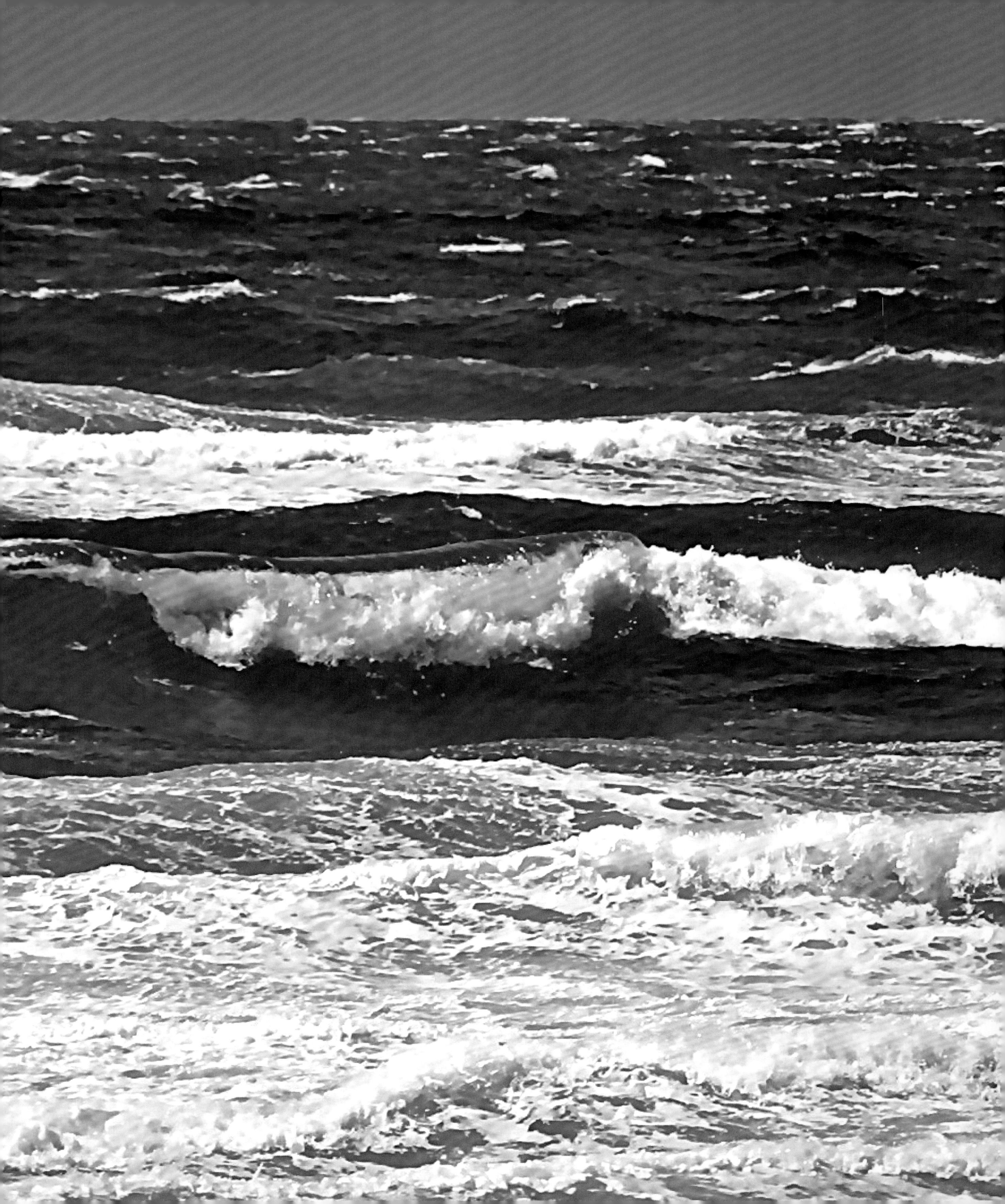

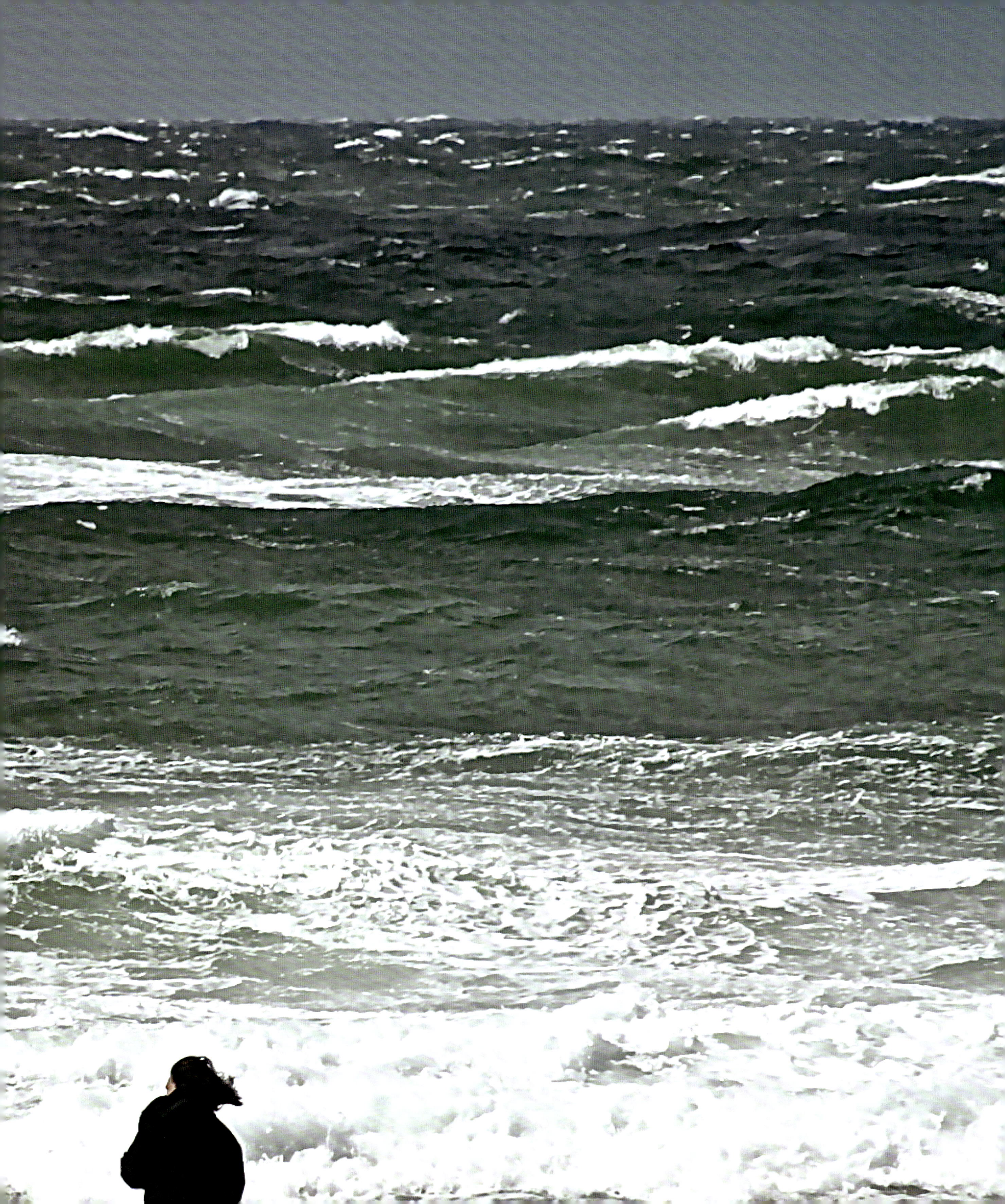

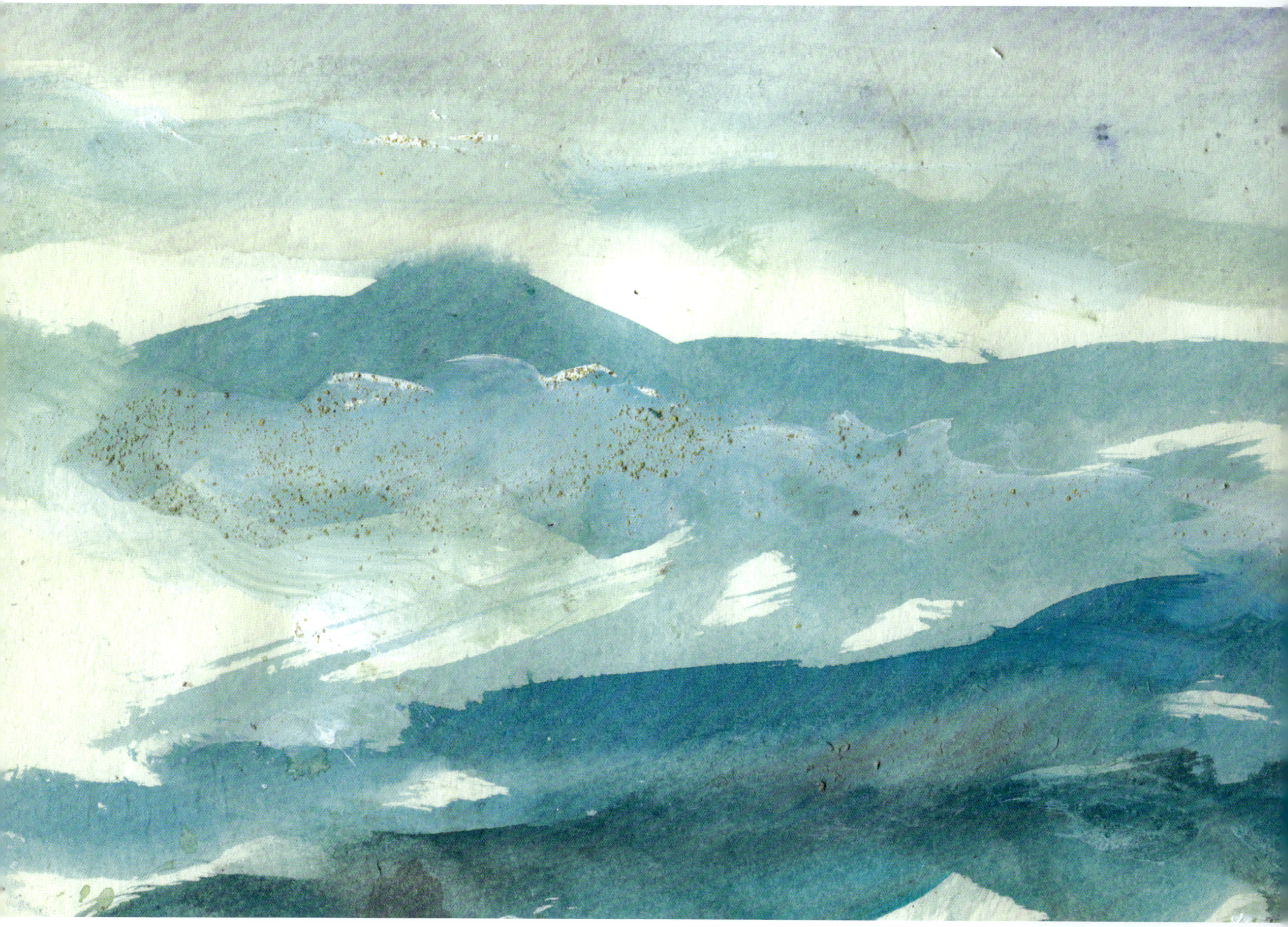

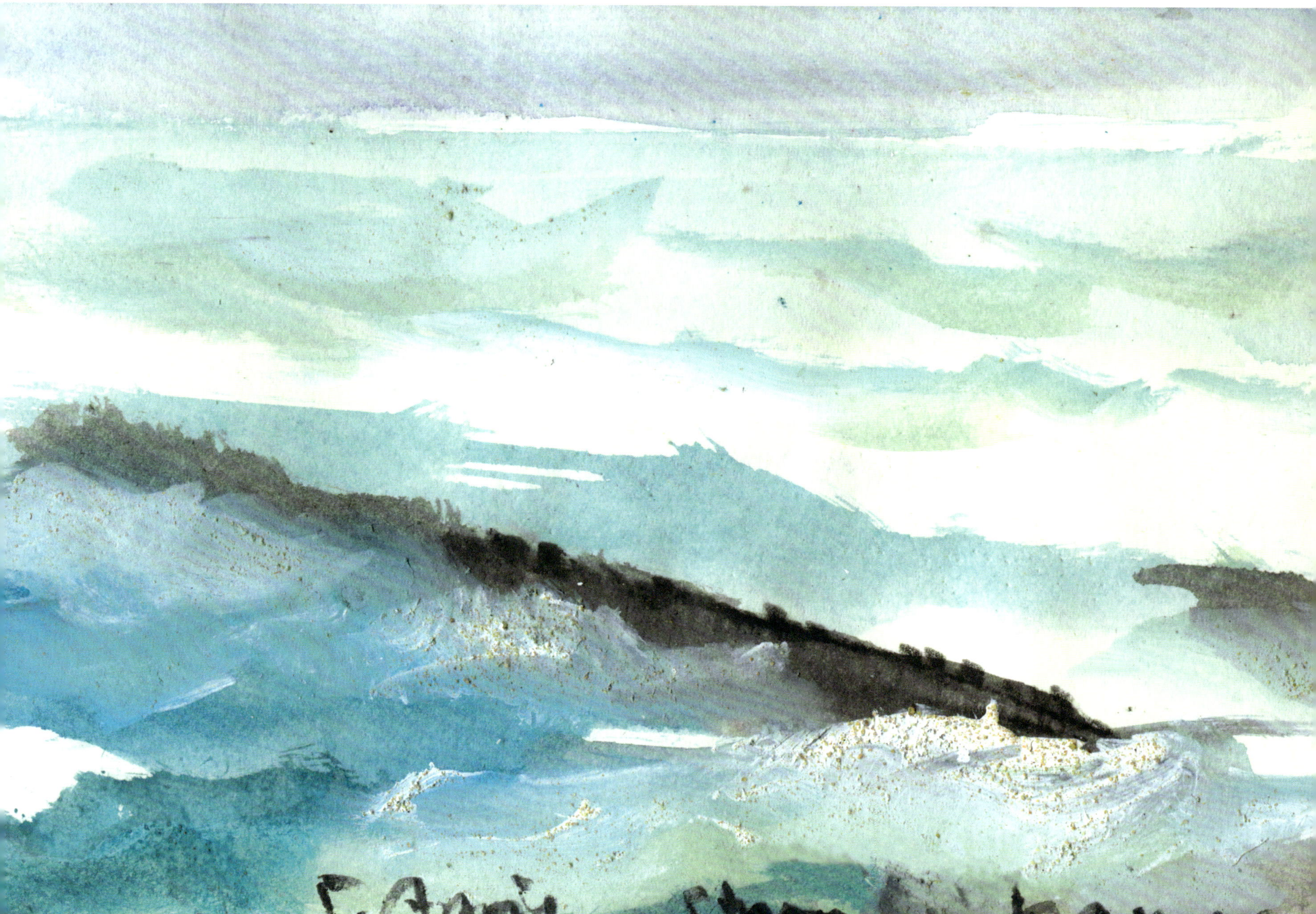

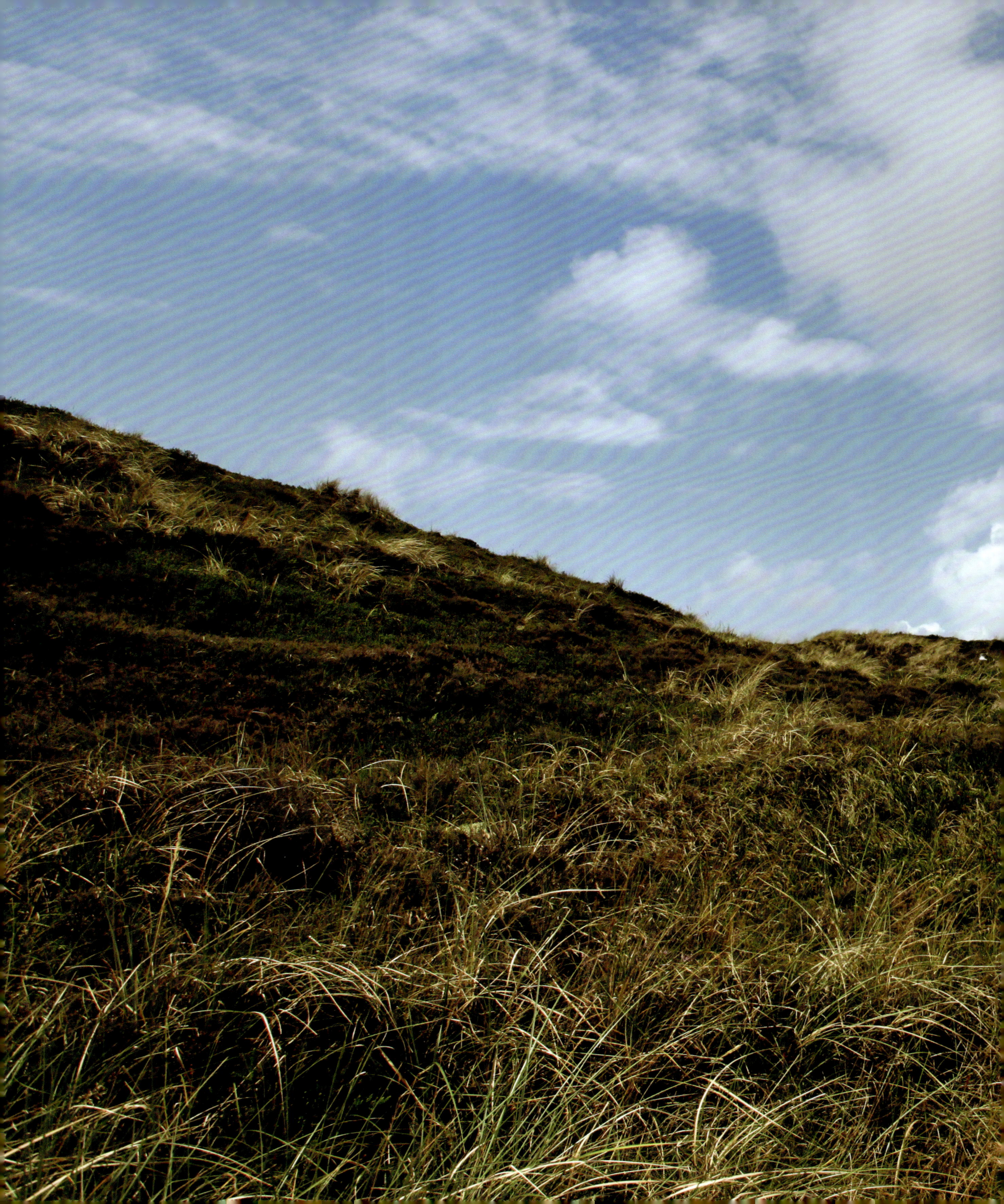

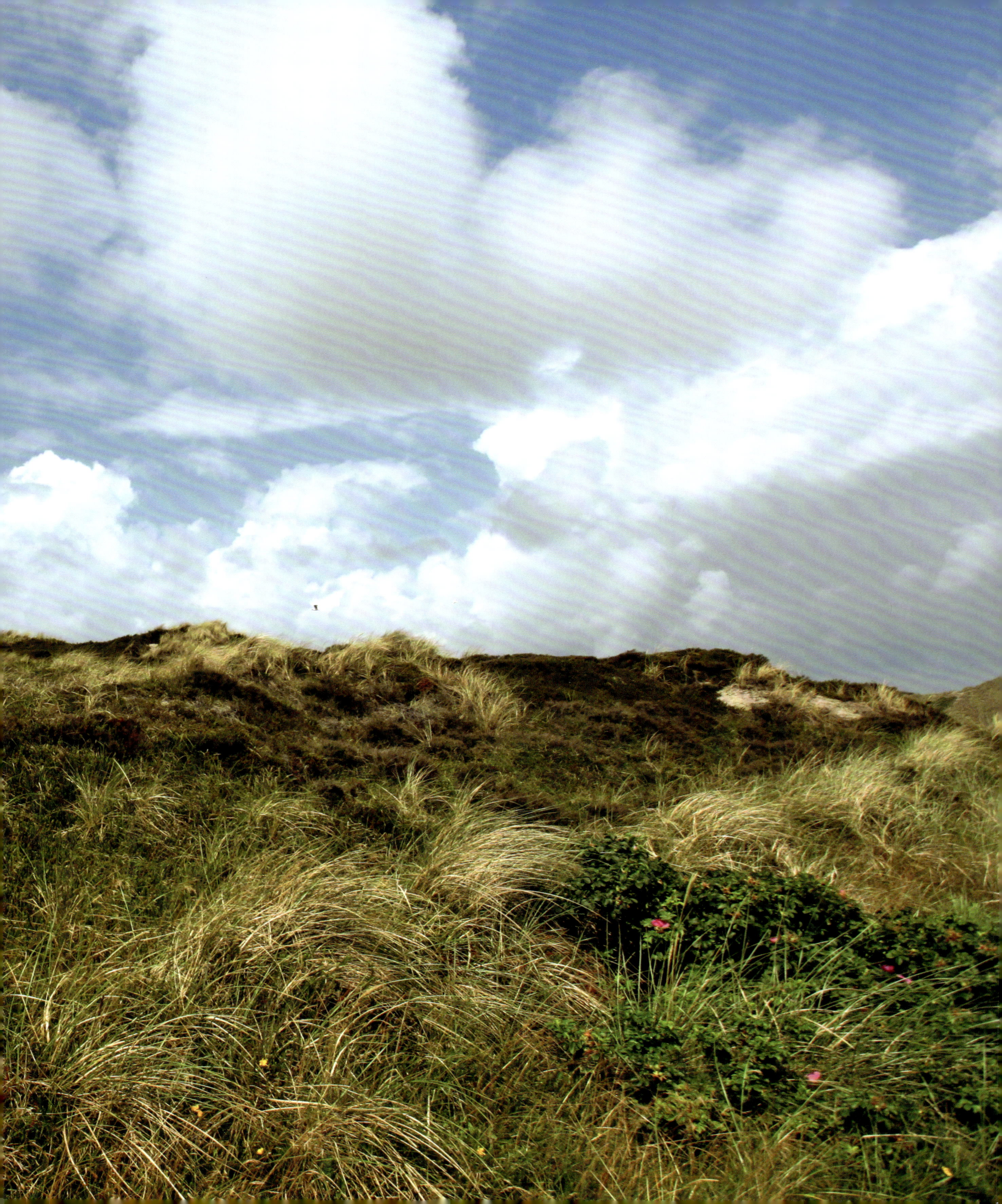

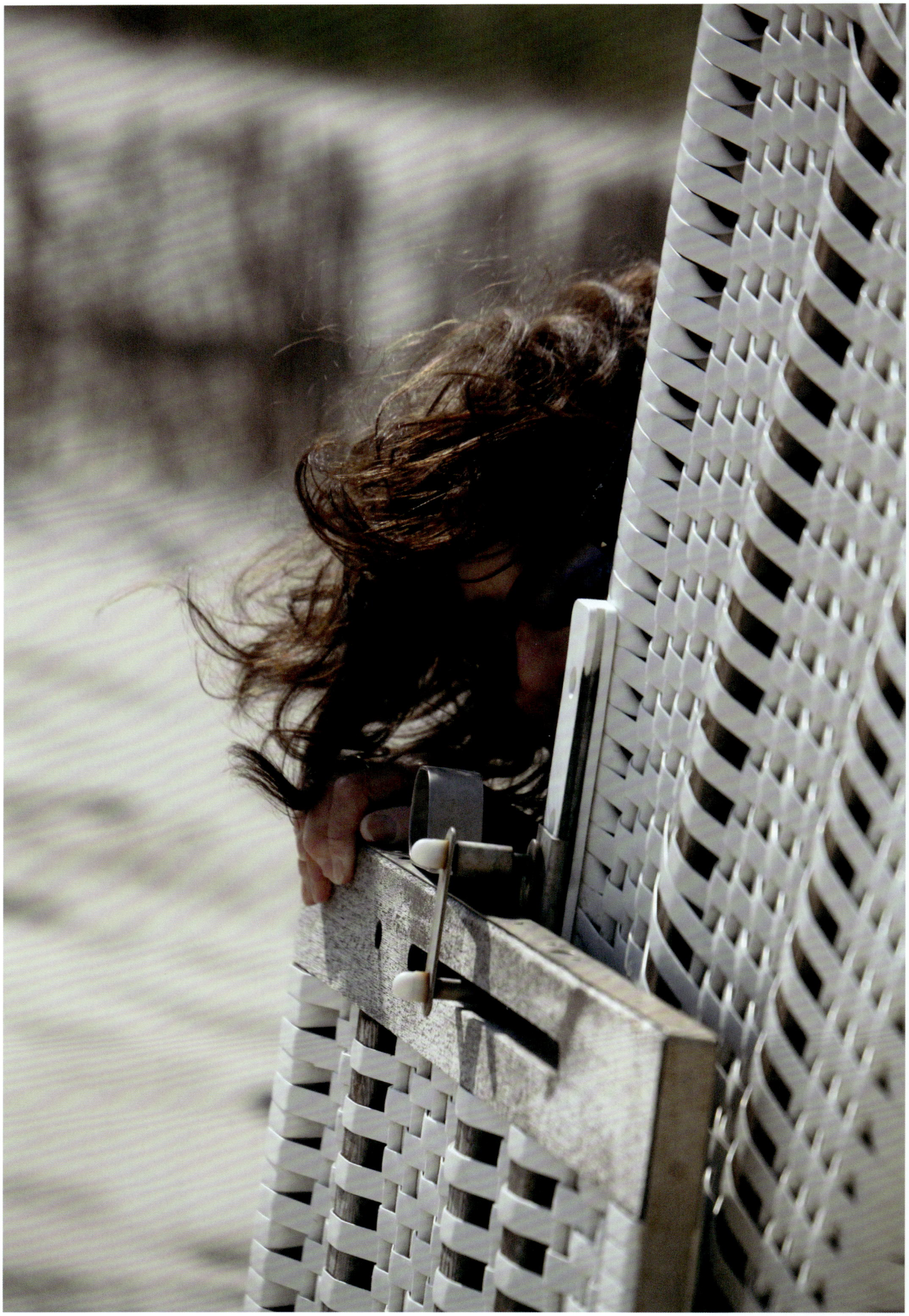

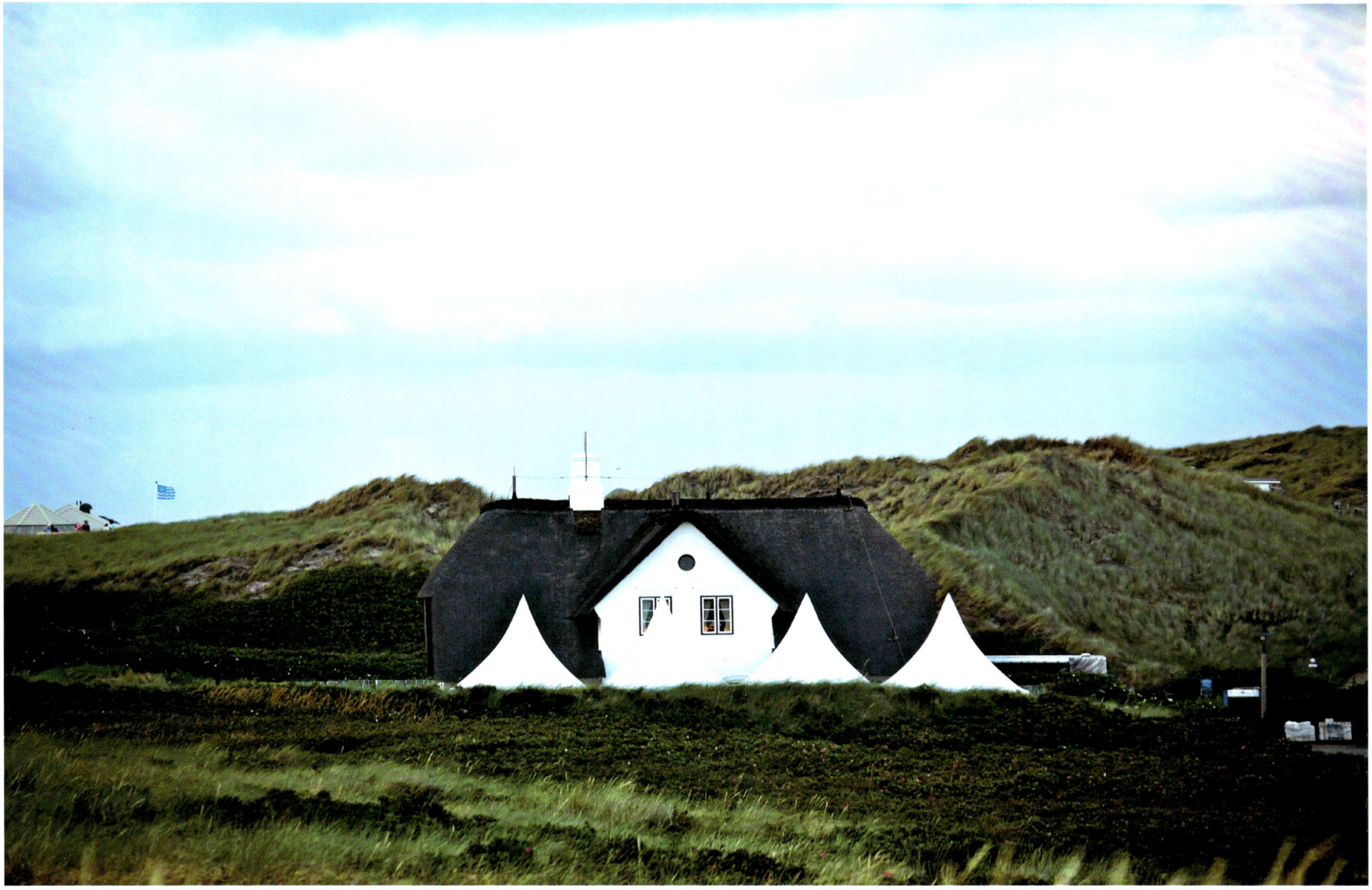

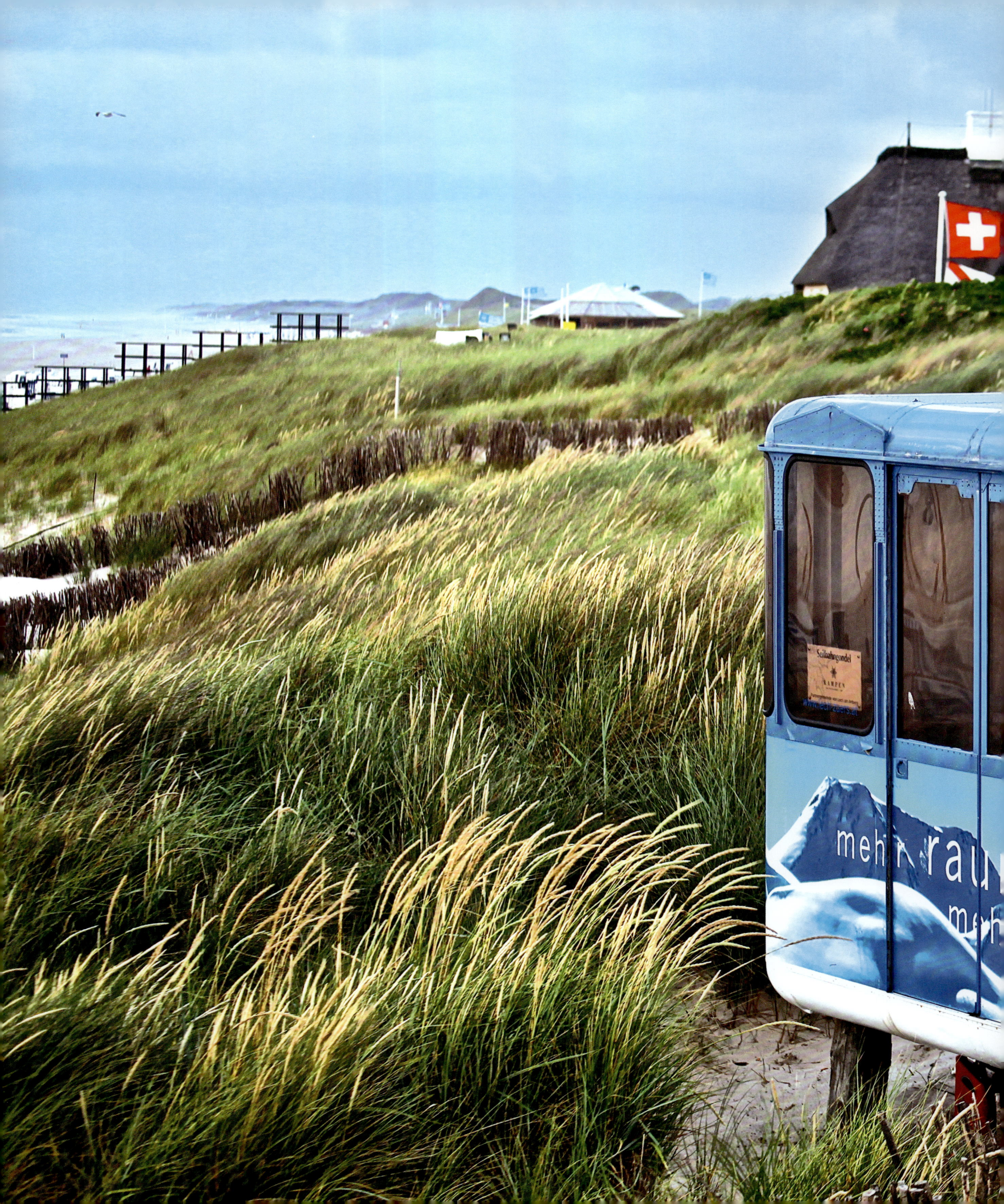
Seilbahngondel
KAMPEN
mehr

Lech Zürs ARLBERG

Hunde sind immer an der Leine zu führen!

Strandkorb-vermietung

Preise

Tageskorb : €9,00 pro Tag
2 – 7 Tage : €7,50 pro Tag
8 – 21 Tage : €6,50 pro Tag
ab 22 Tage : €5,50 pro Tag

Korbanmietung nur mit gültiger Gästekarte

Lech Zürs ARLBERG

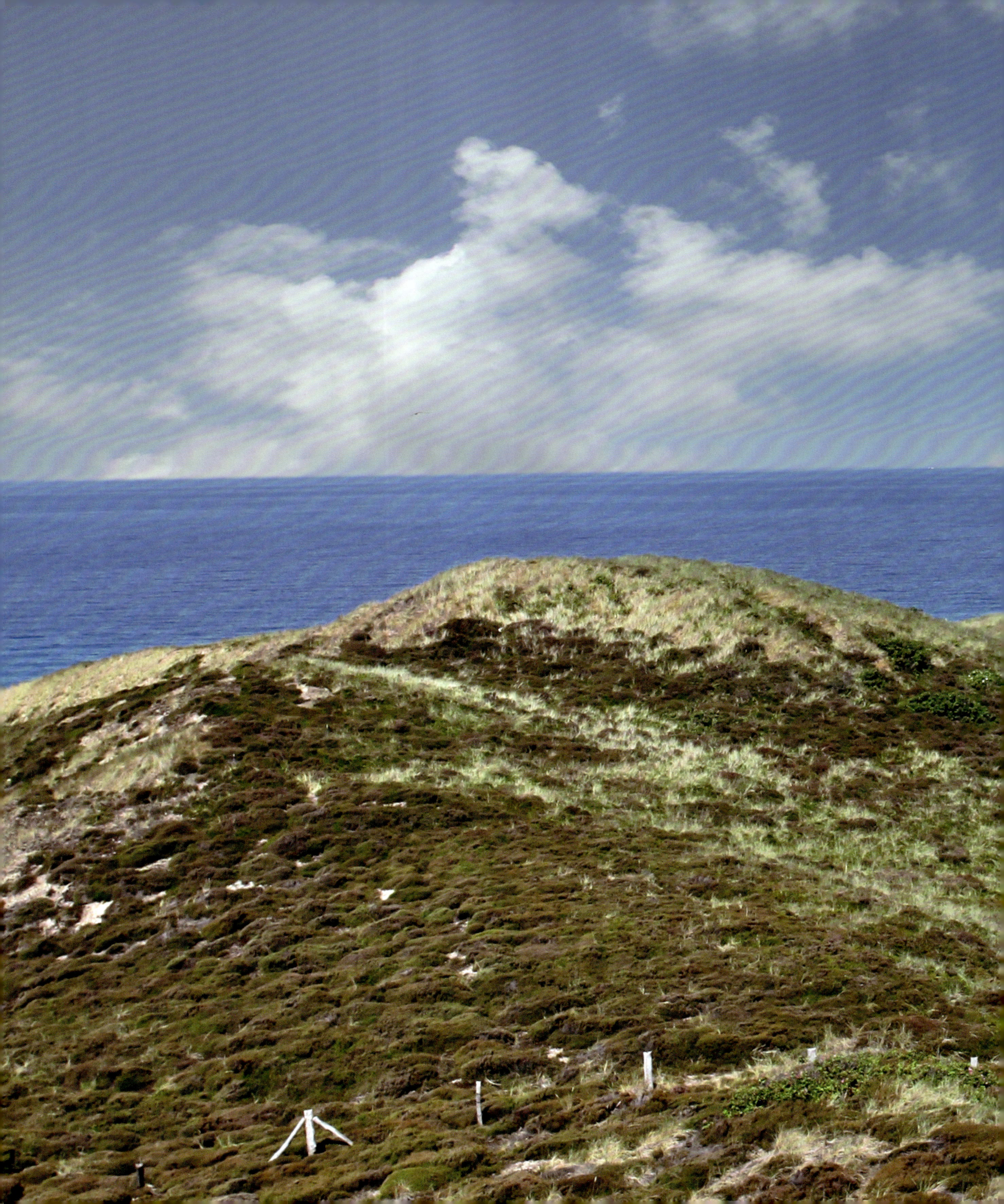

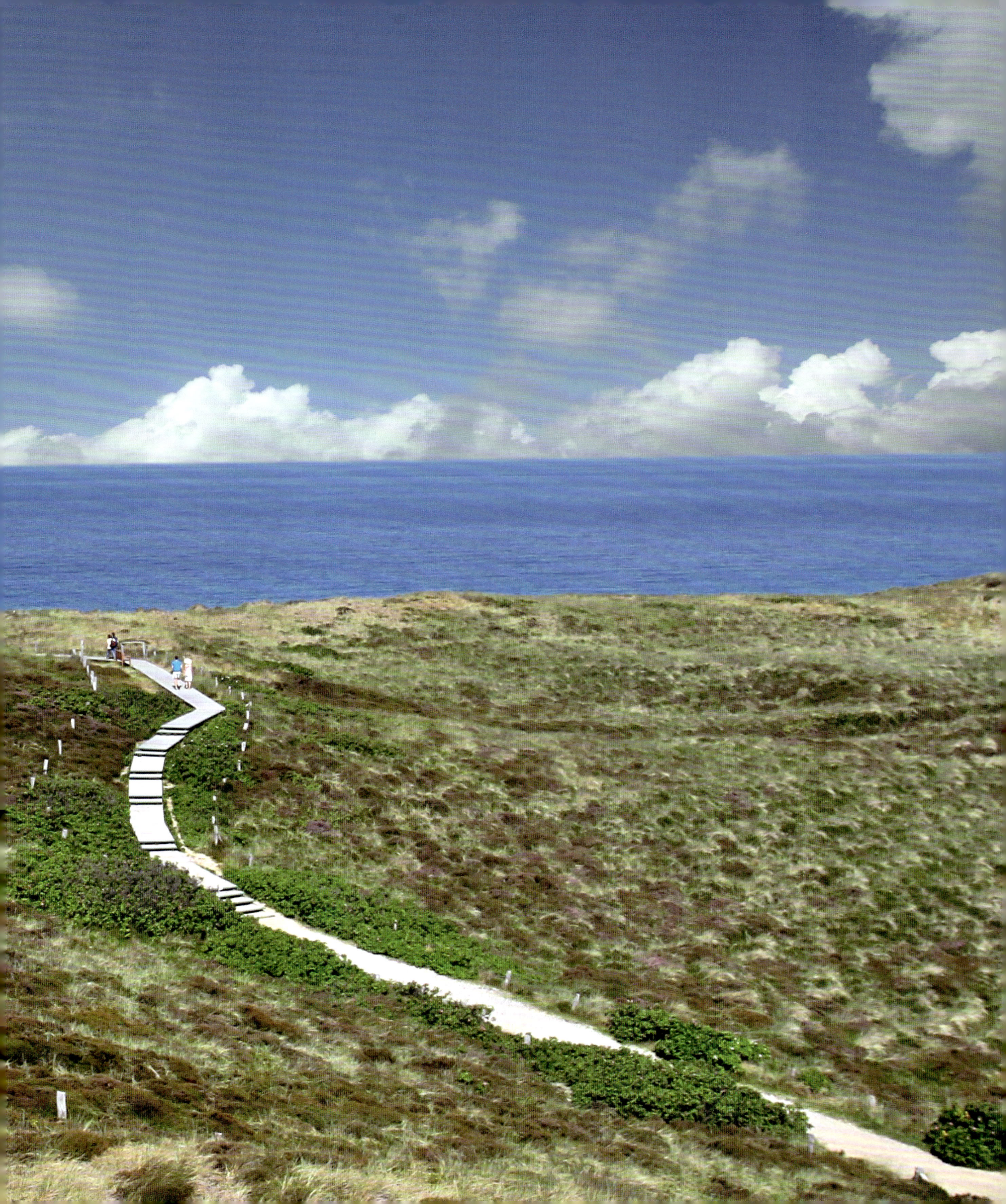

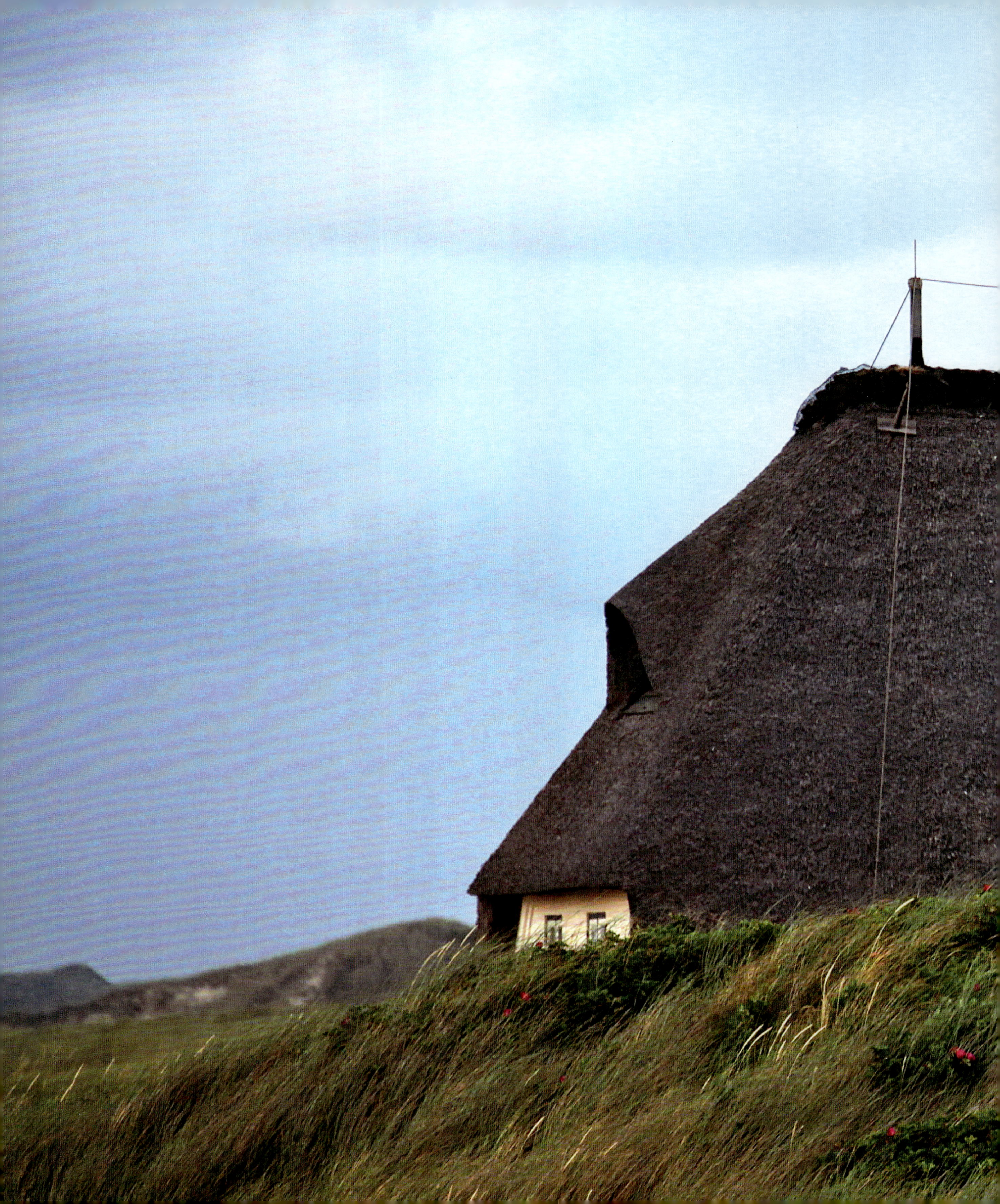

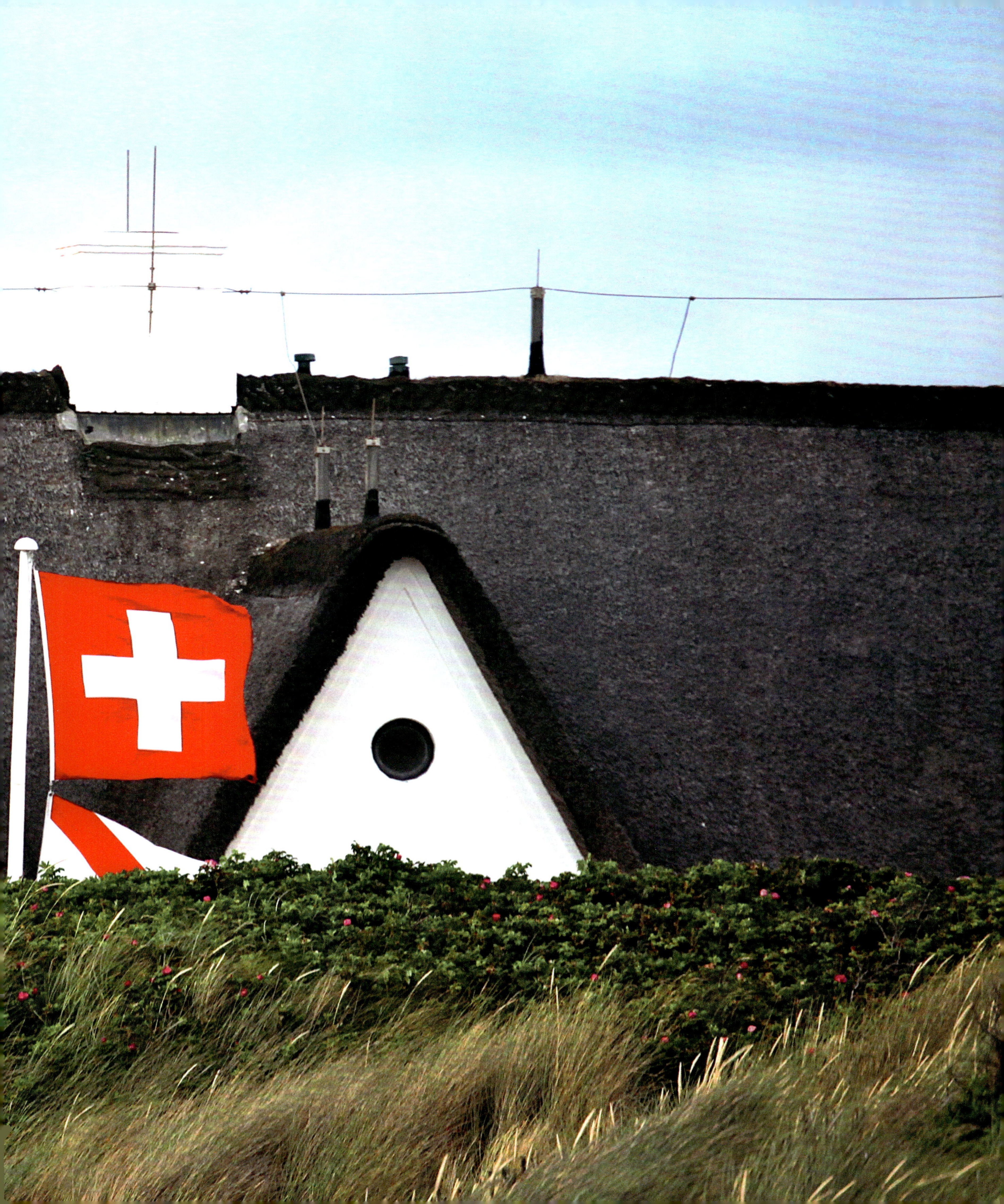

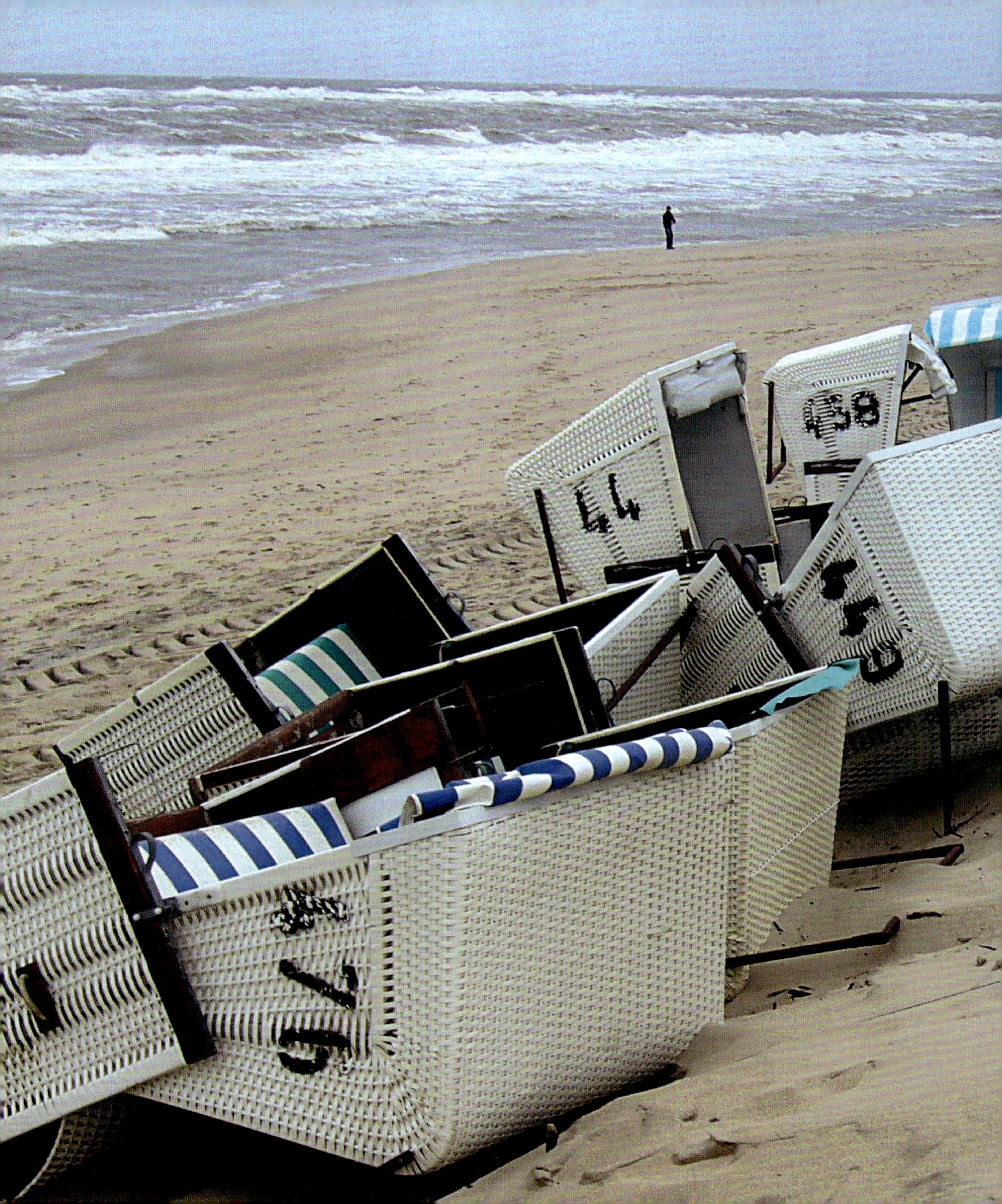
44
458

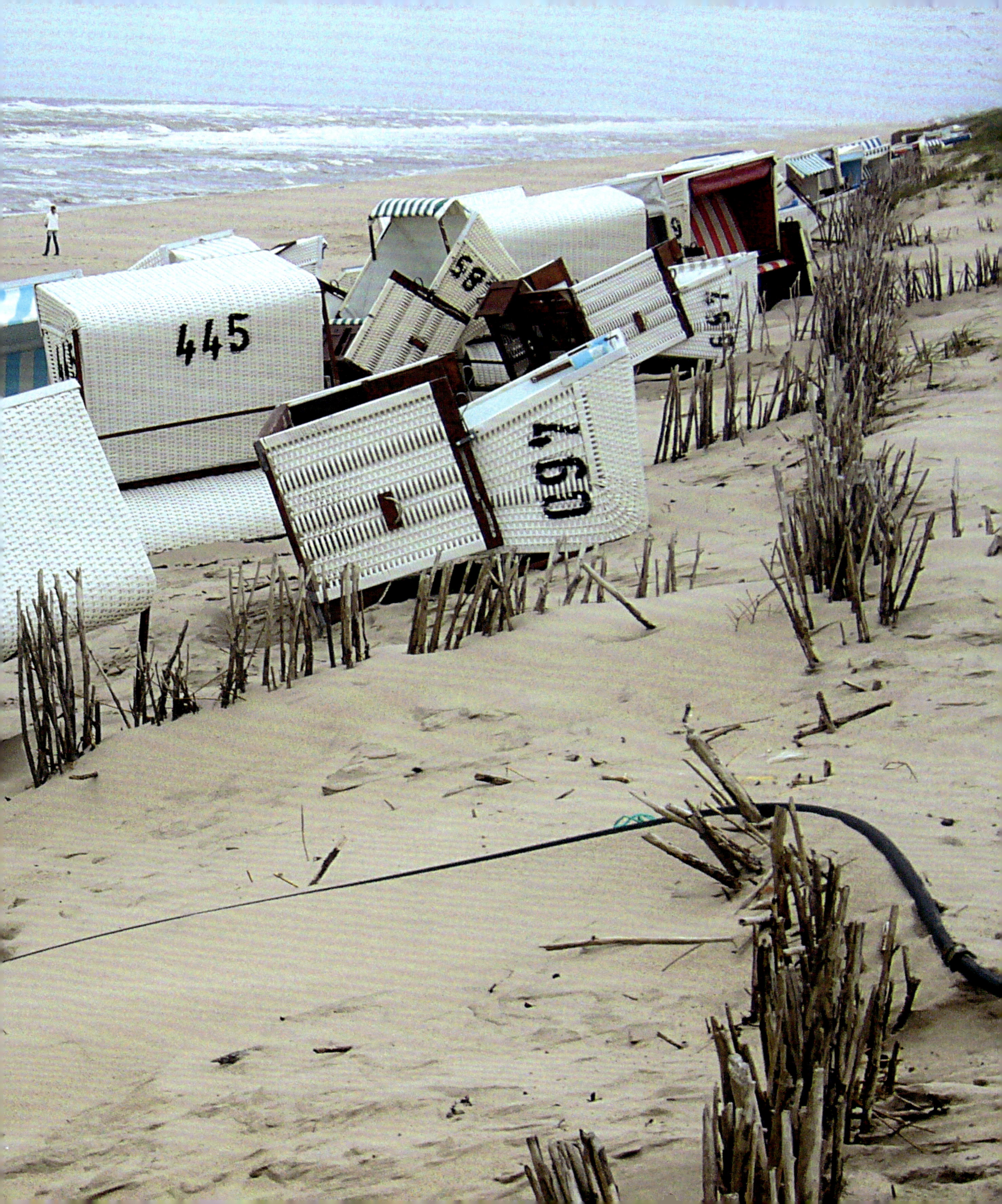
445

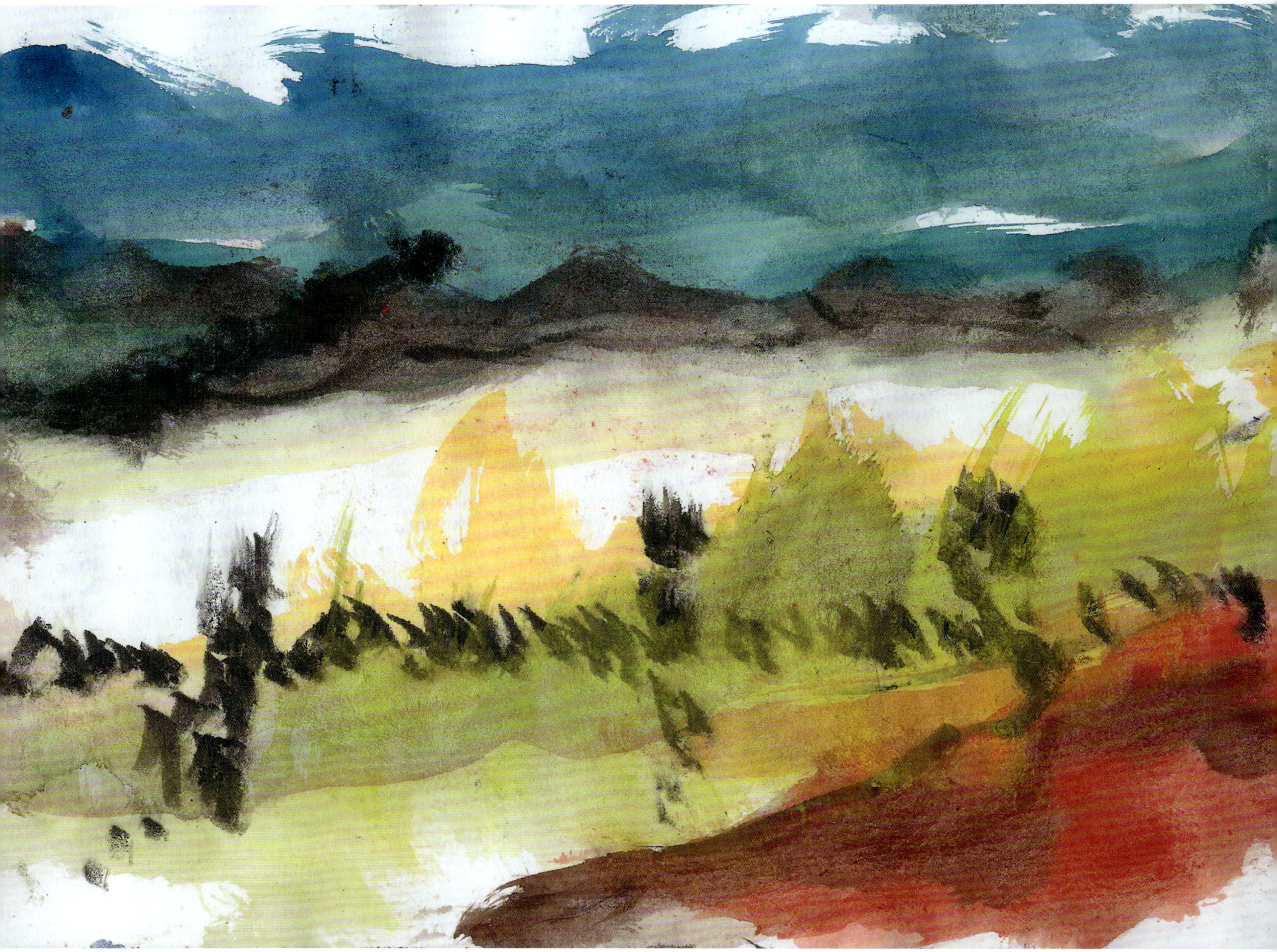

Roter Kliff, Kampen 10. März

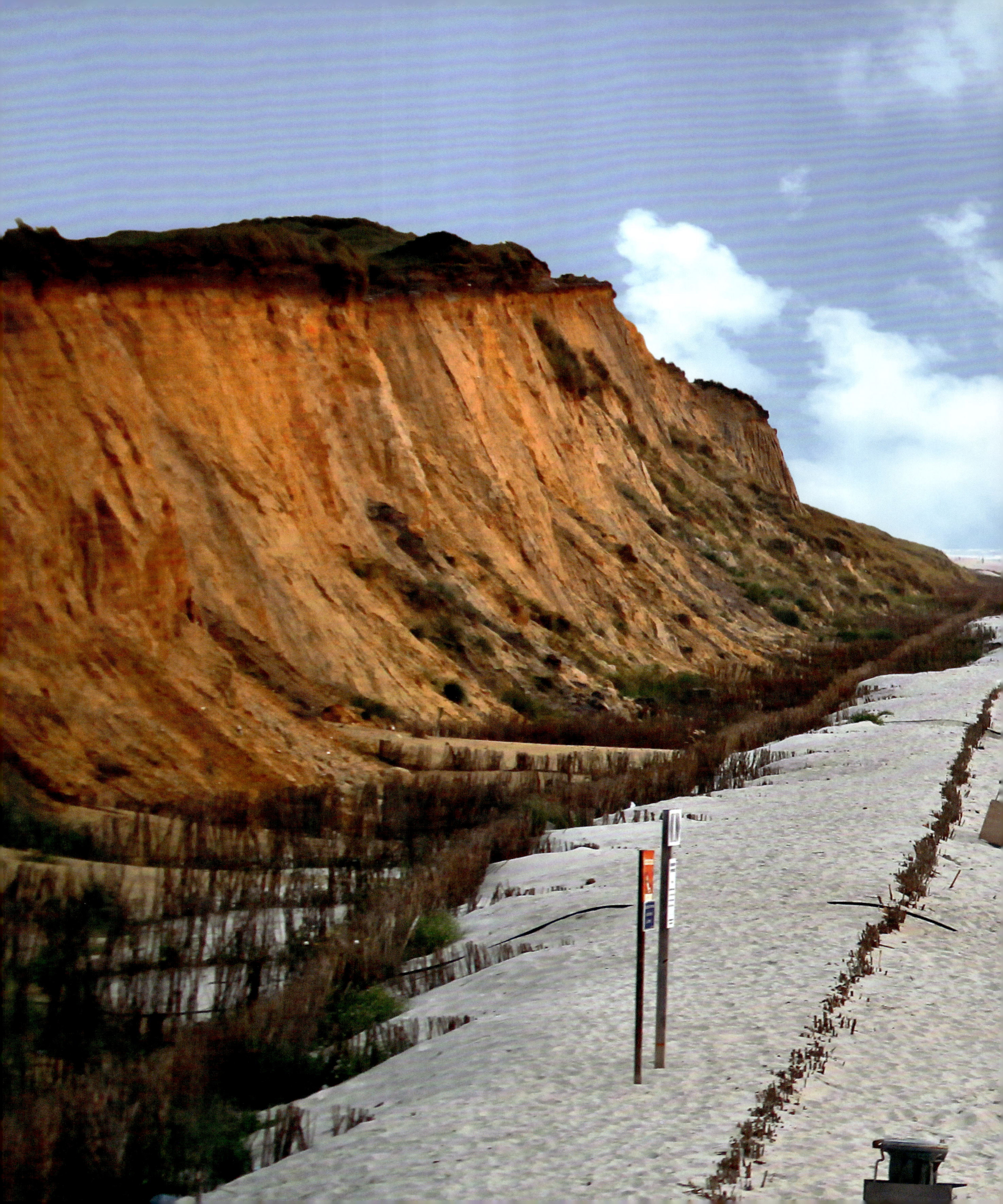

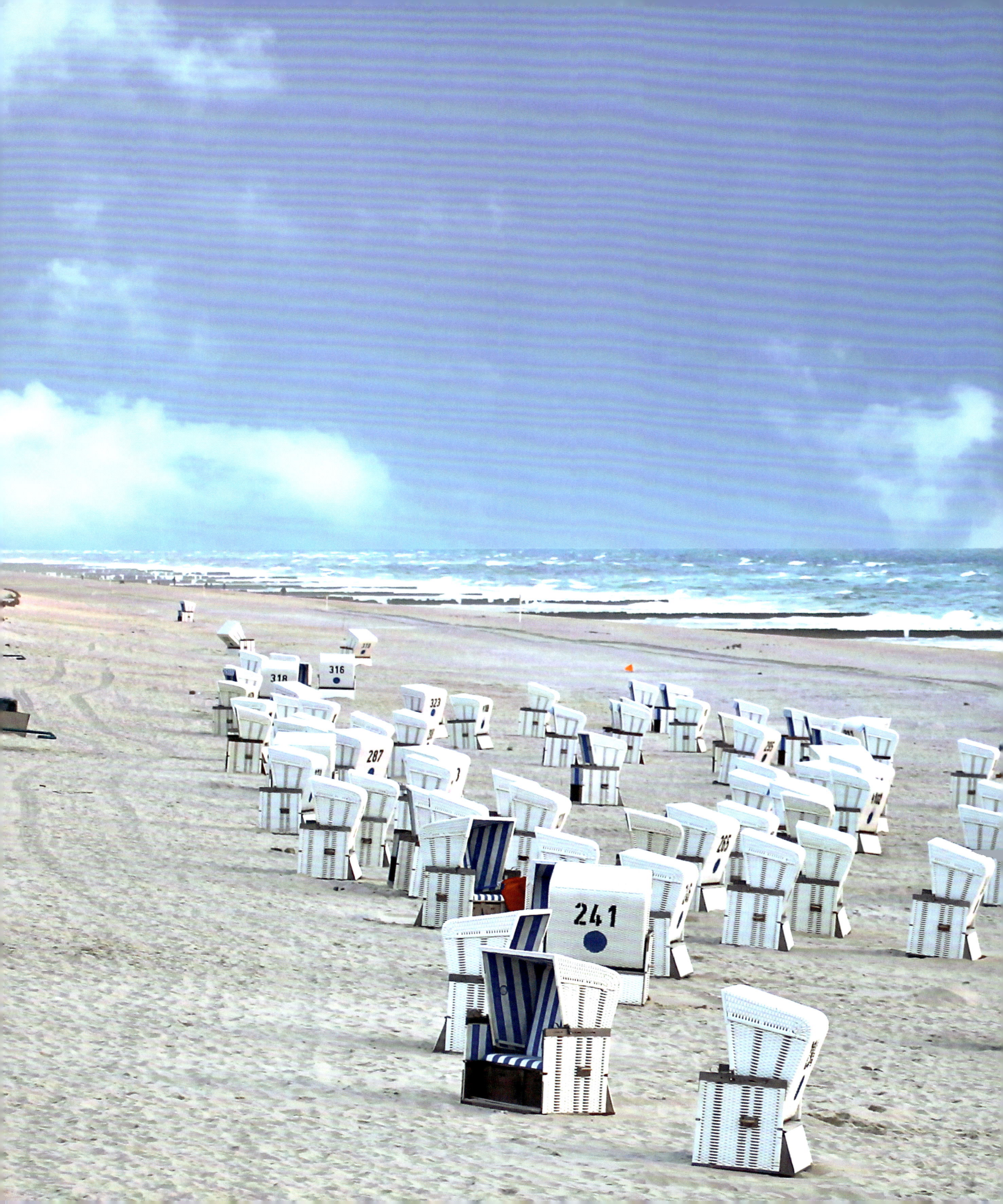
241
316
318
287

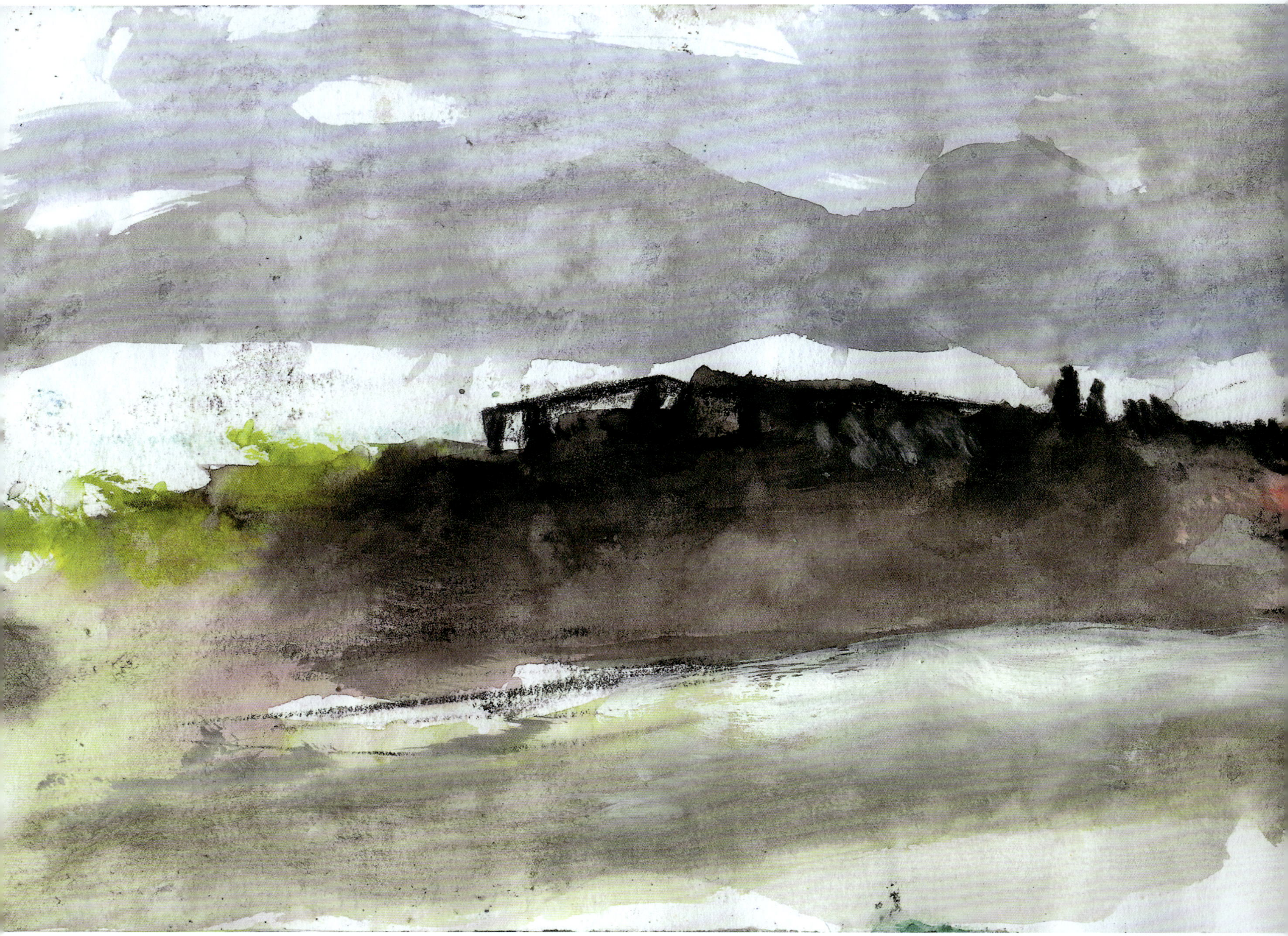

Rotes Kliff Sturmhaube 24. Nov.

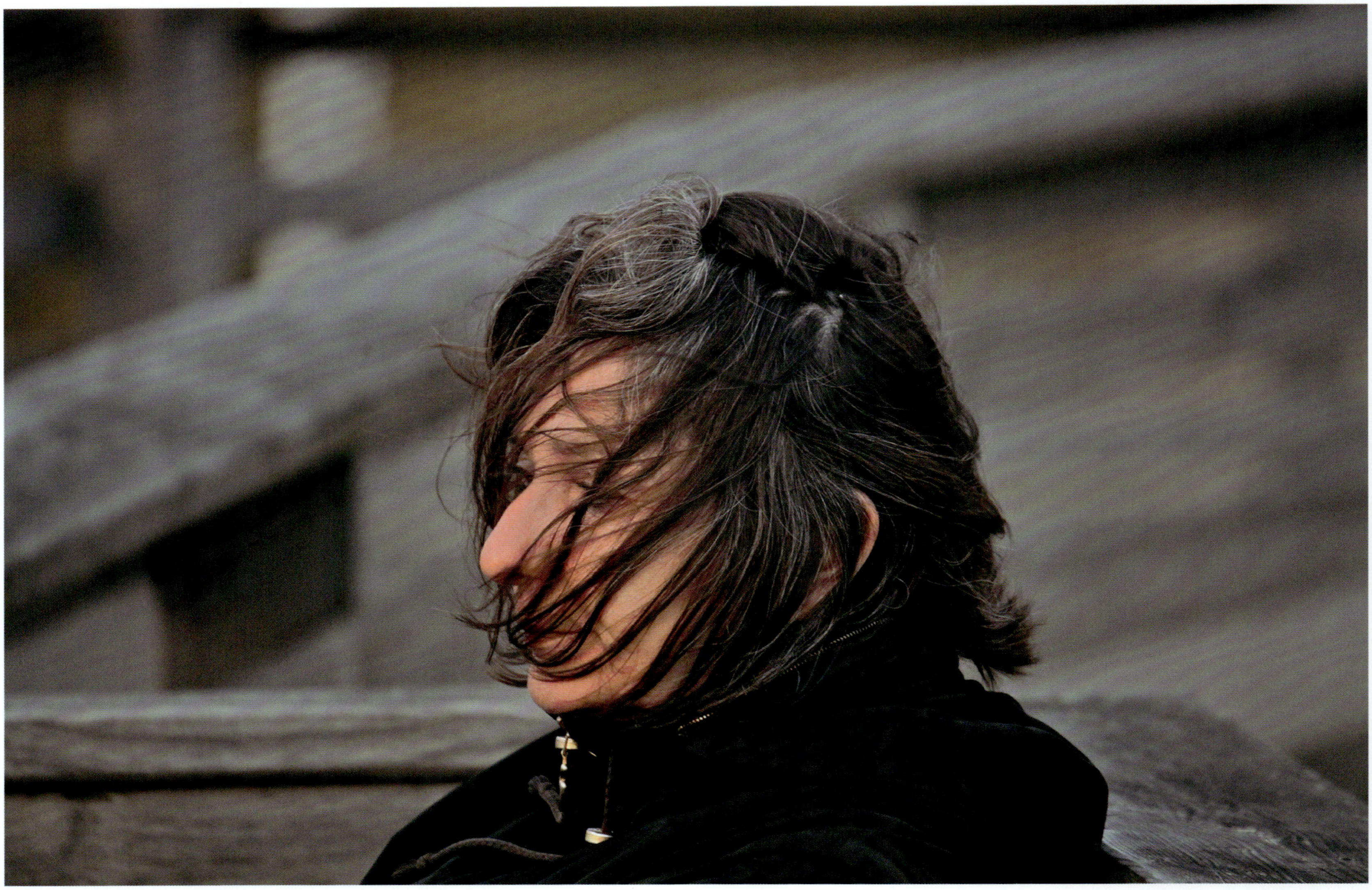

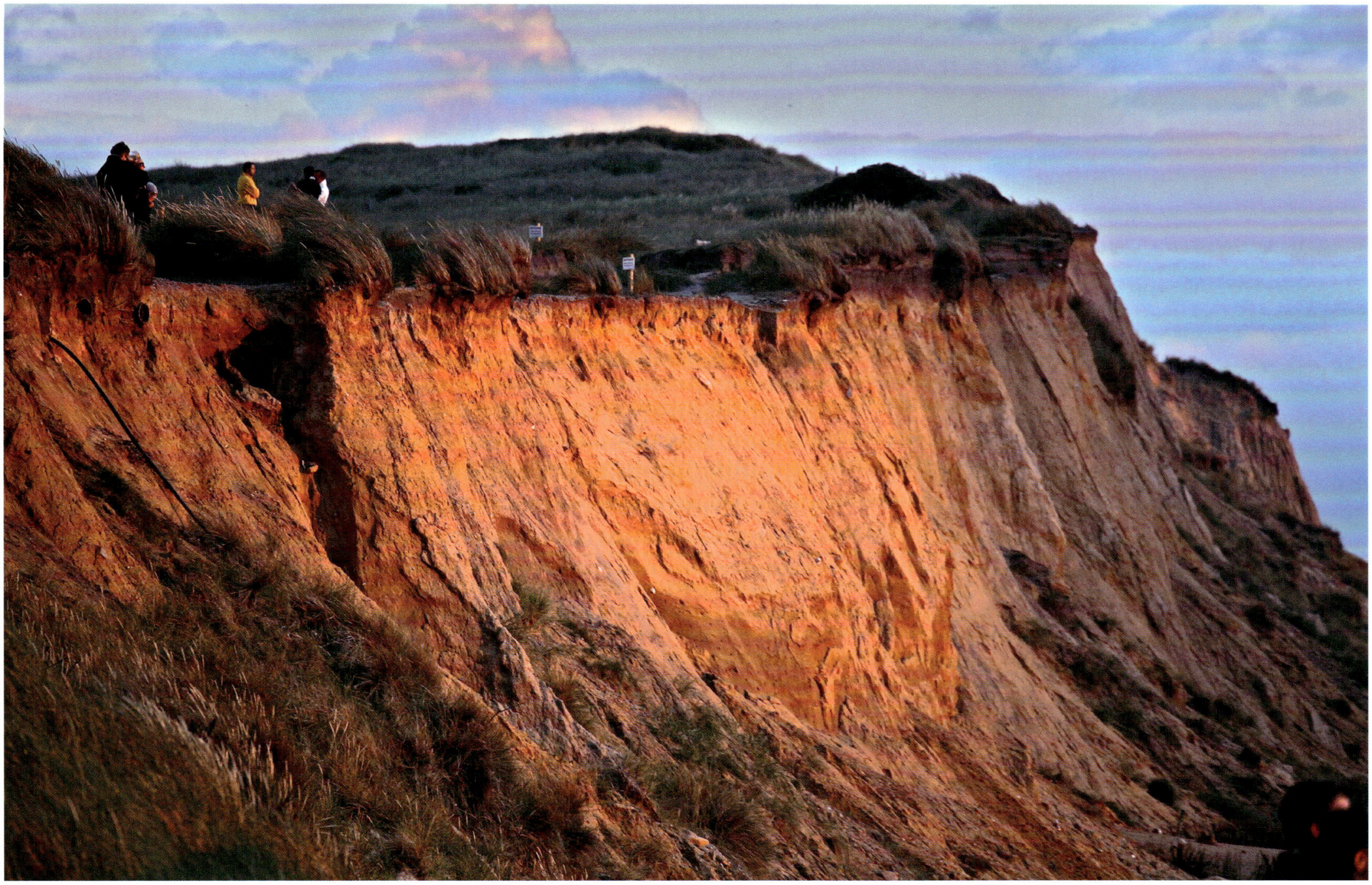

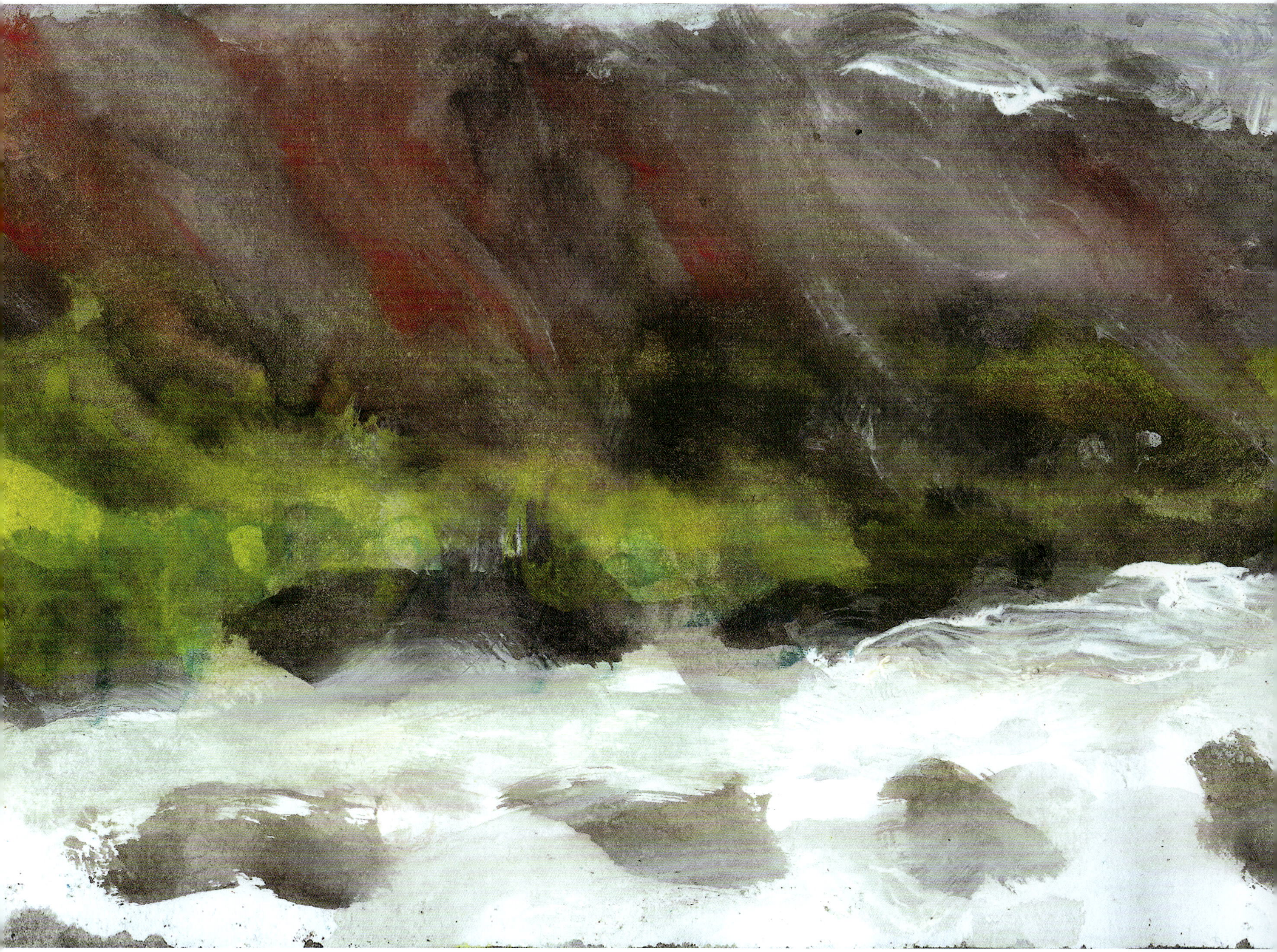

Am Kliff, Kampen 10. Oktober

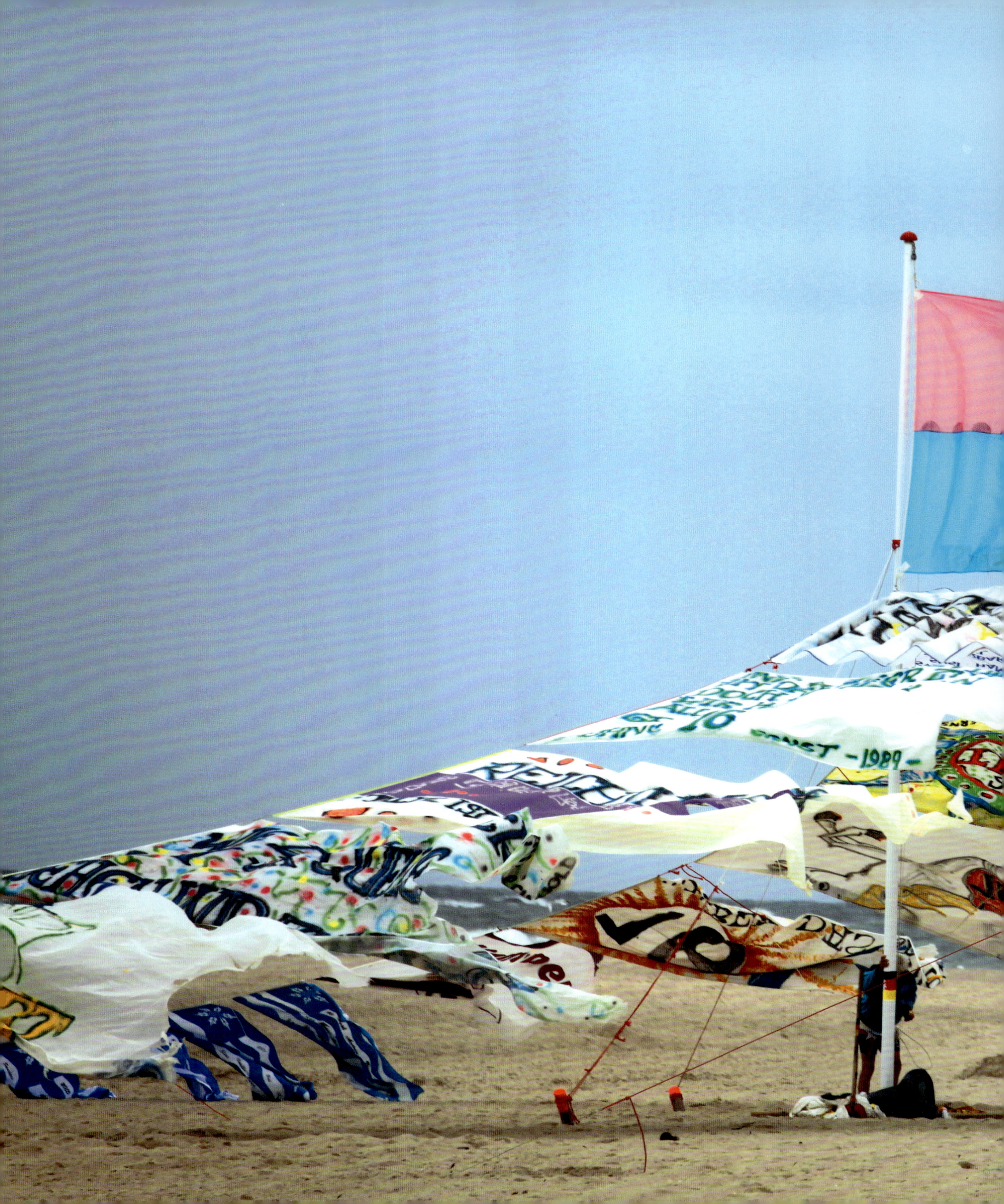

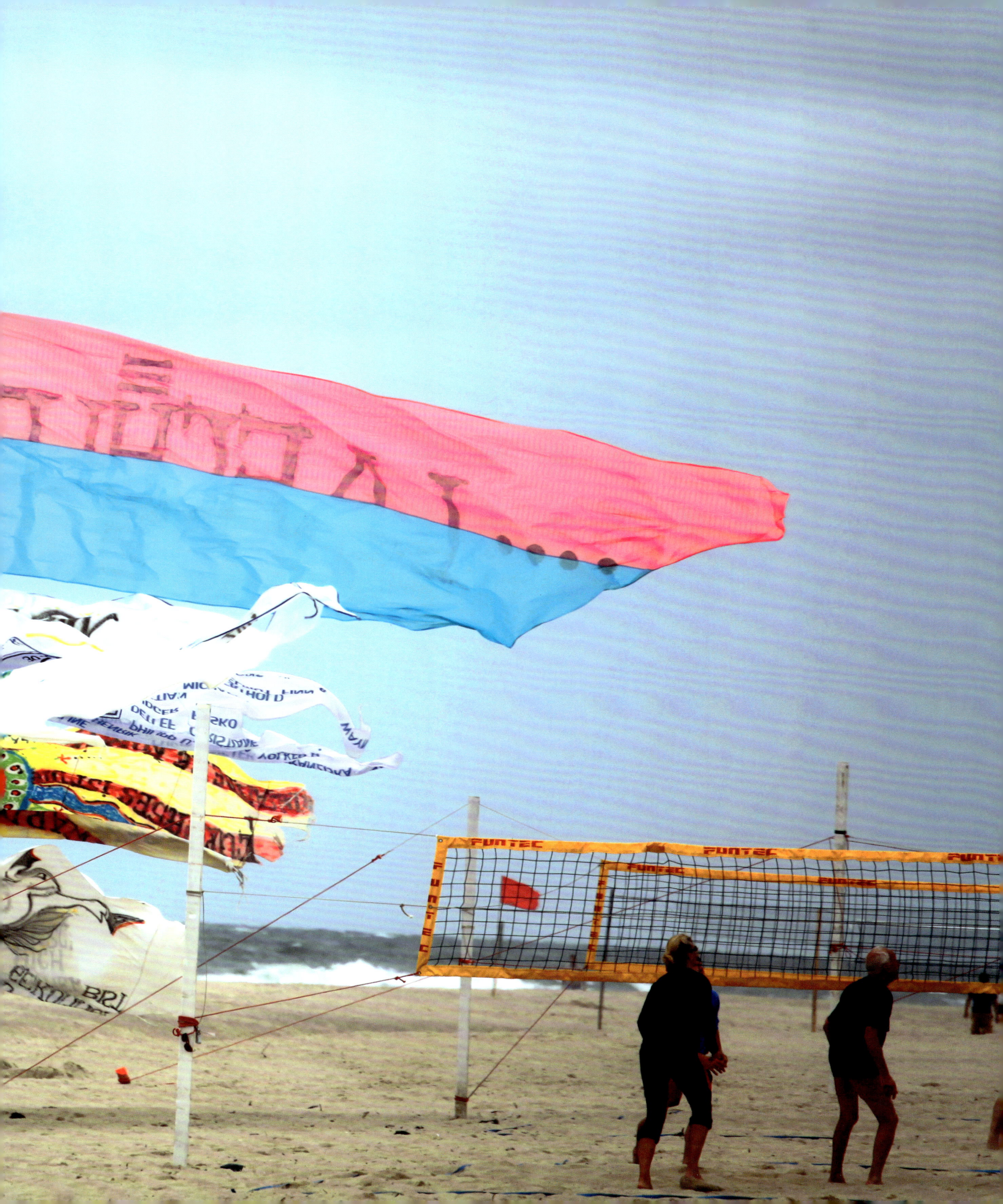
FUNTEC

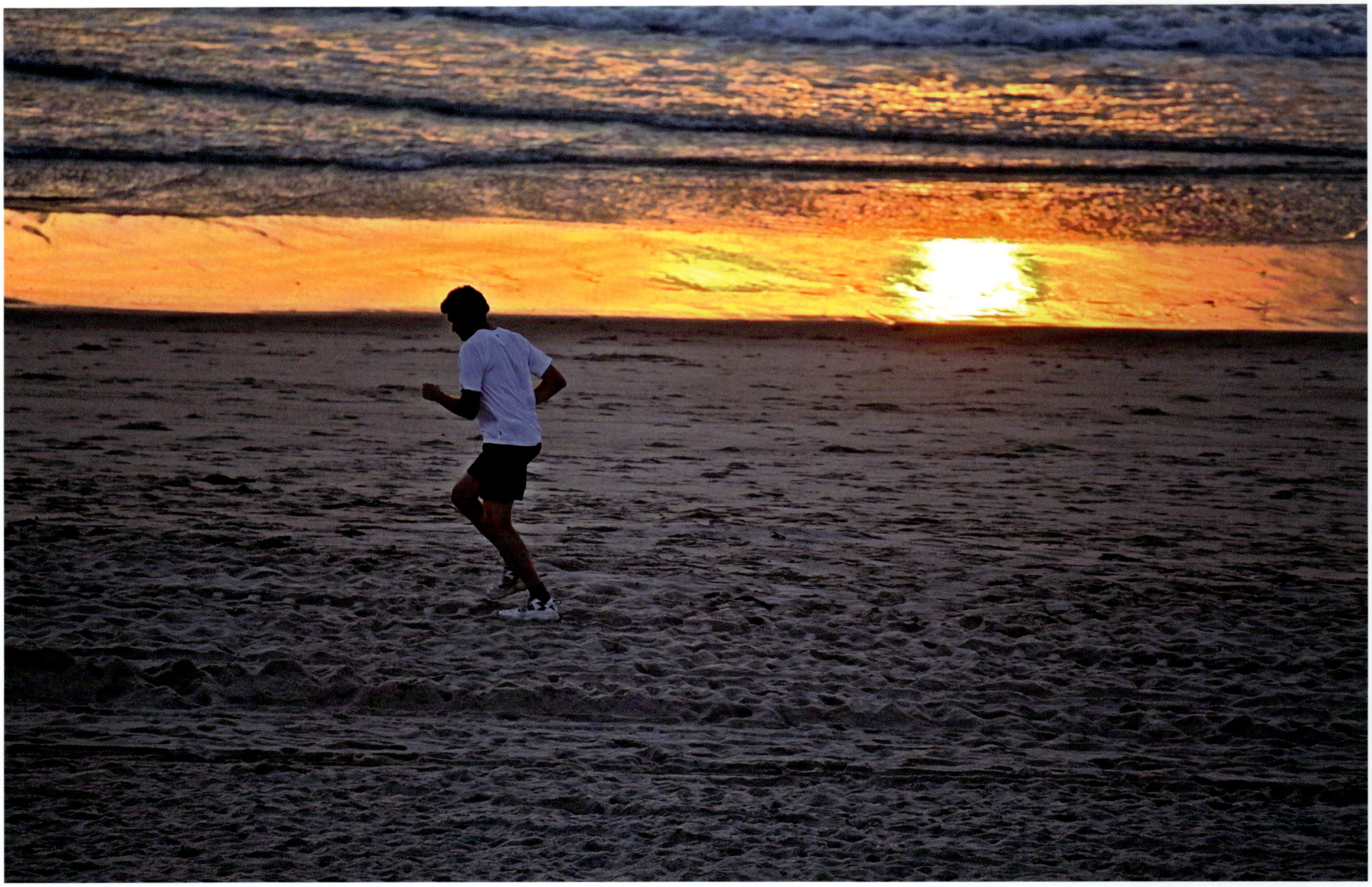

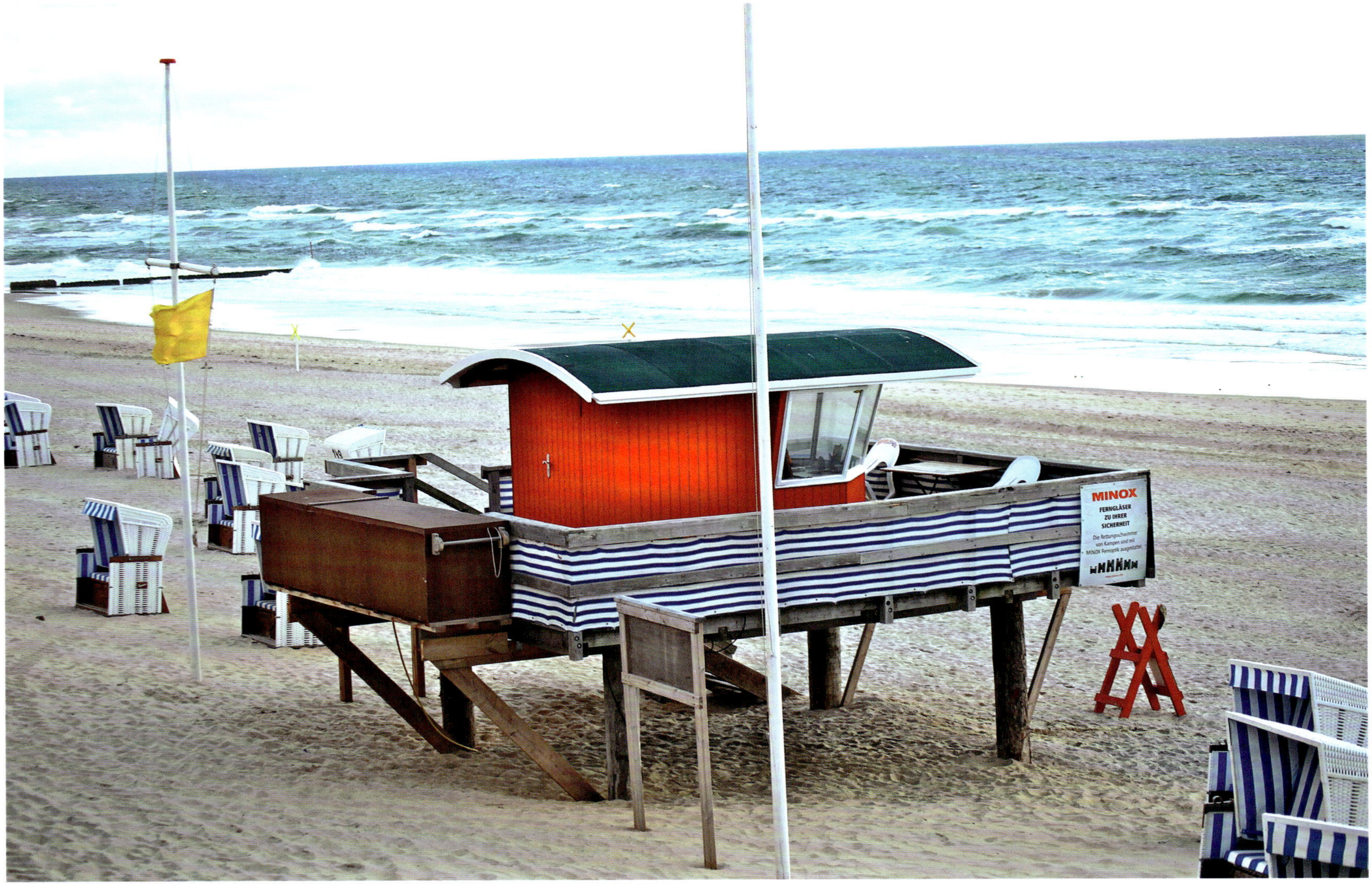
MINOX
FERNGLÄSER
ZU IHRER
SICHERHEIT

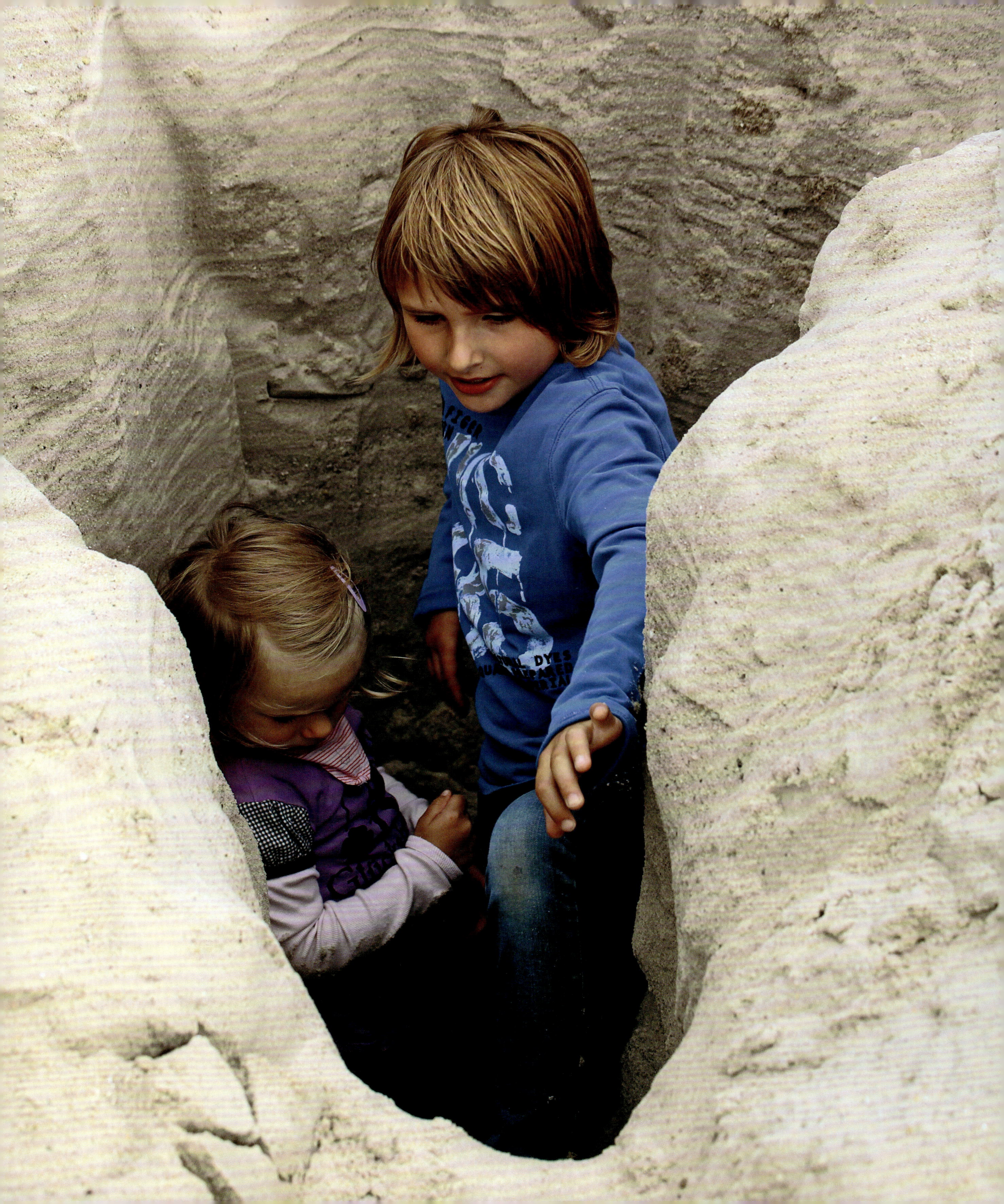

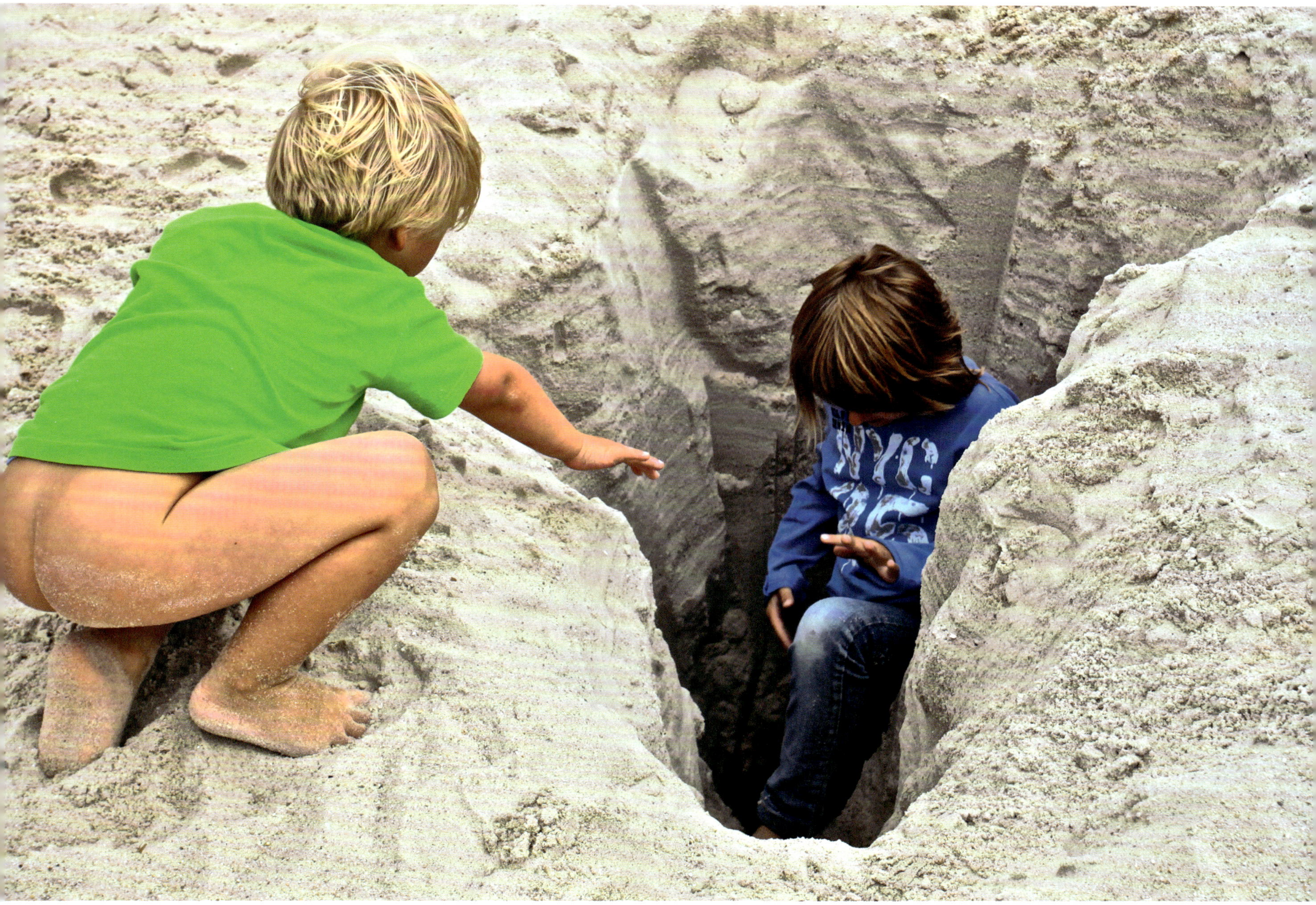

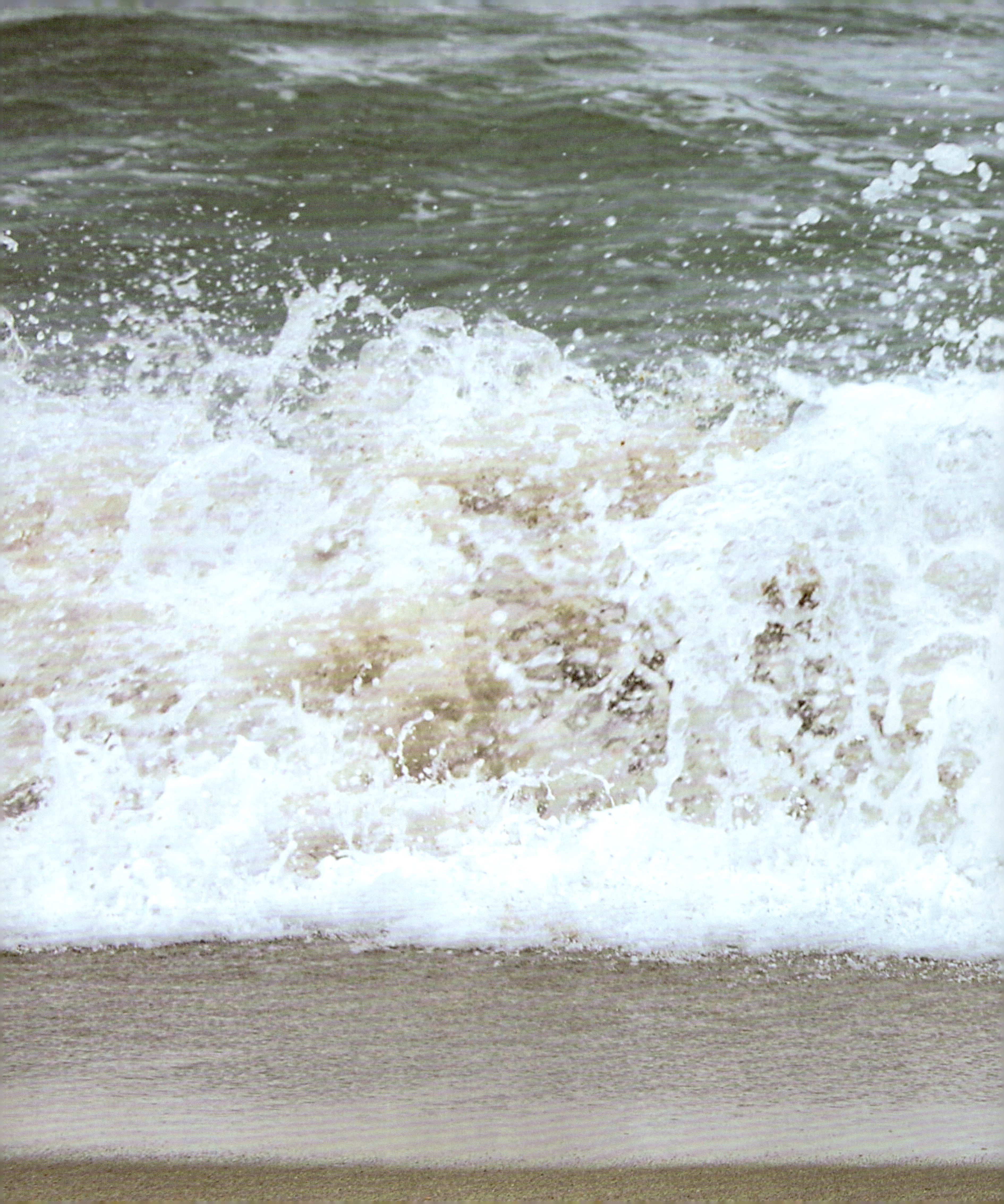

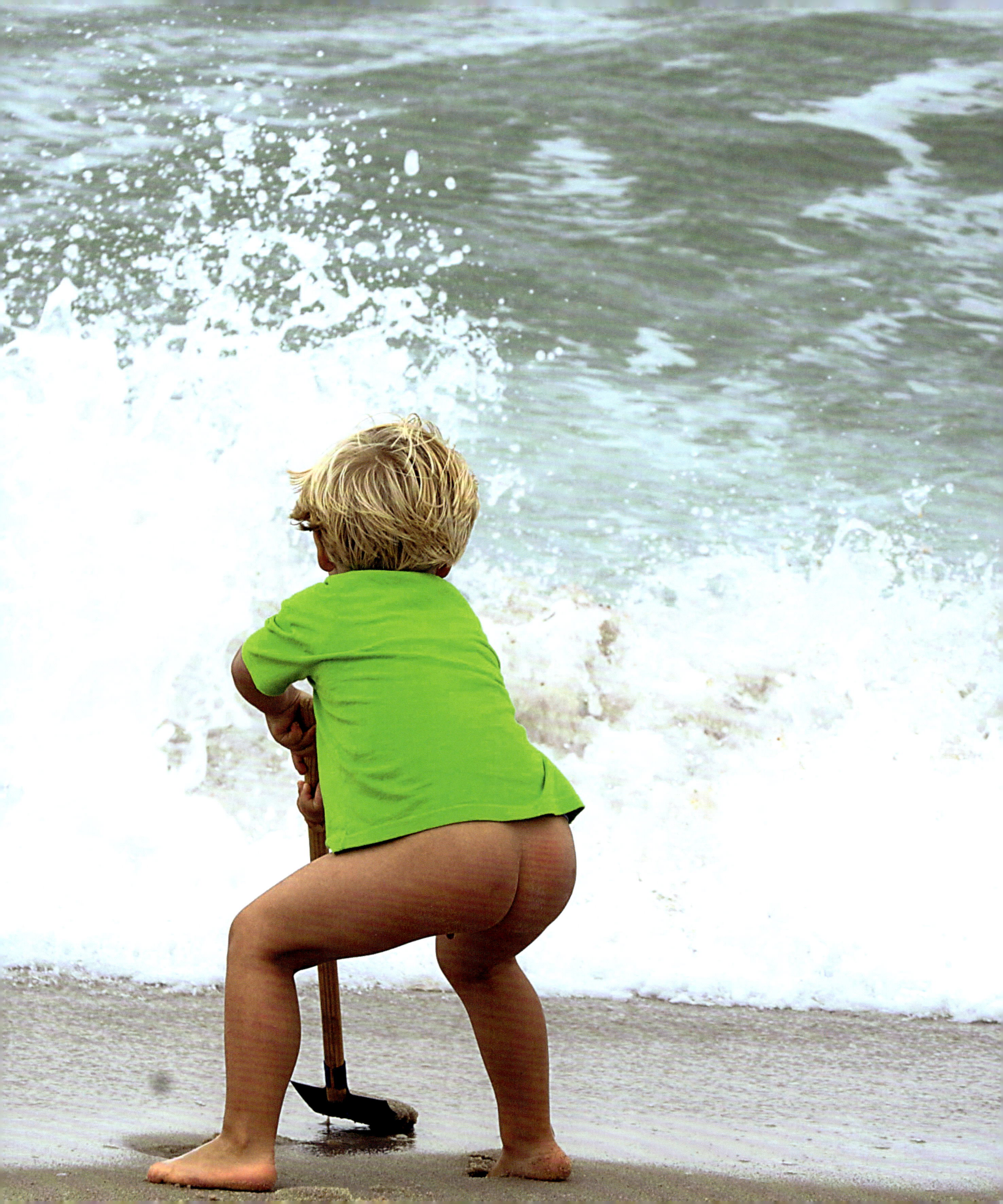

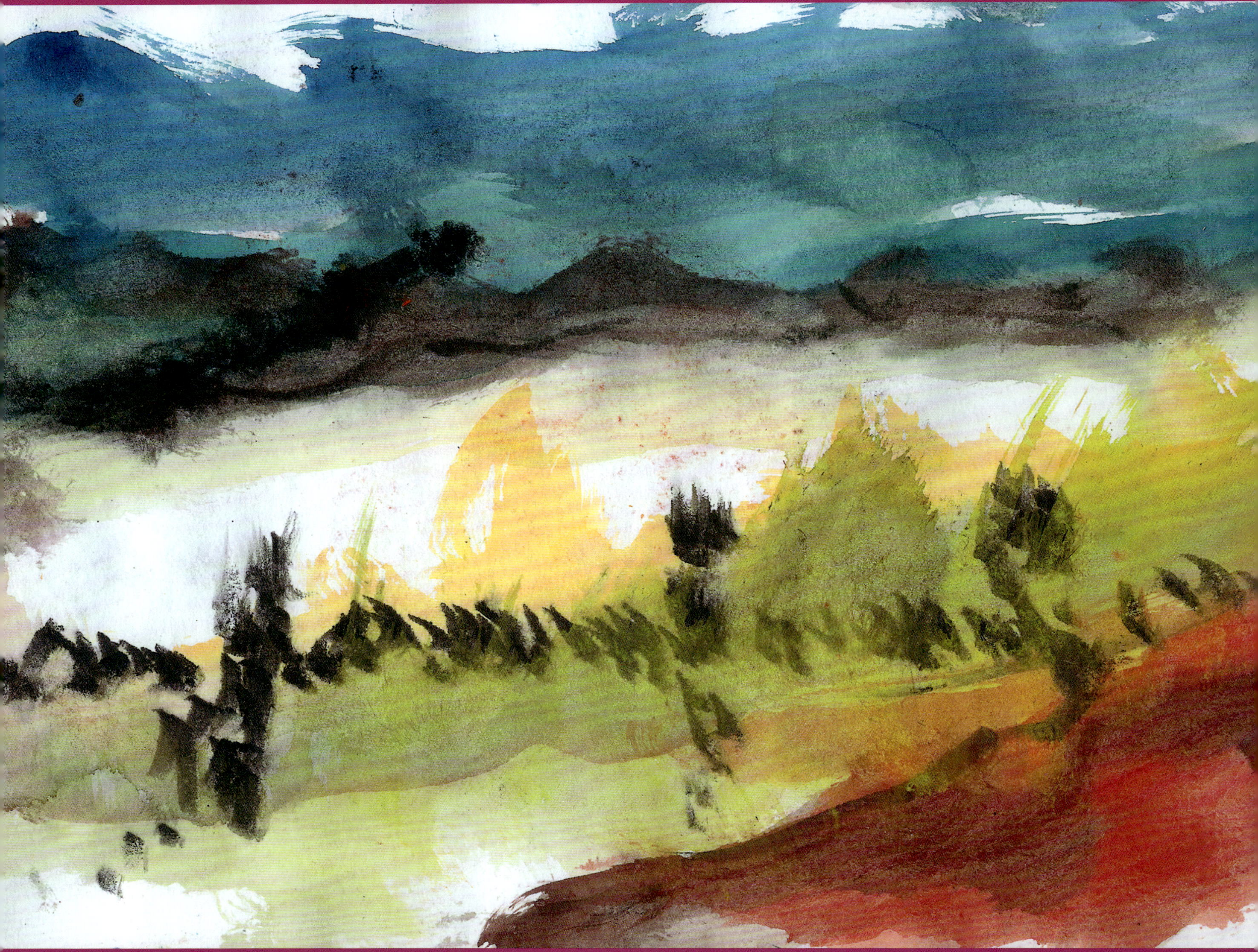

Kampen

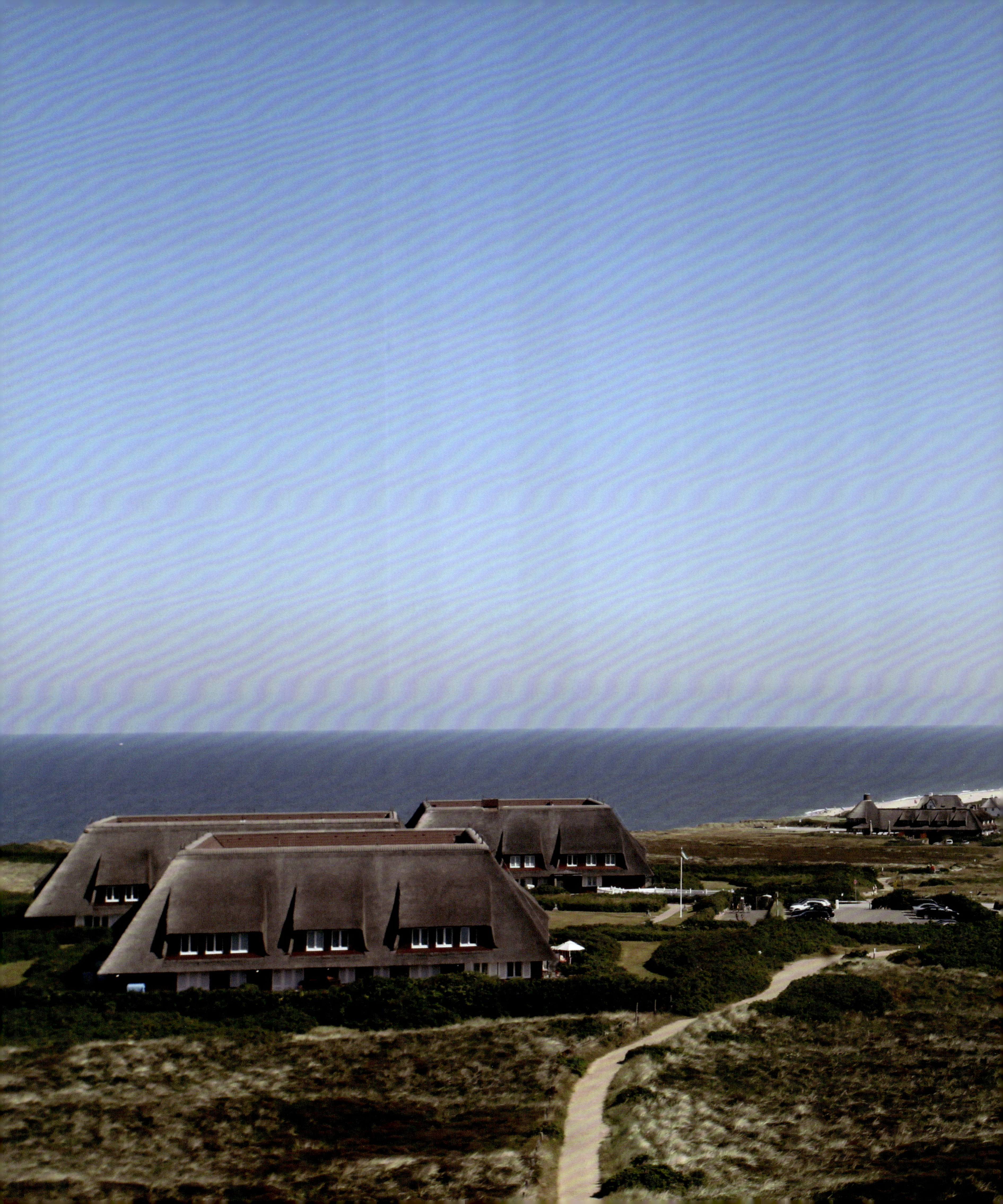

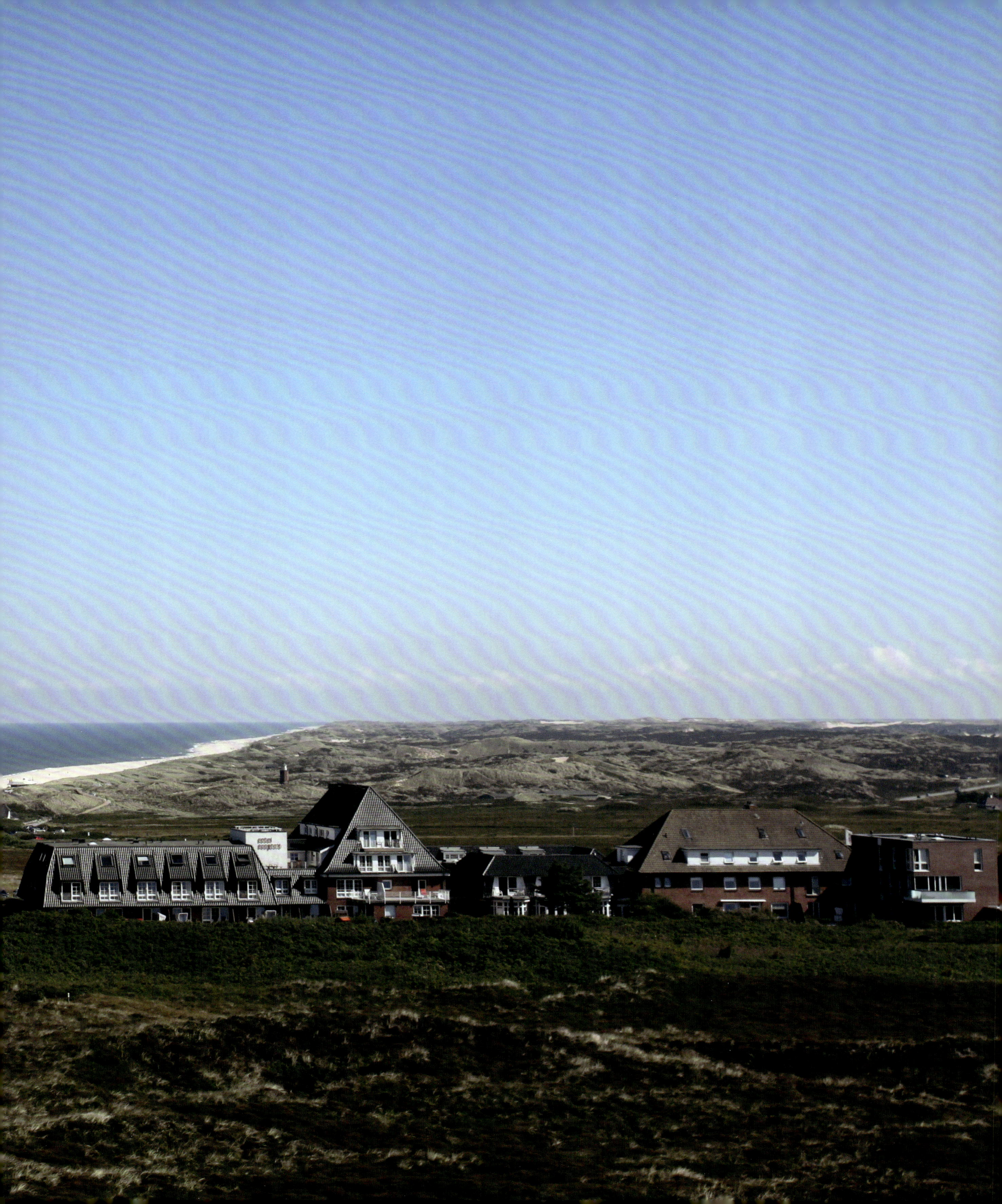

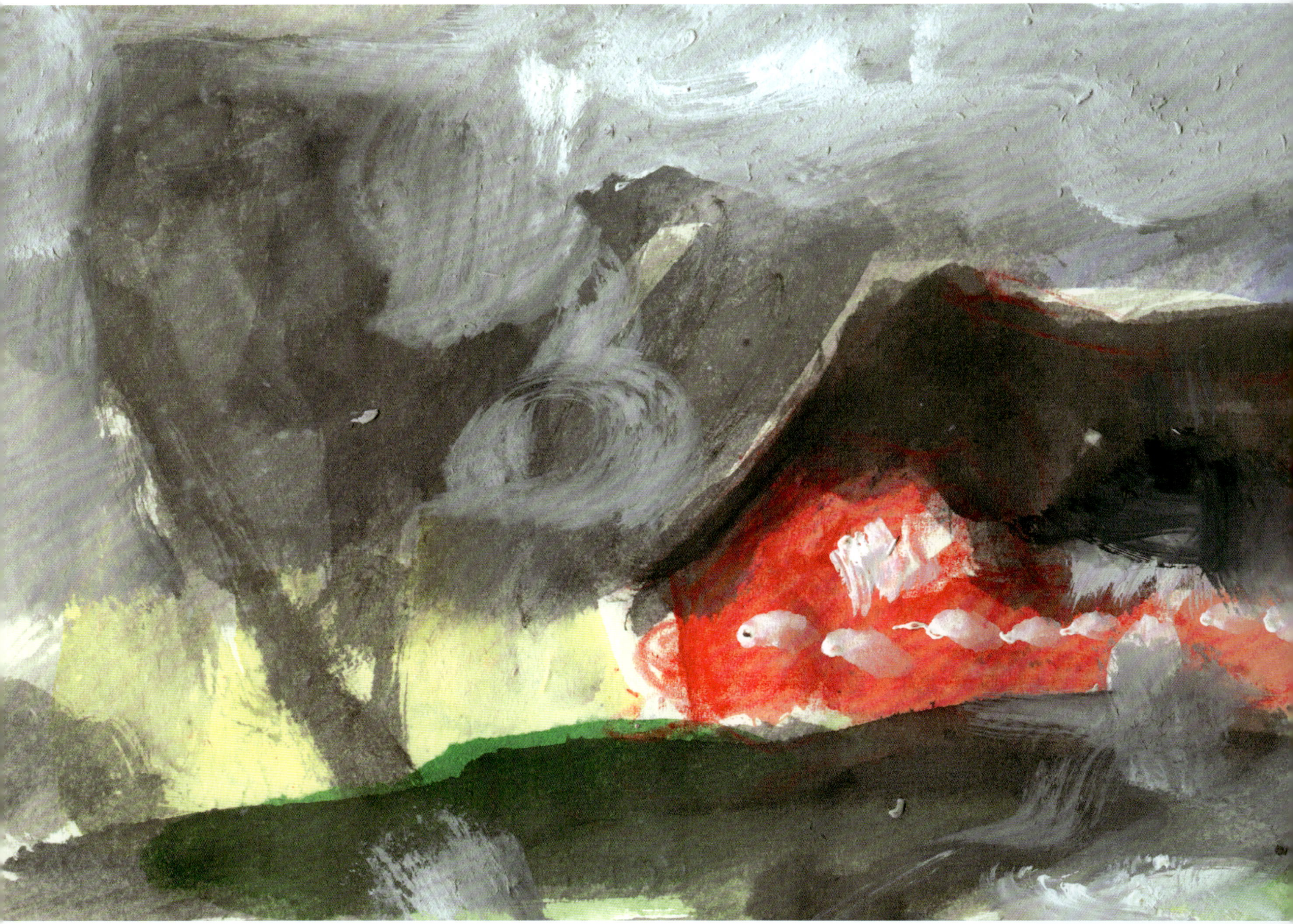

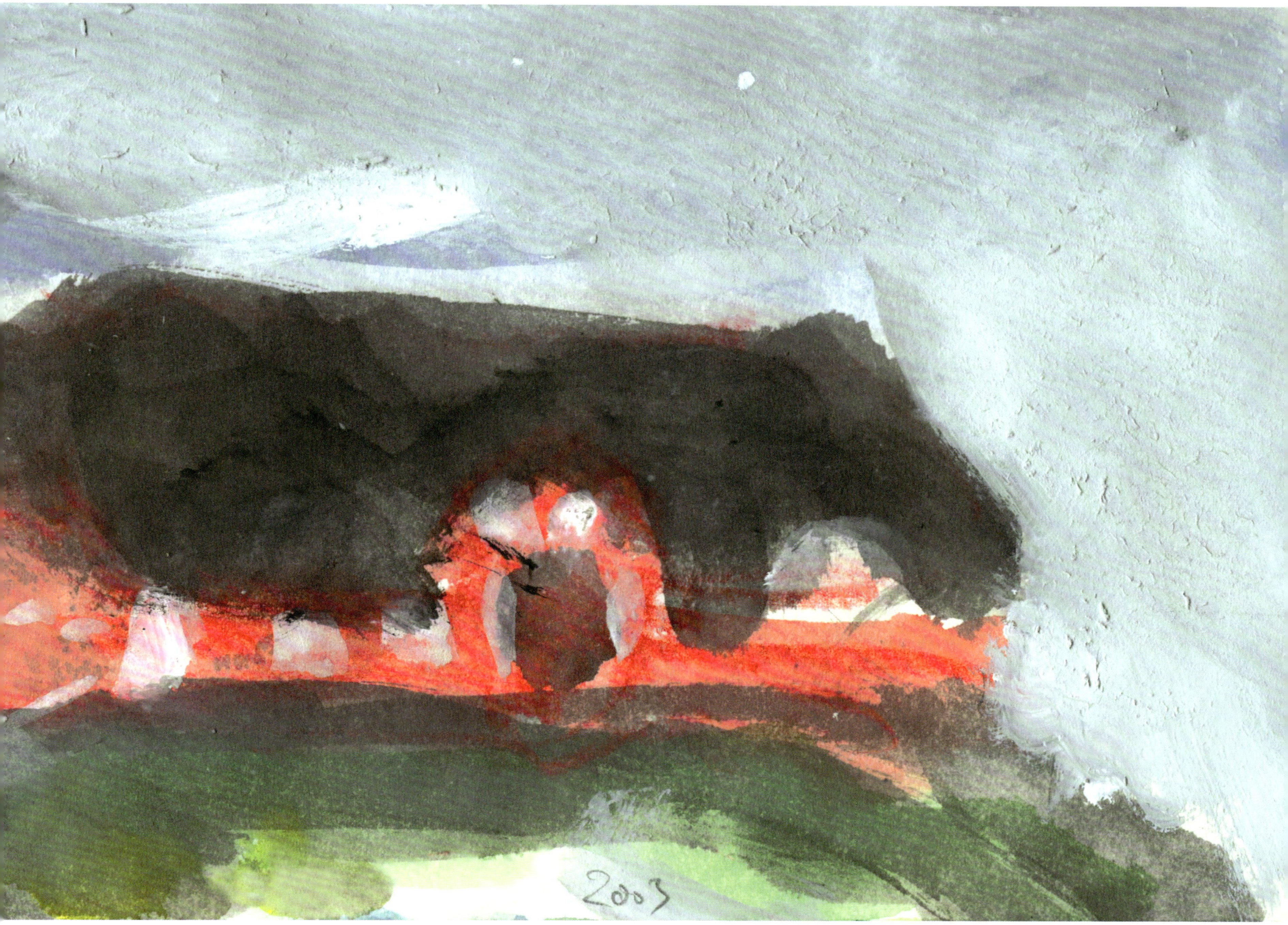
2003

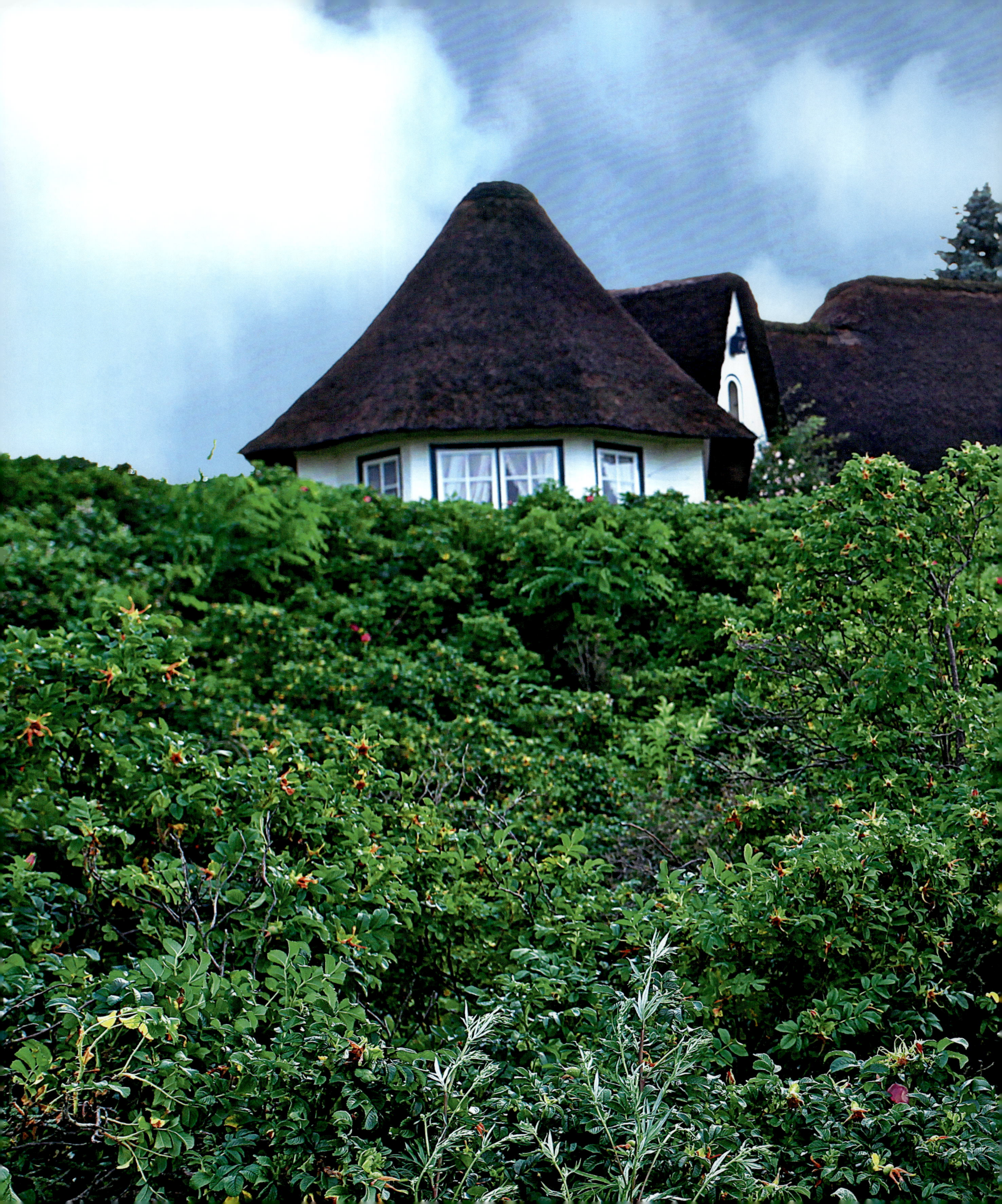

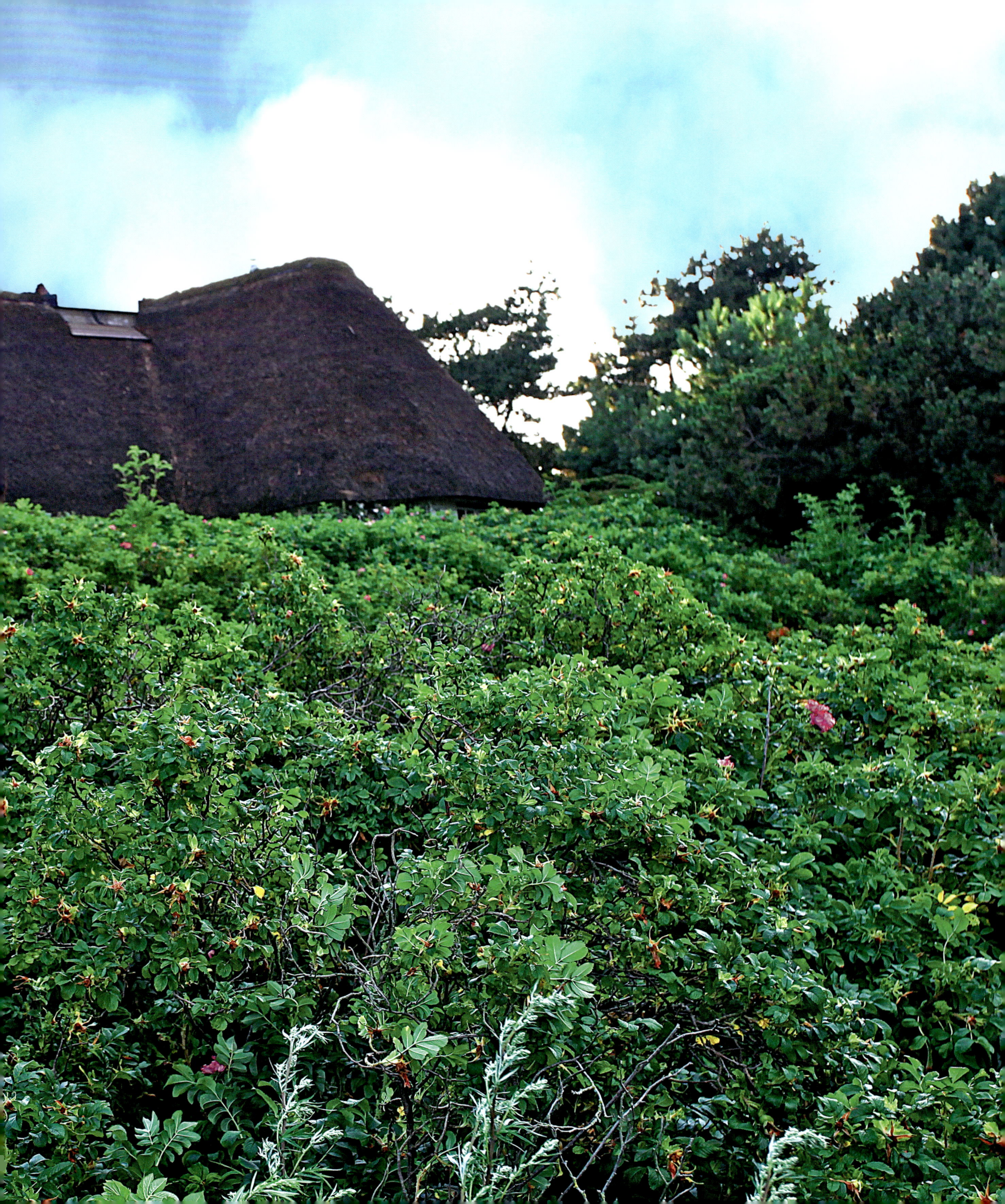

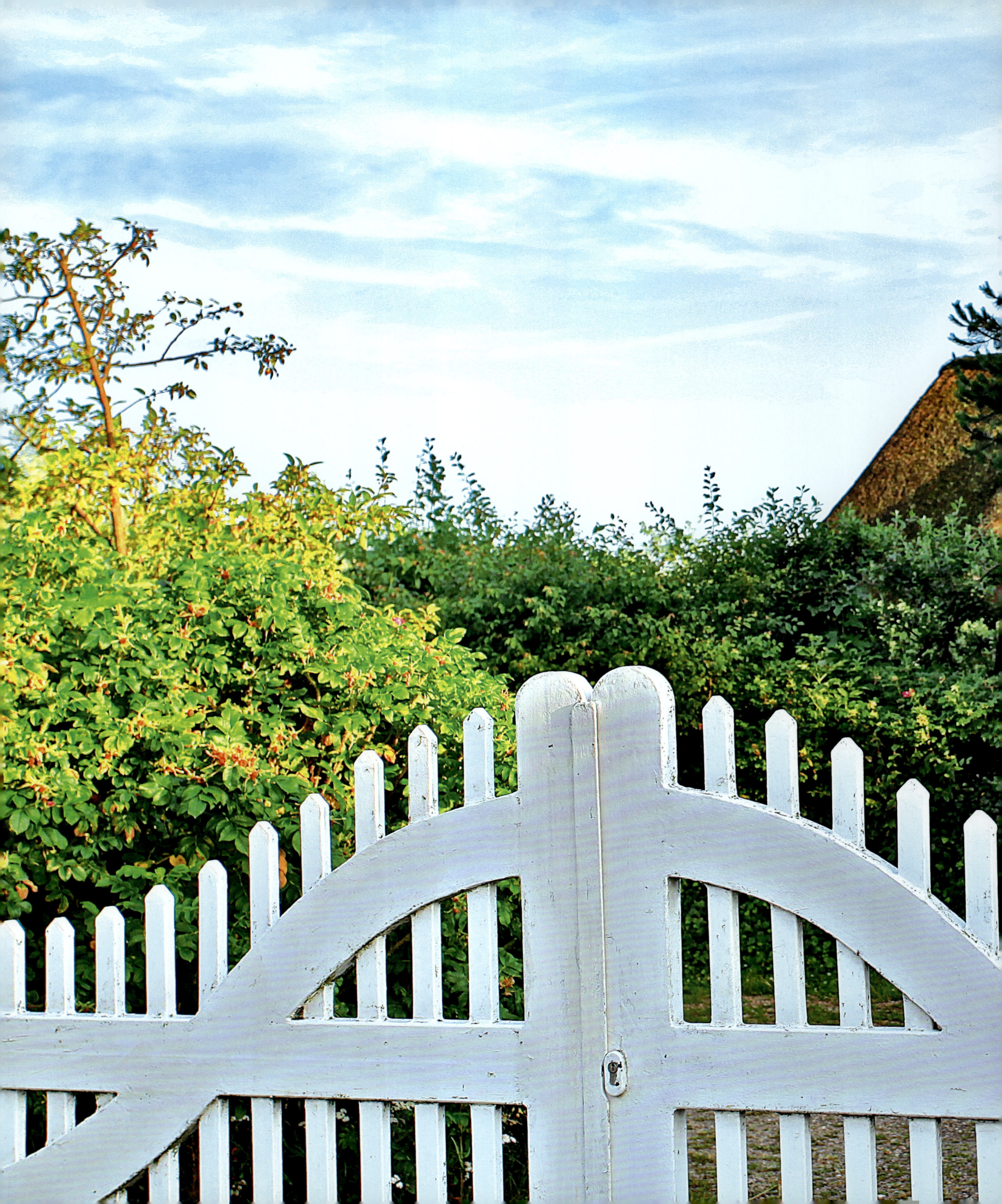

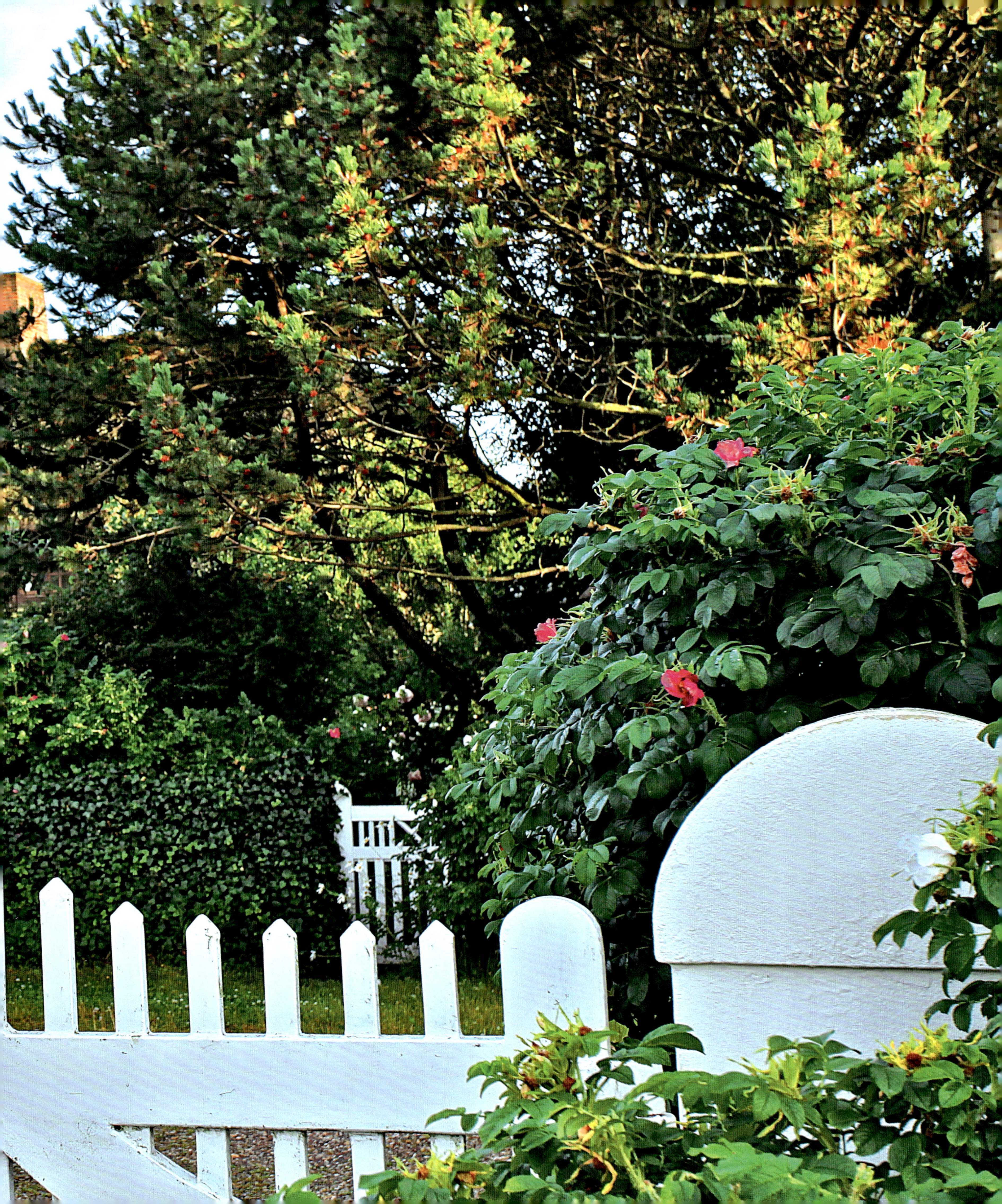

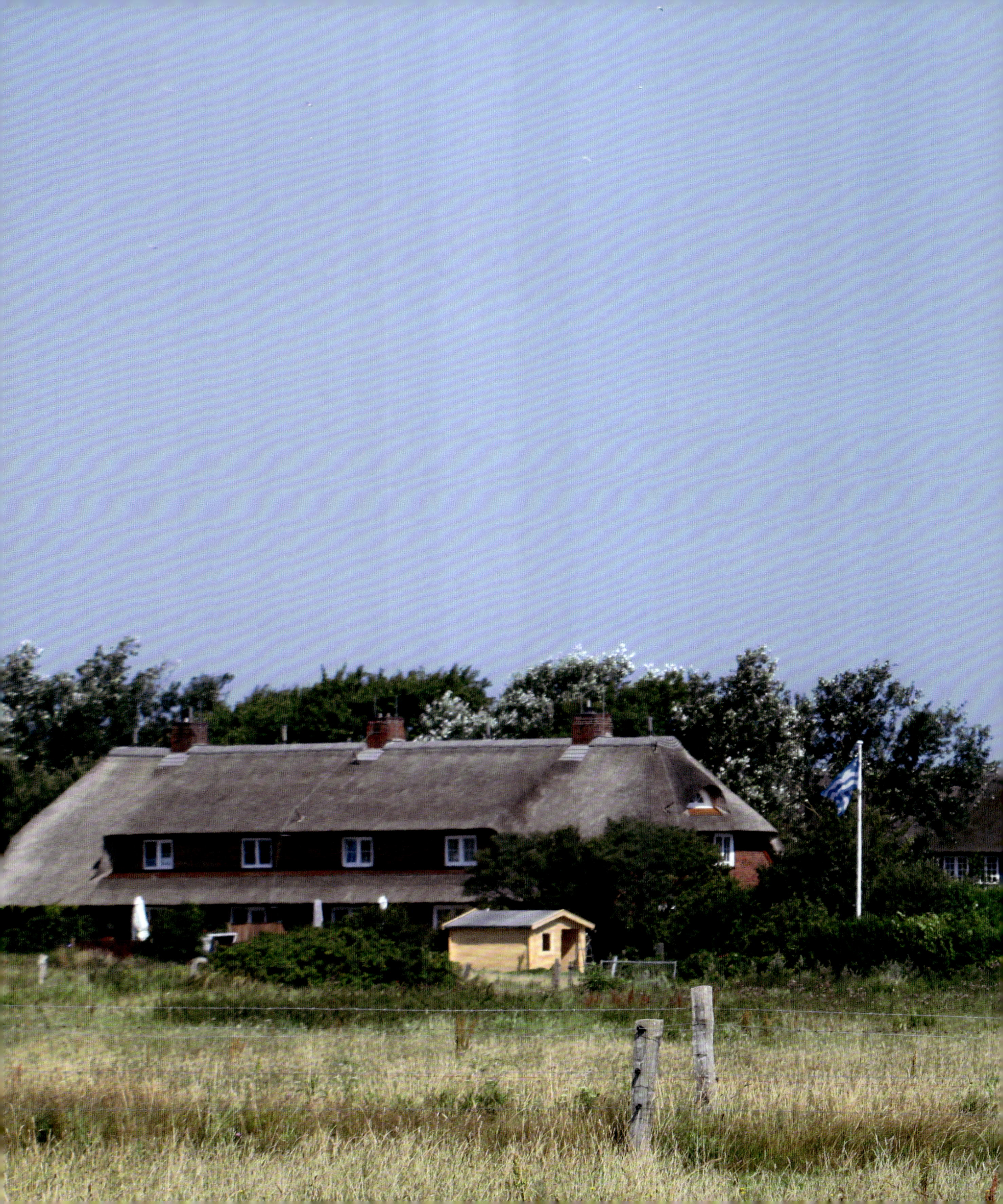

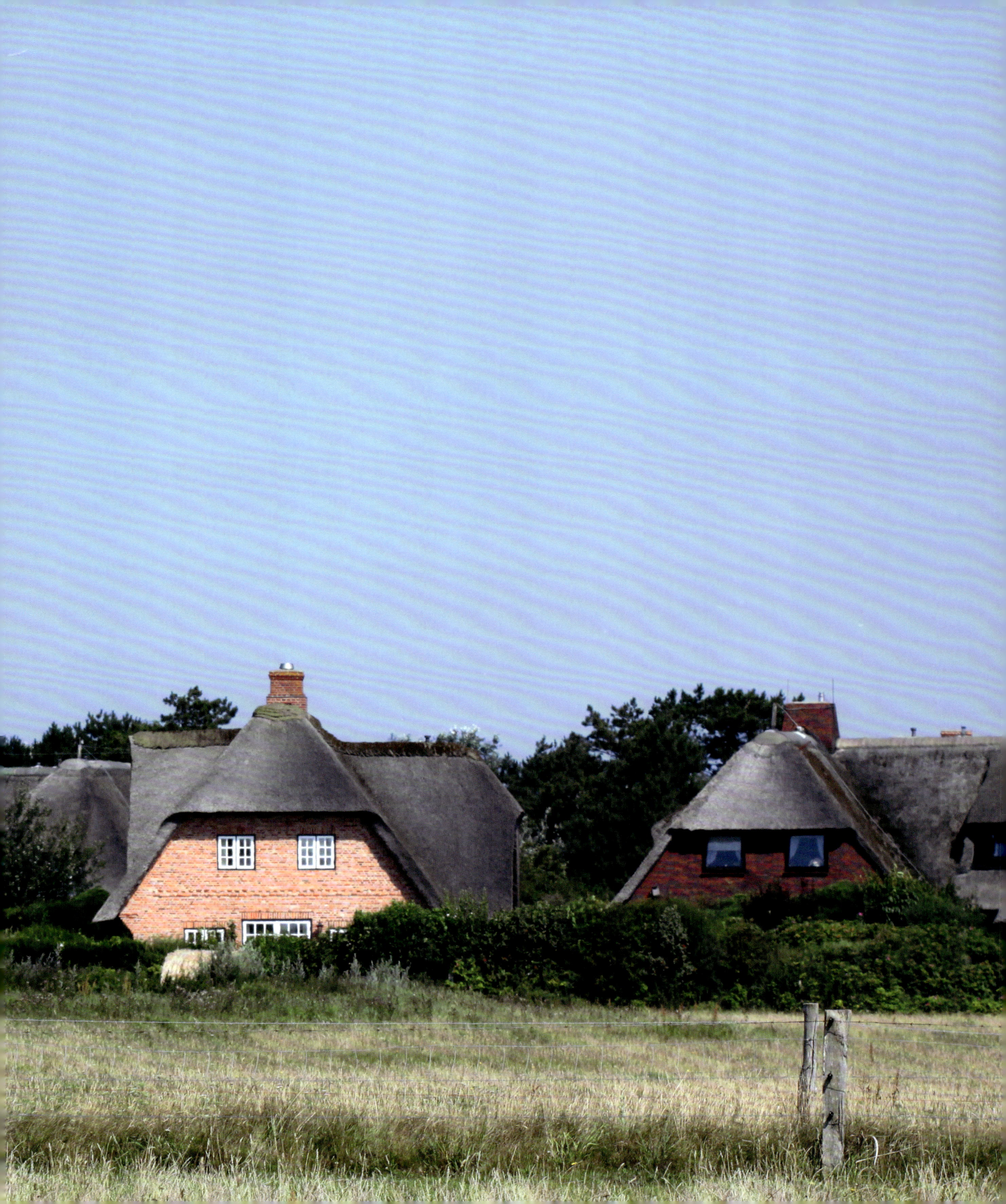

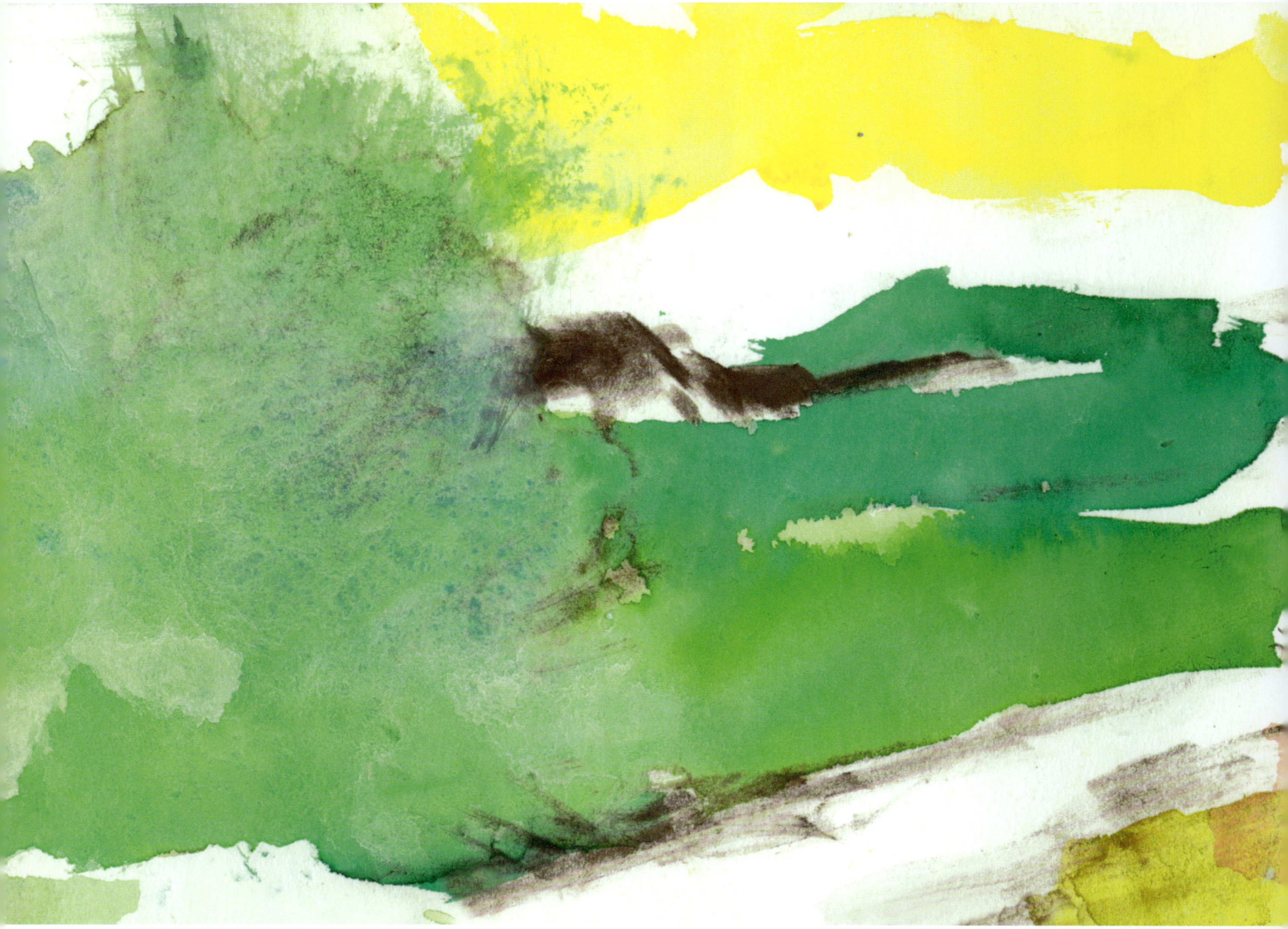

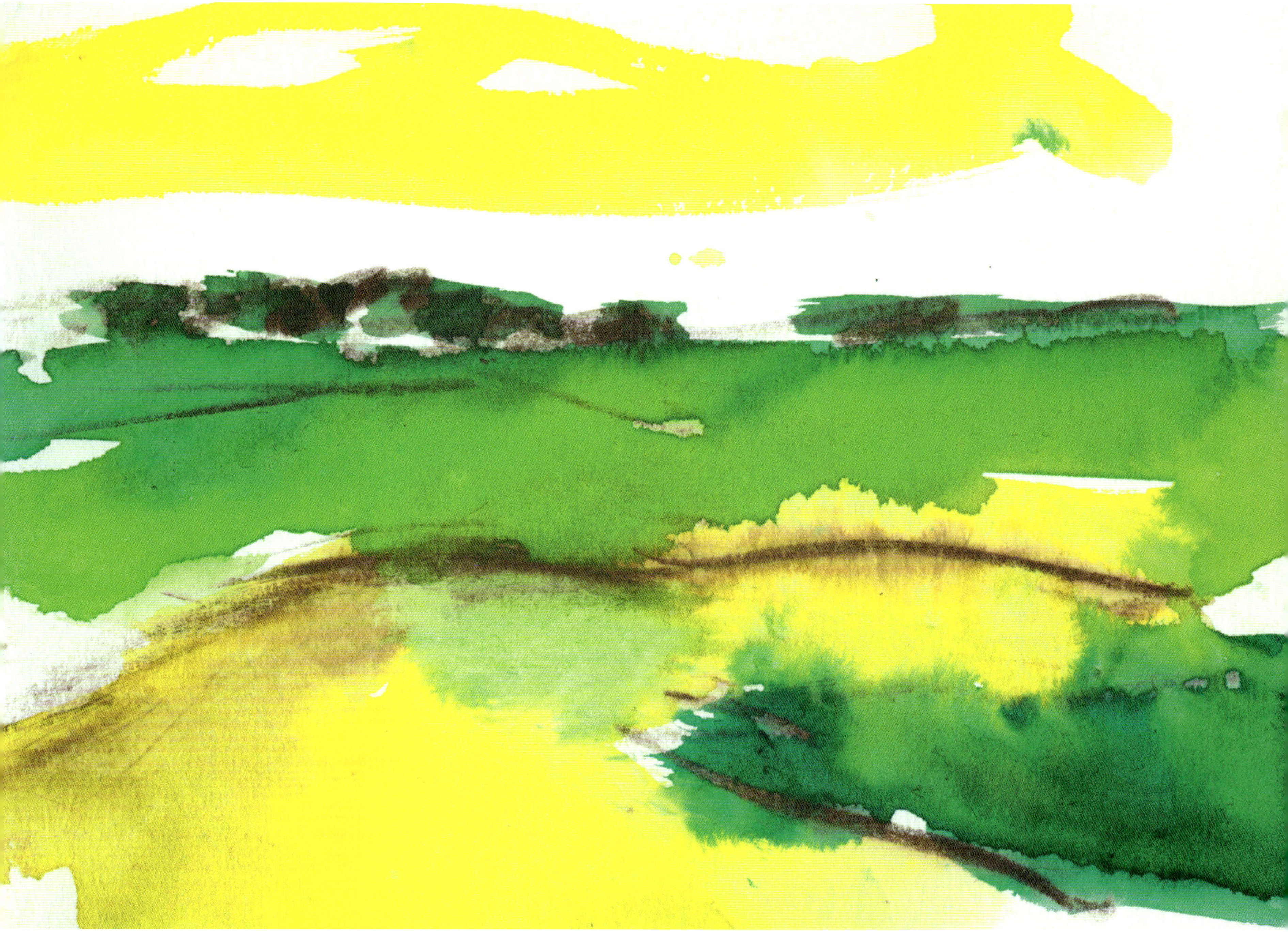

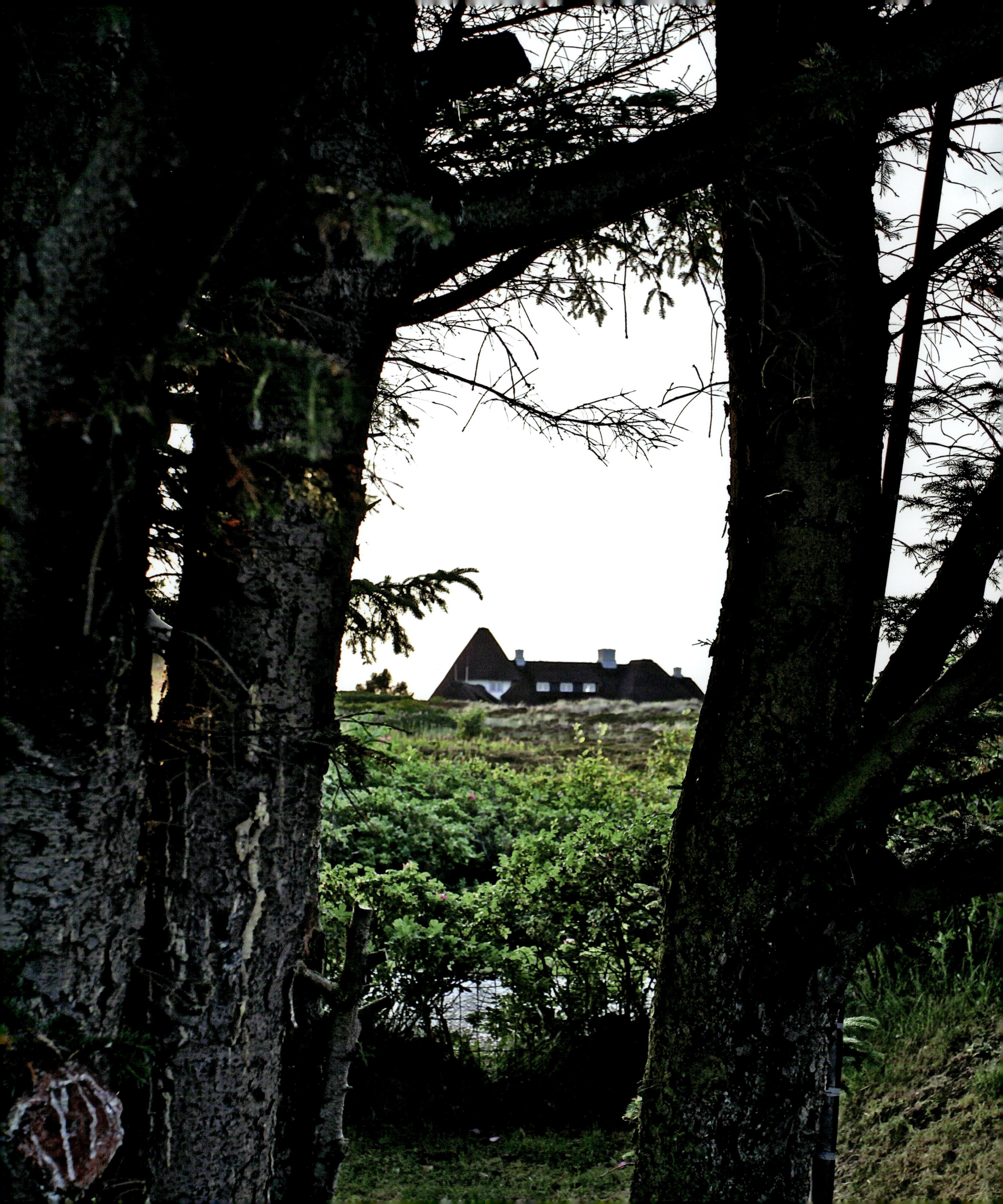

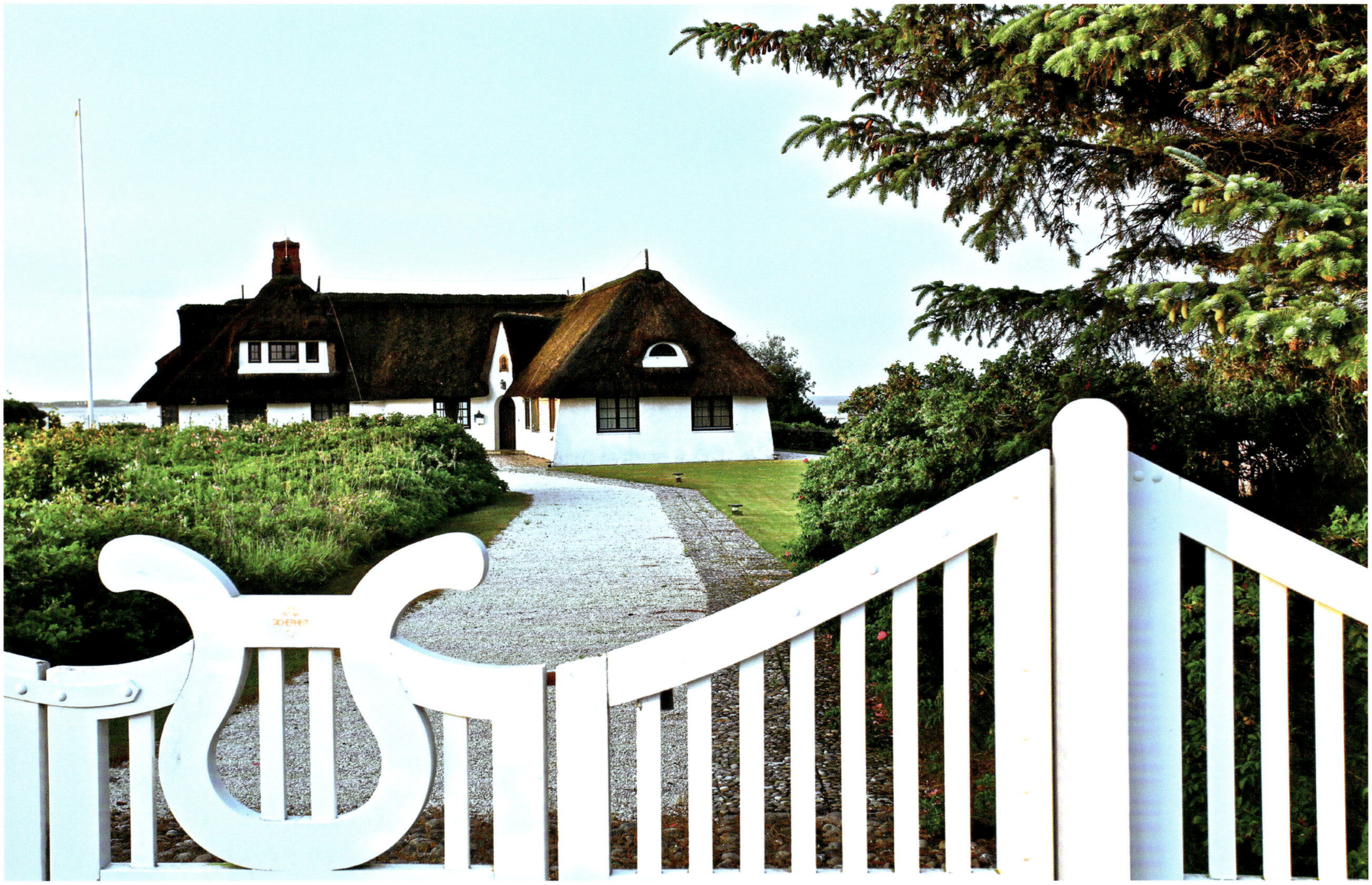

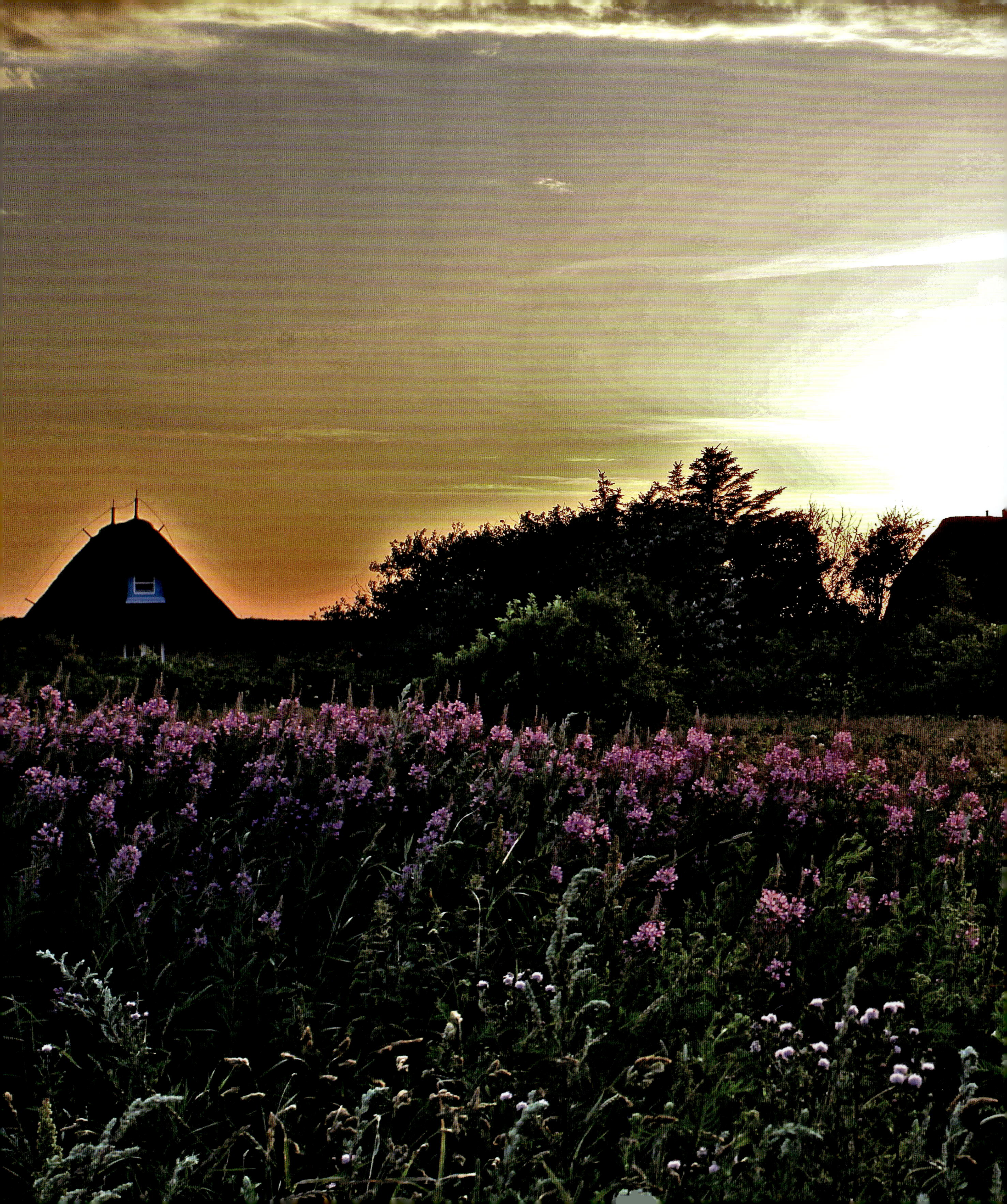

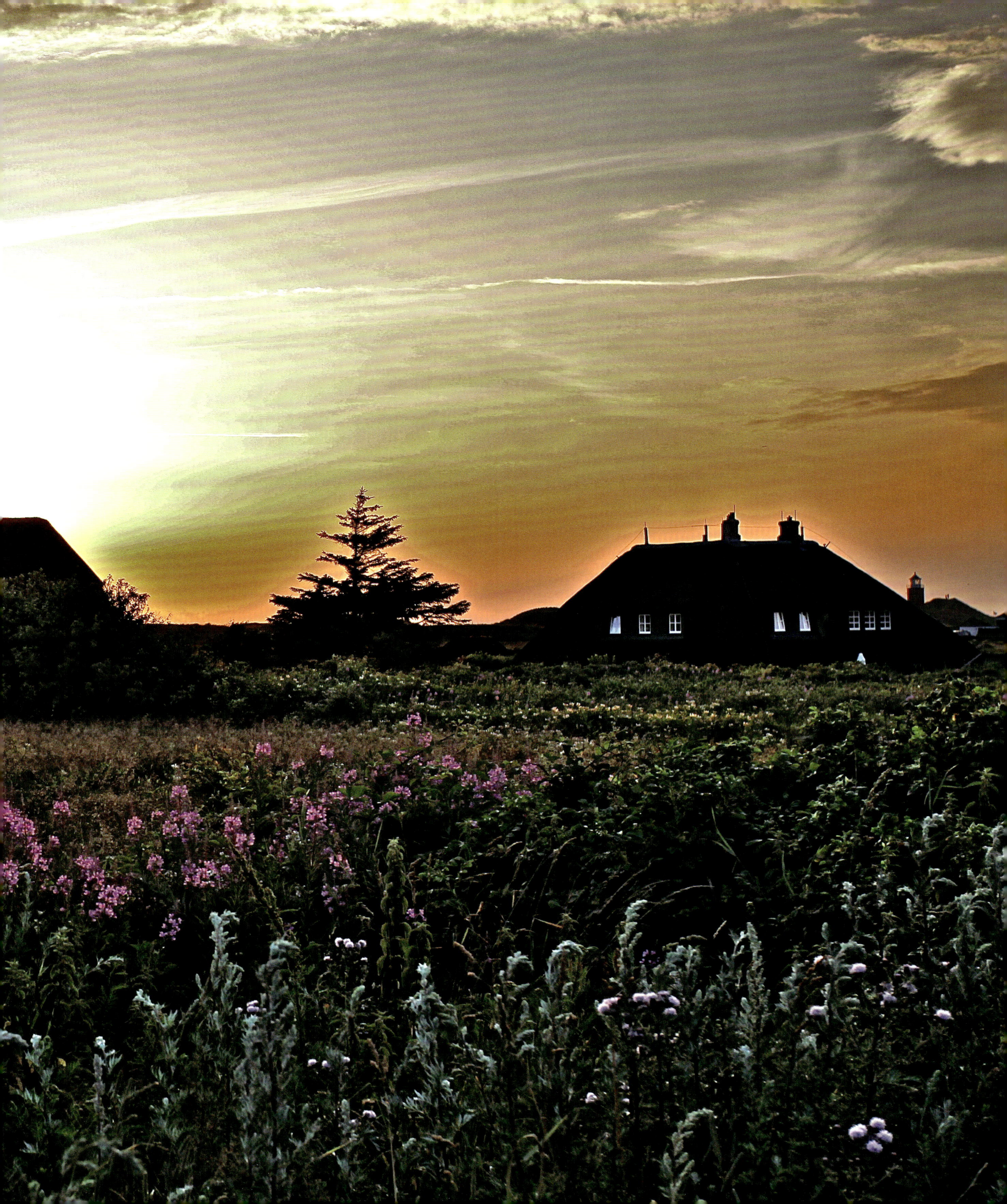

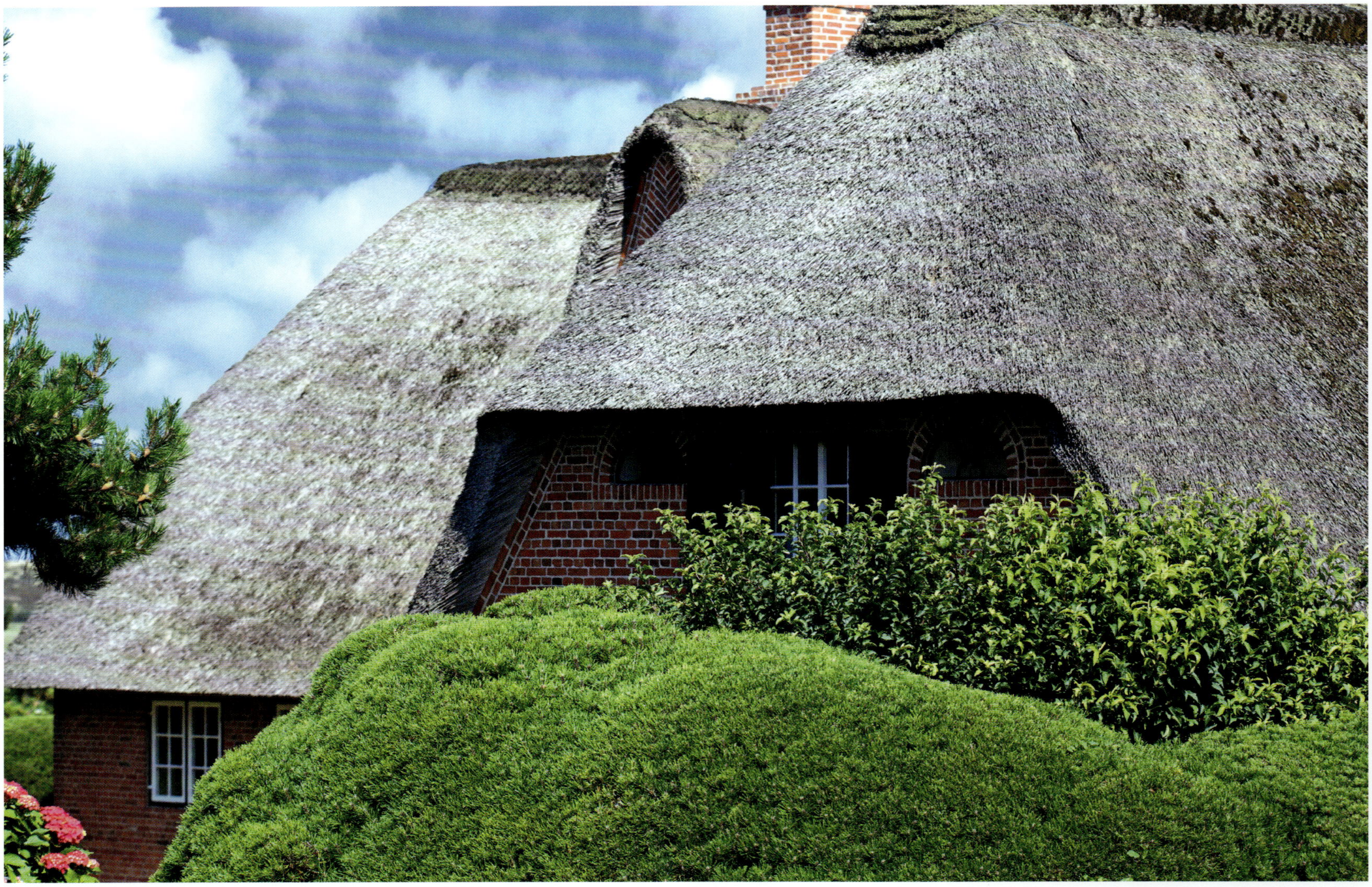

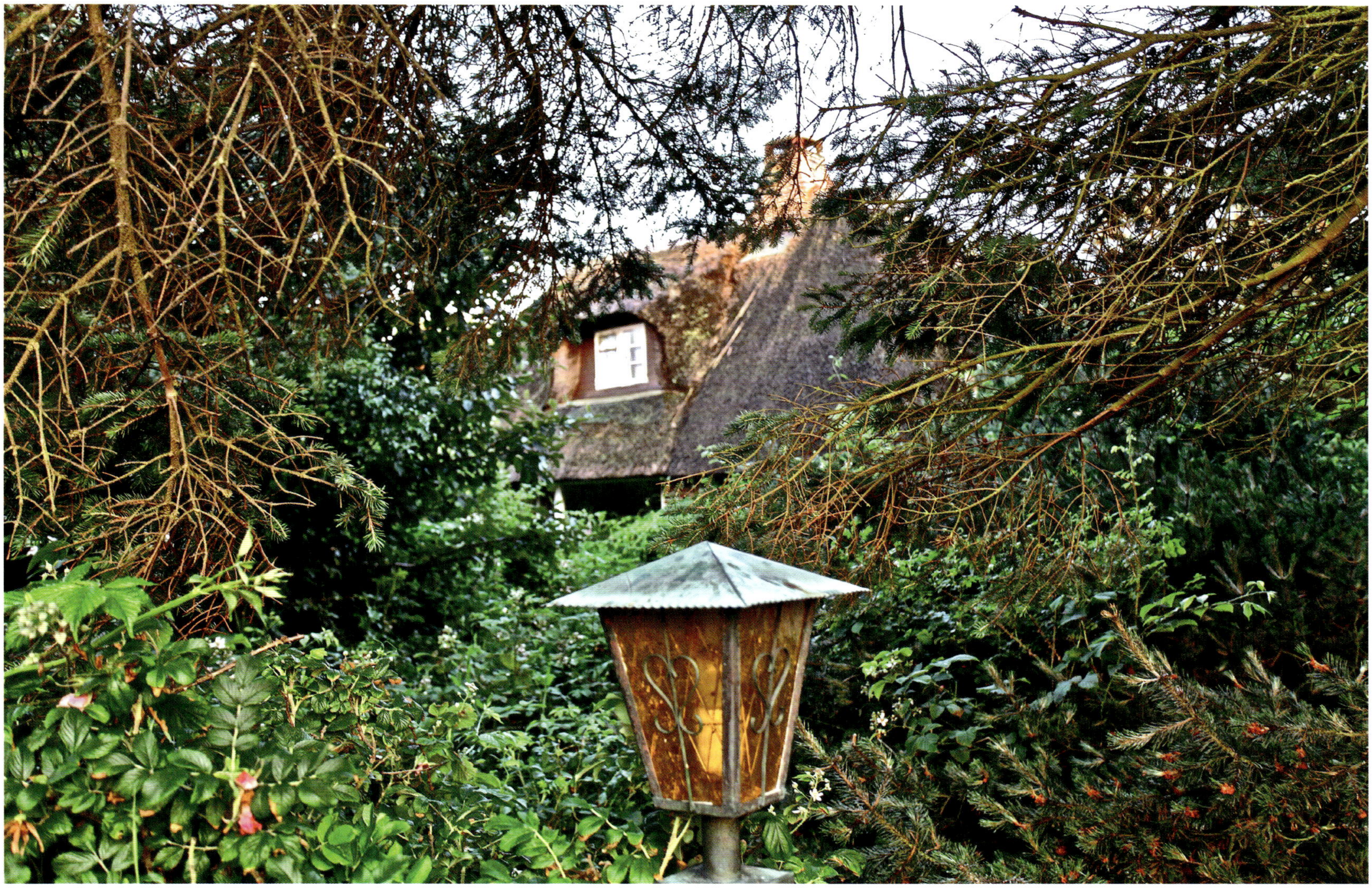

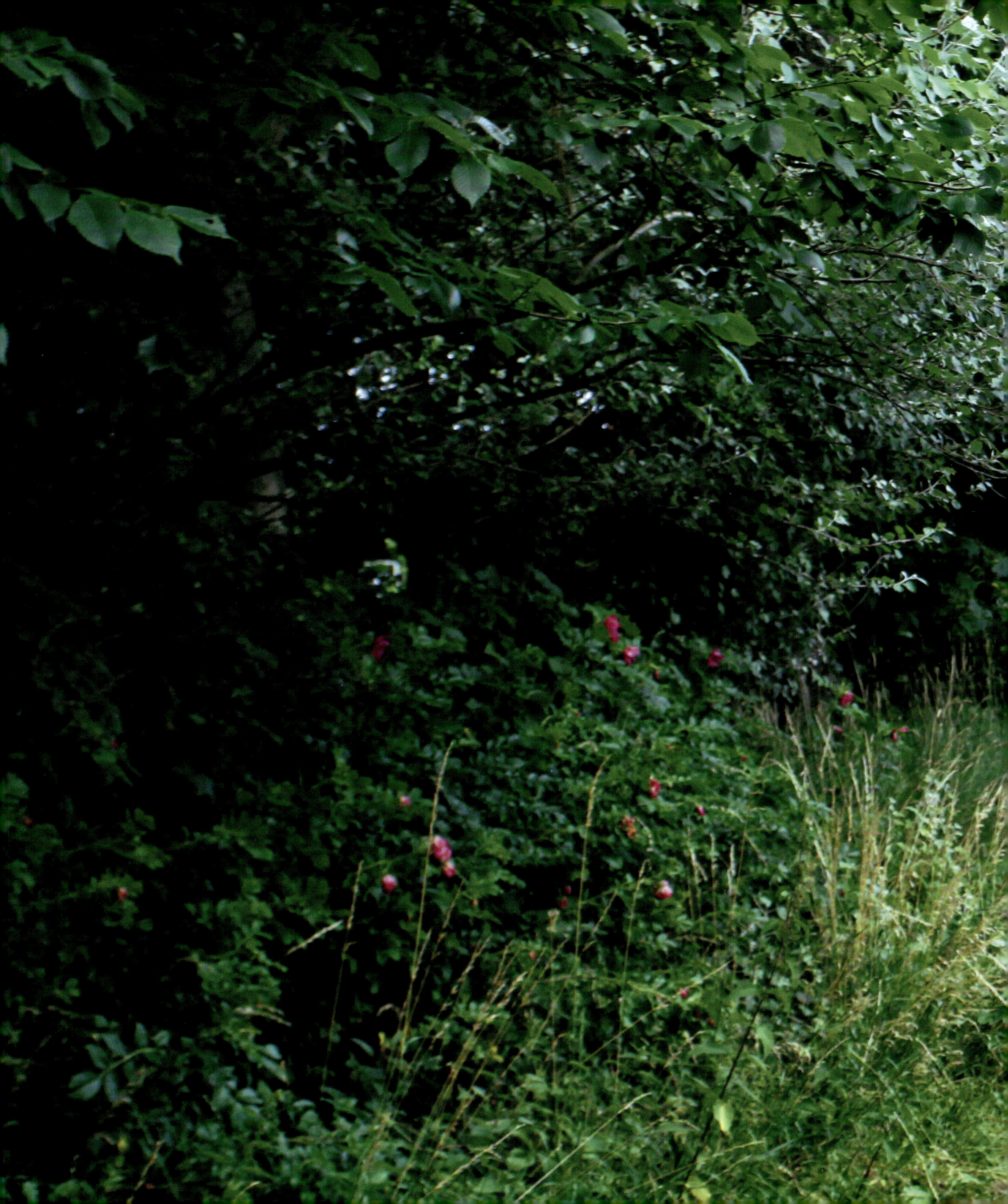

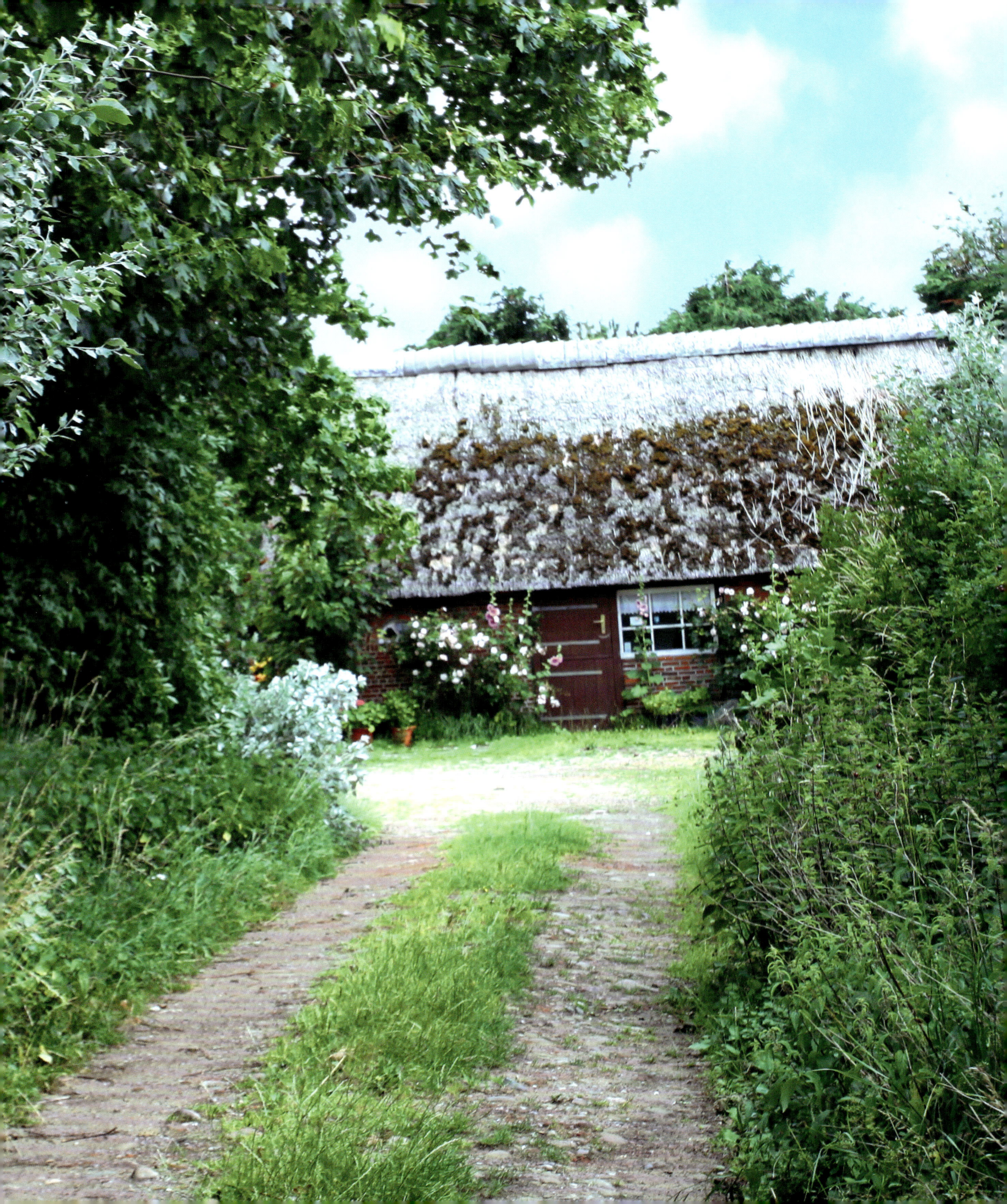

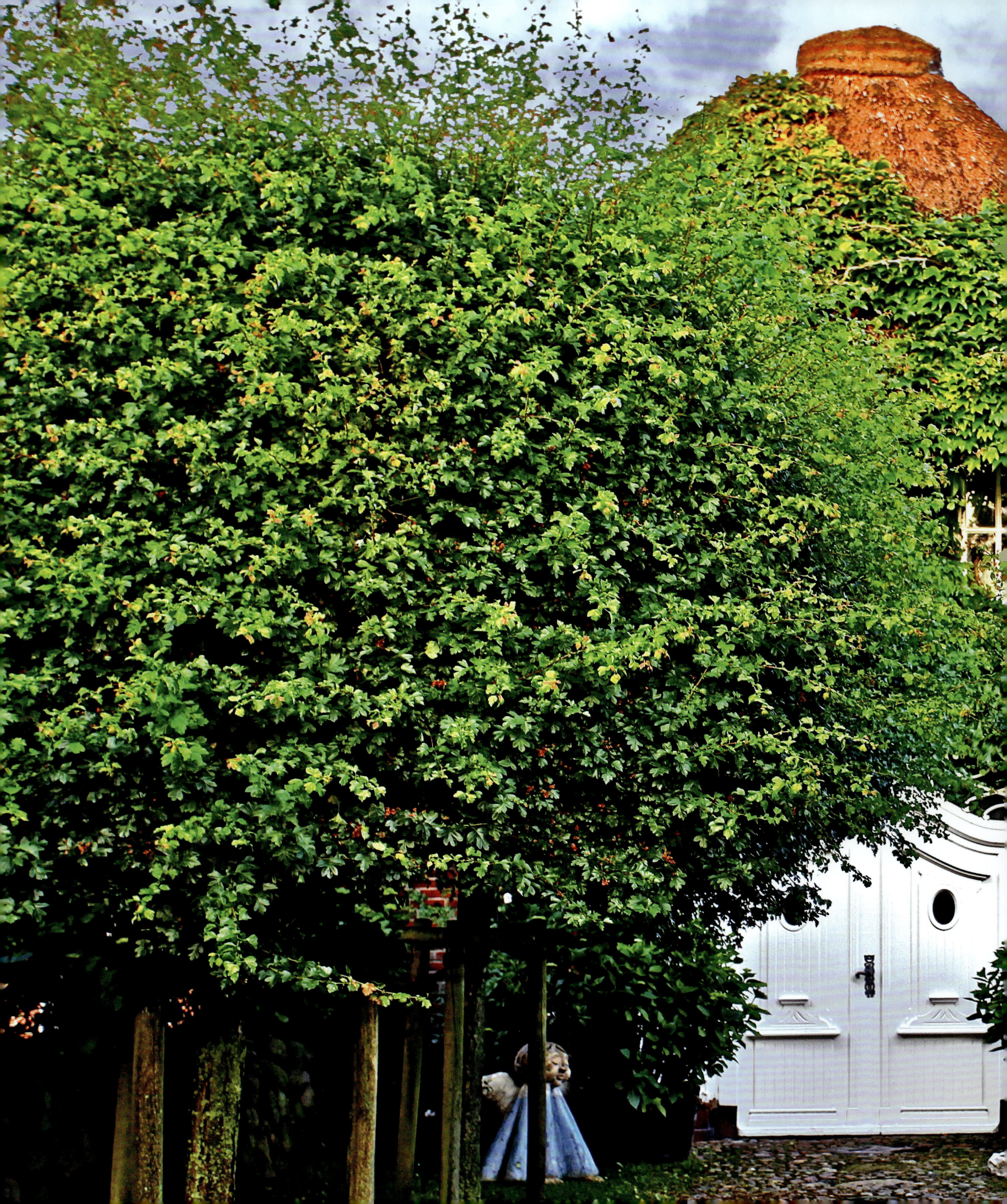

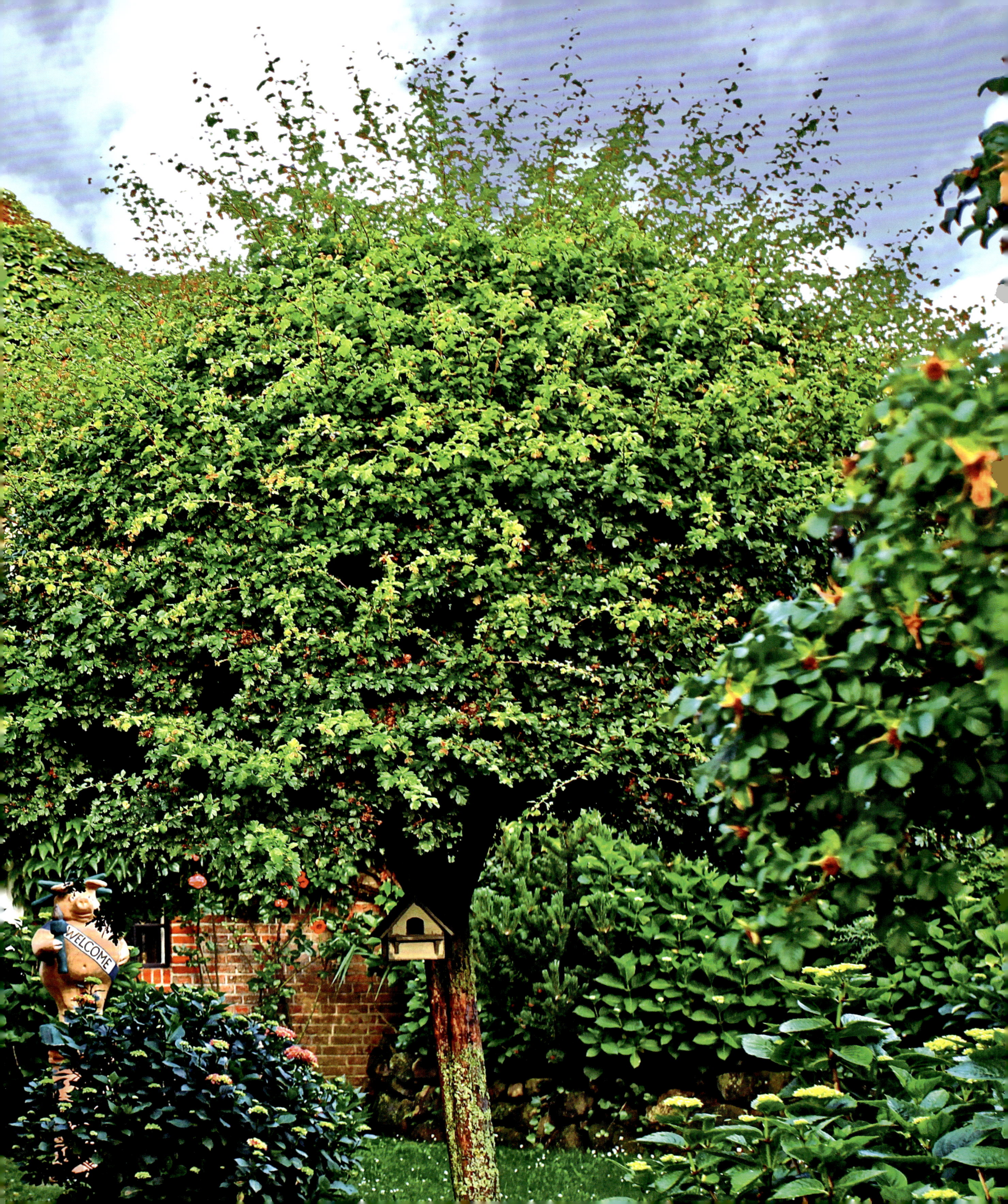
WELCOME

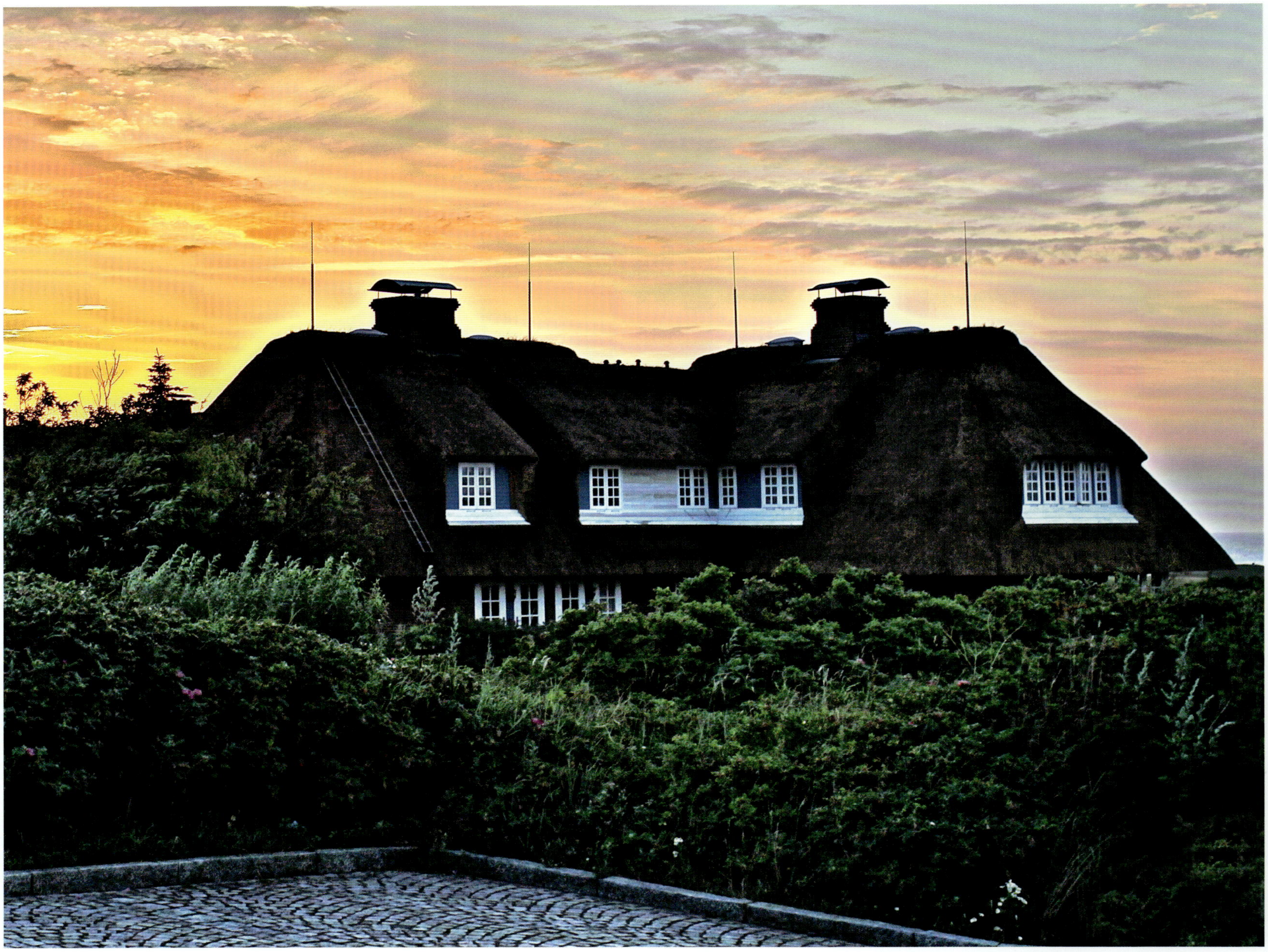

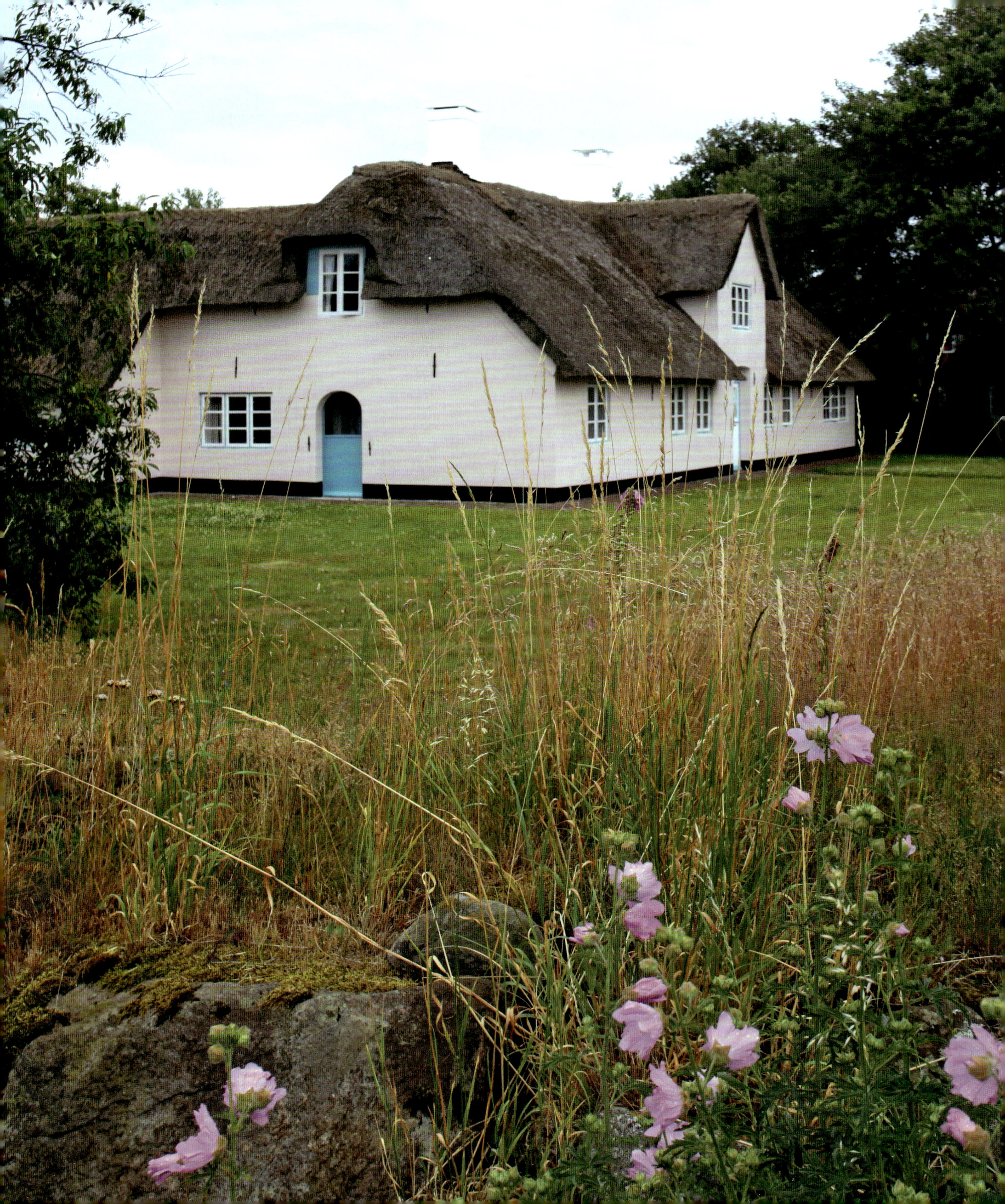

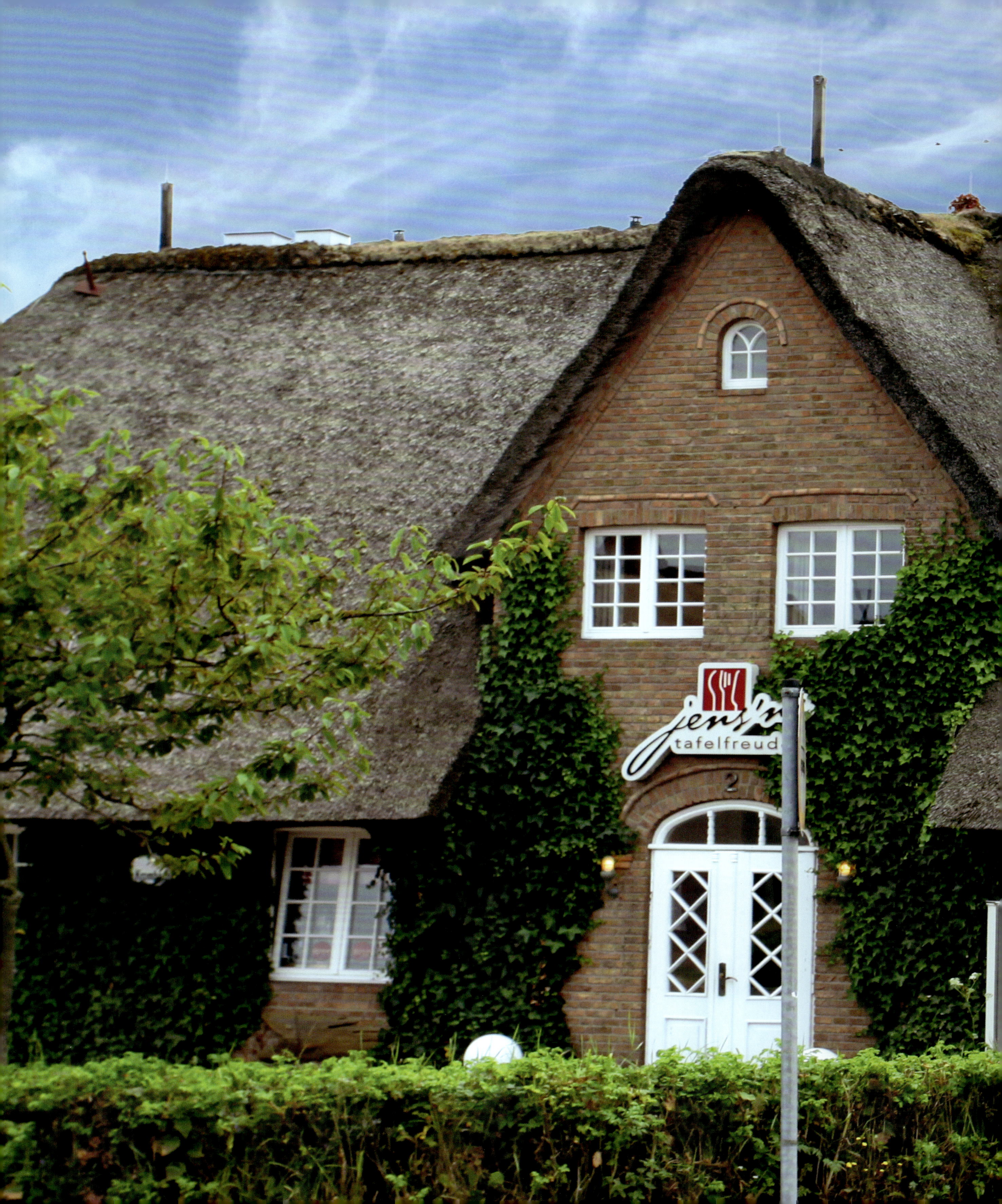
tafelfreud
2

jens'ns
tafelfreuden

Süderweg
Arzt

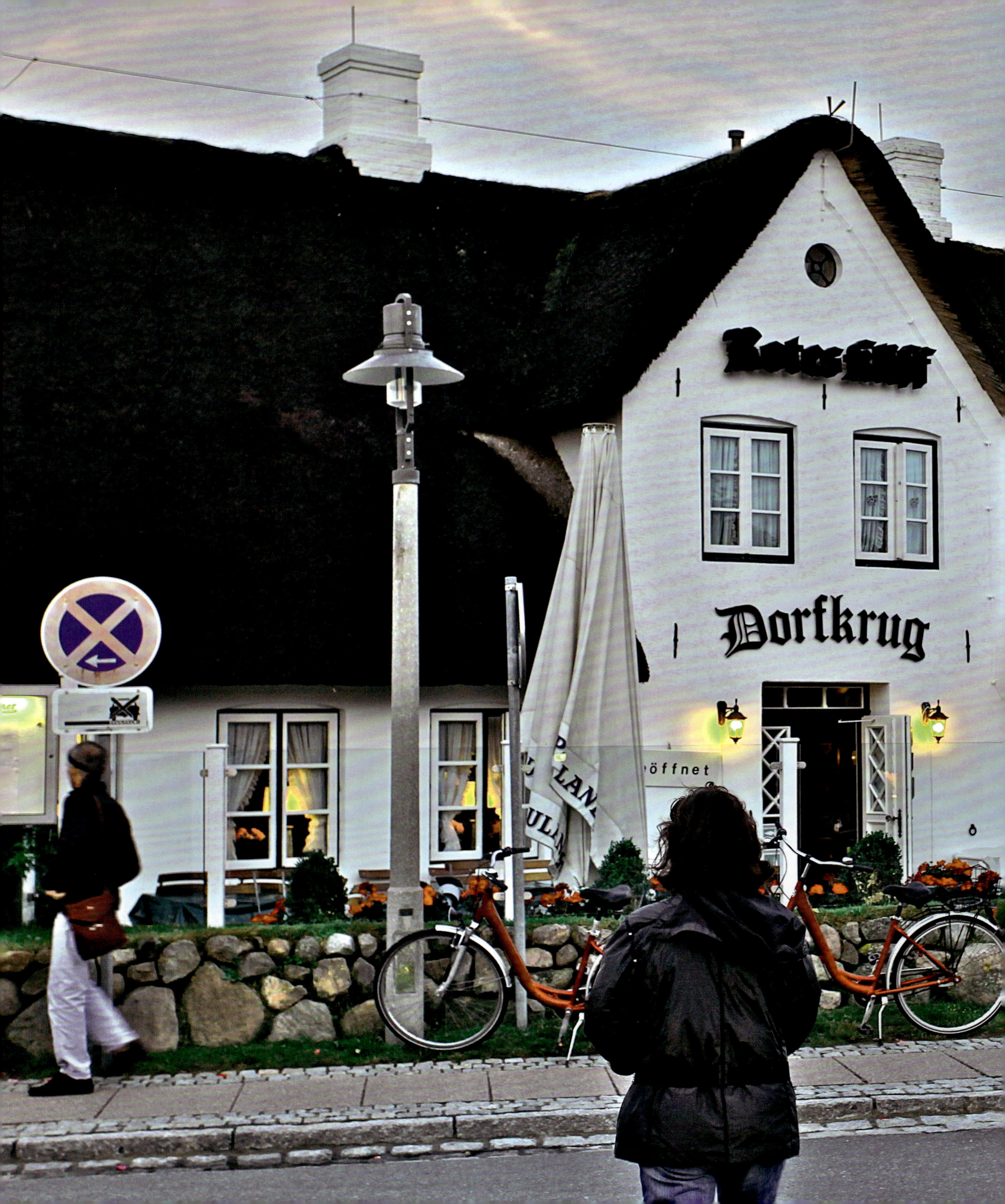
Dorfkrug

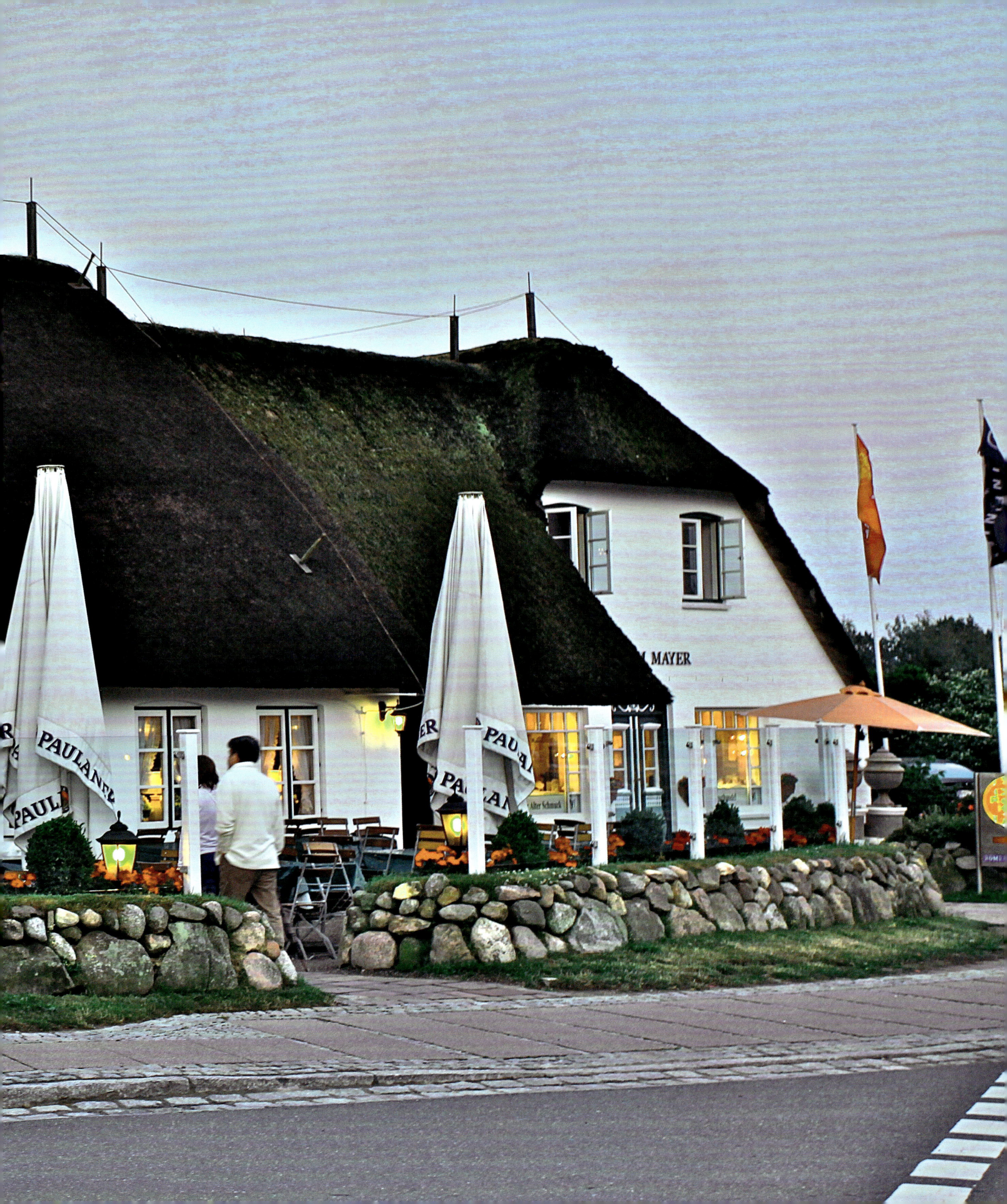
MAYER
Alter Schmuck

Wiin

Eingang

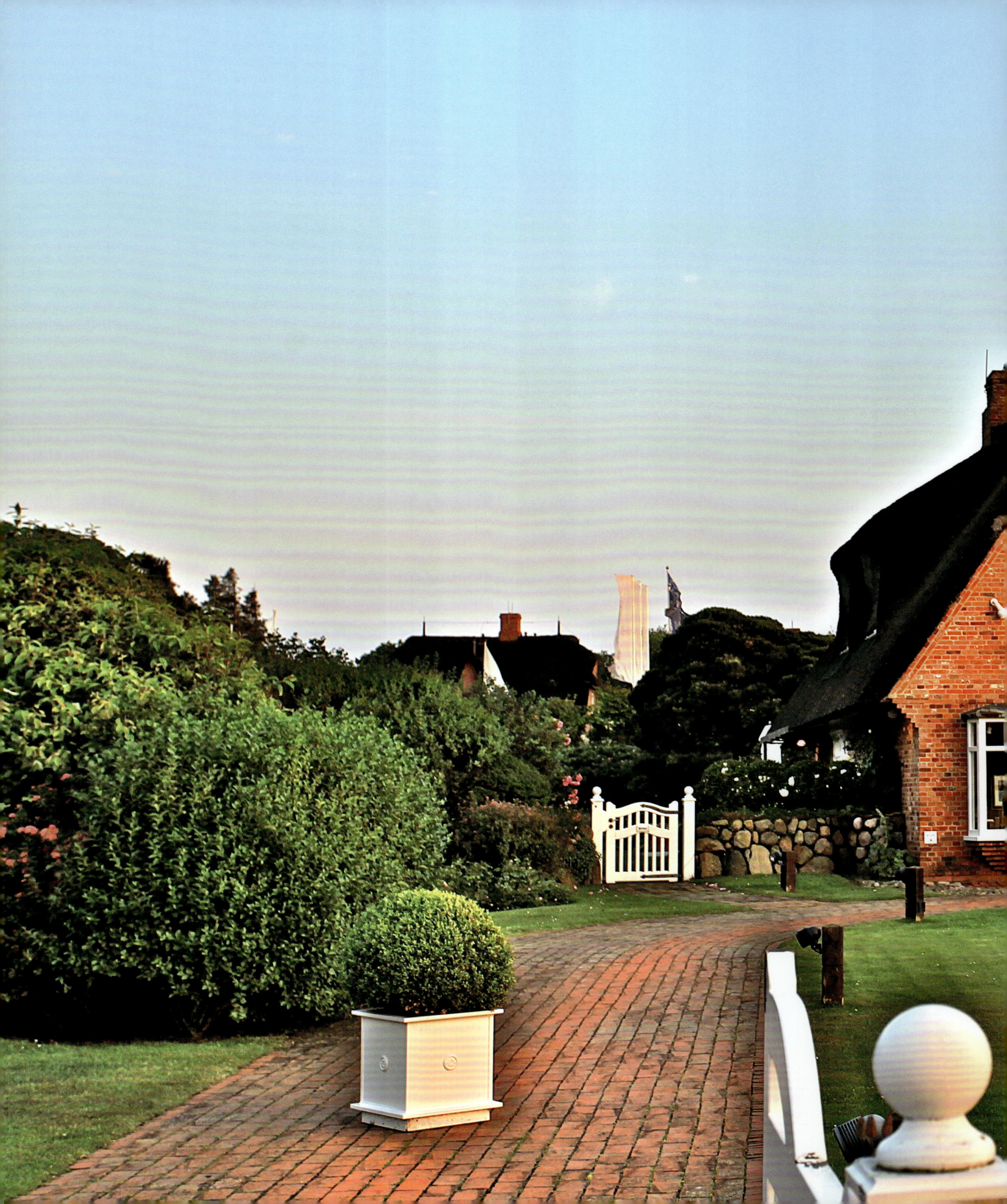

GALERIE PEERLINGS

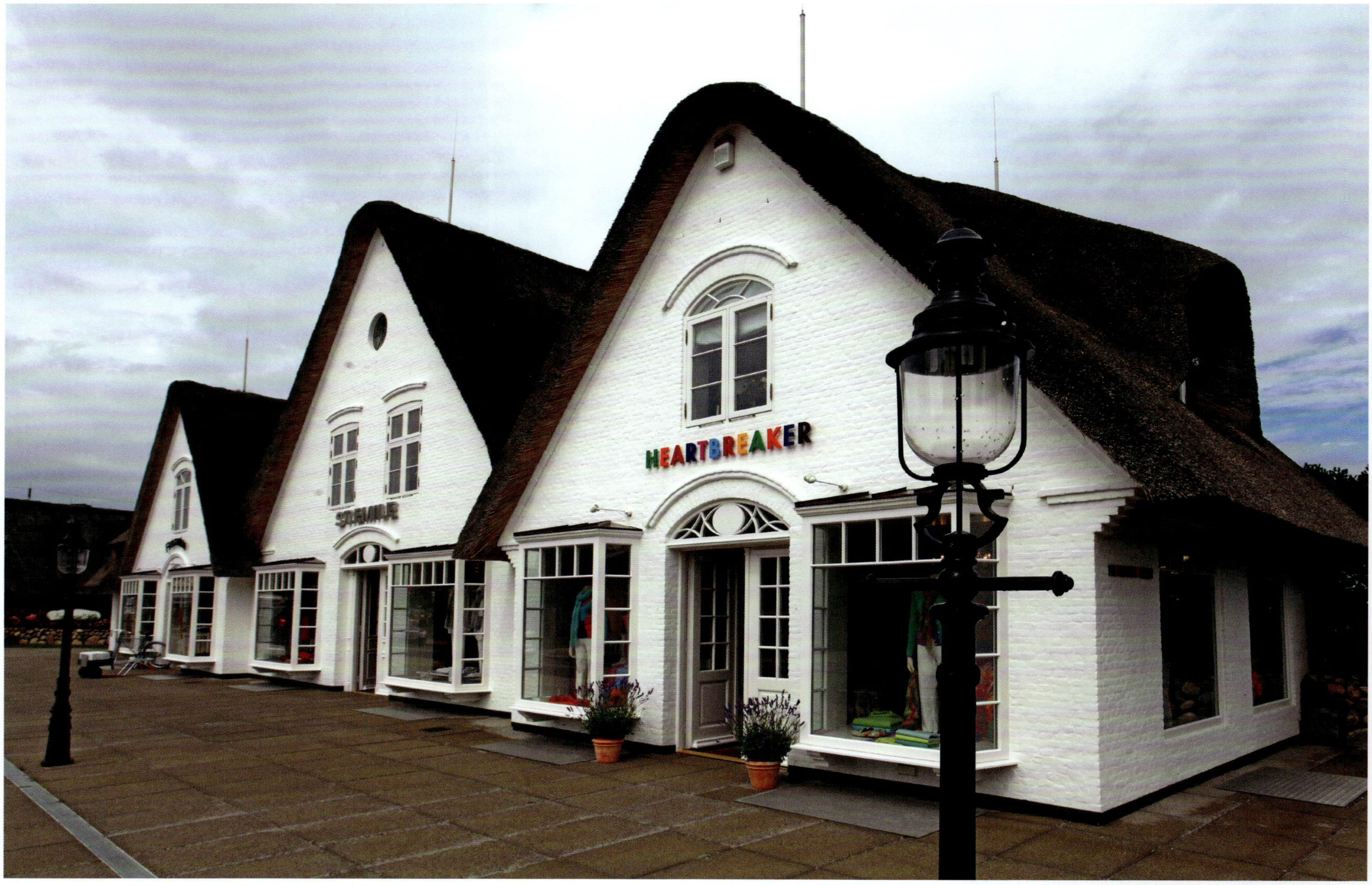
HEARTBREAKER

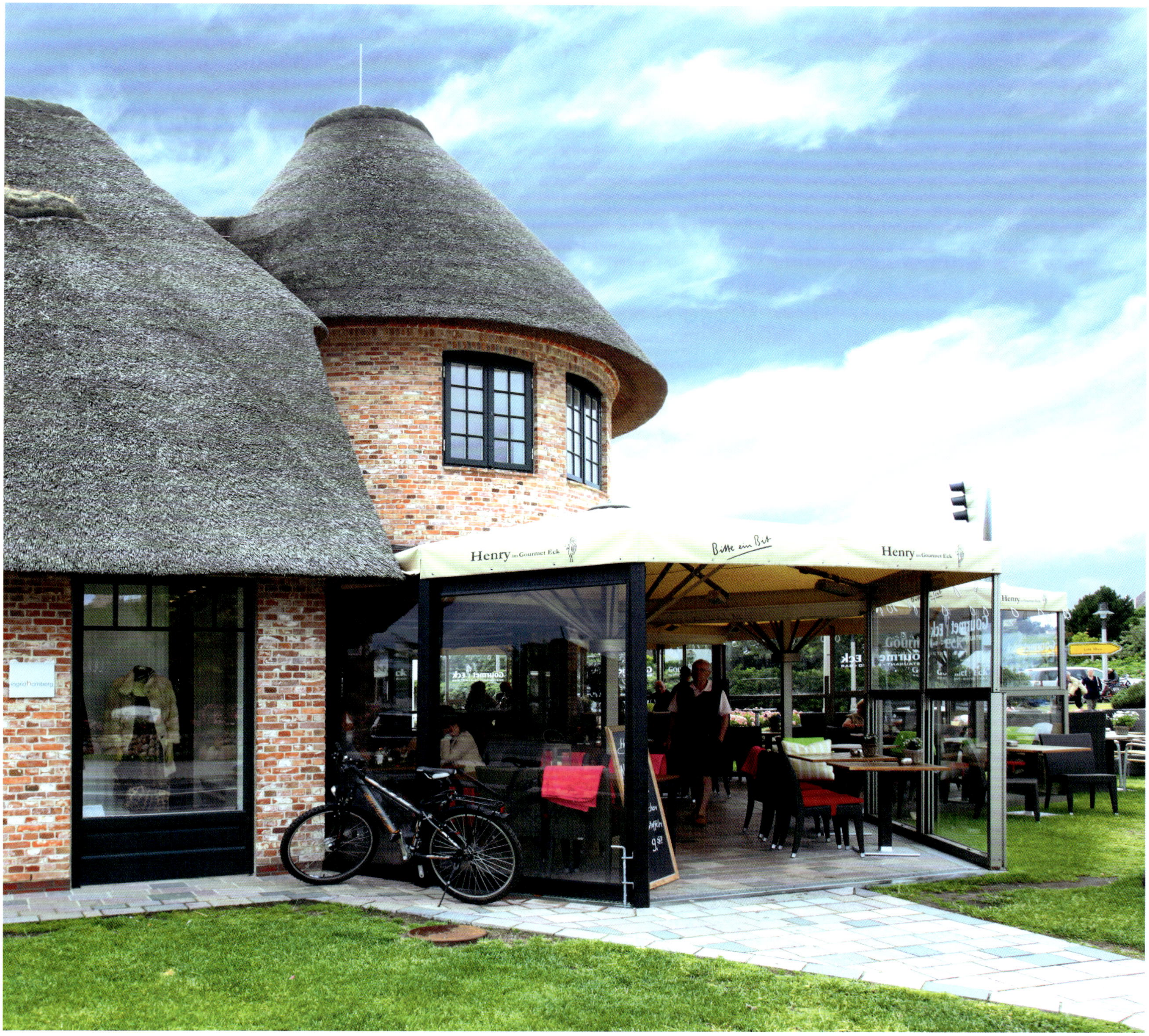
Henry im Gourmet Eck
Bitte ein Bit
Henry im Gourmet Eck

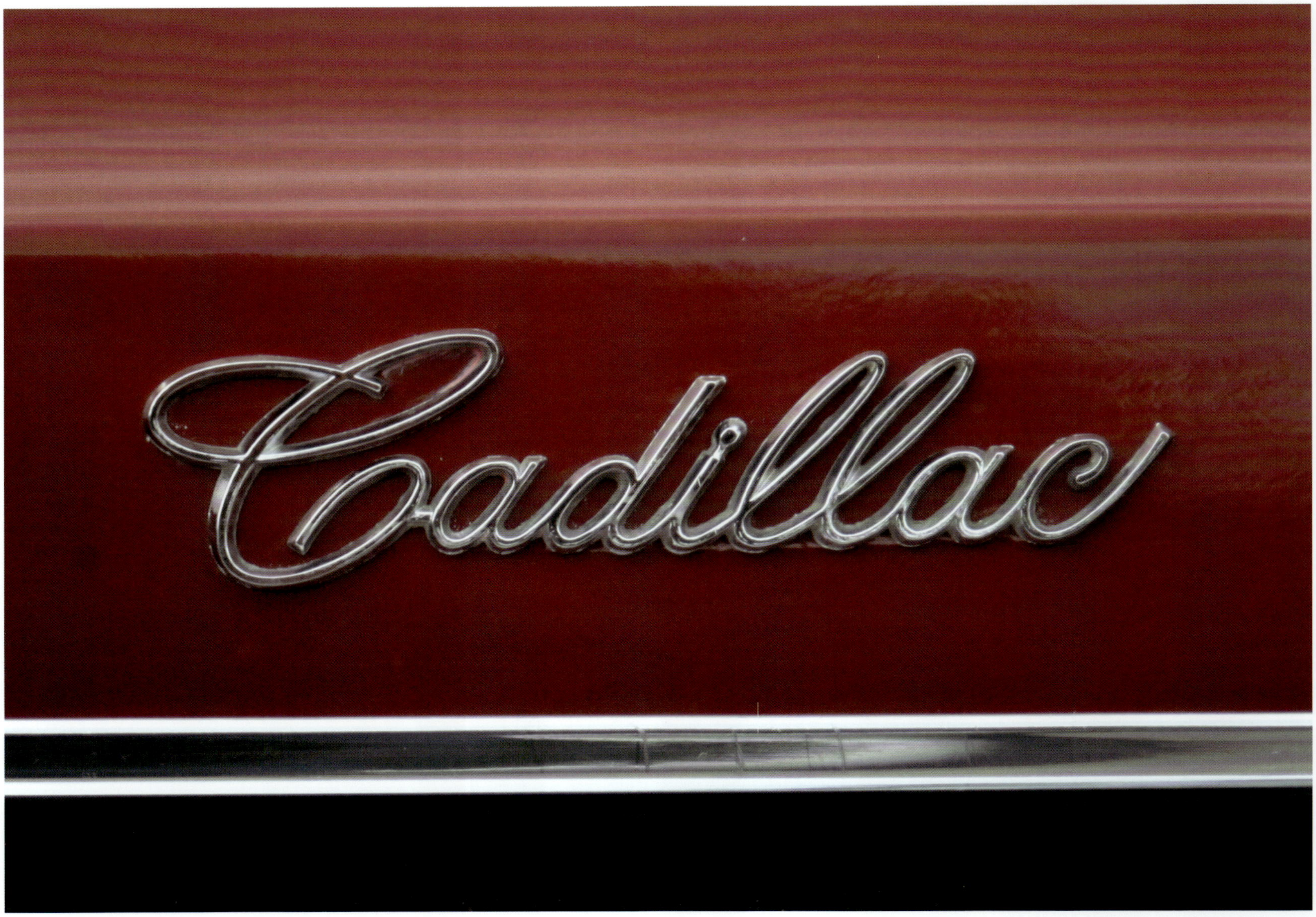
Cadillac

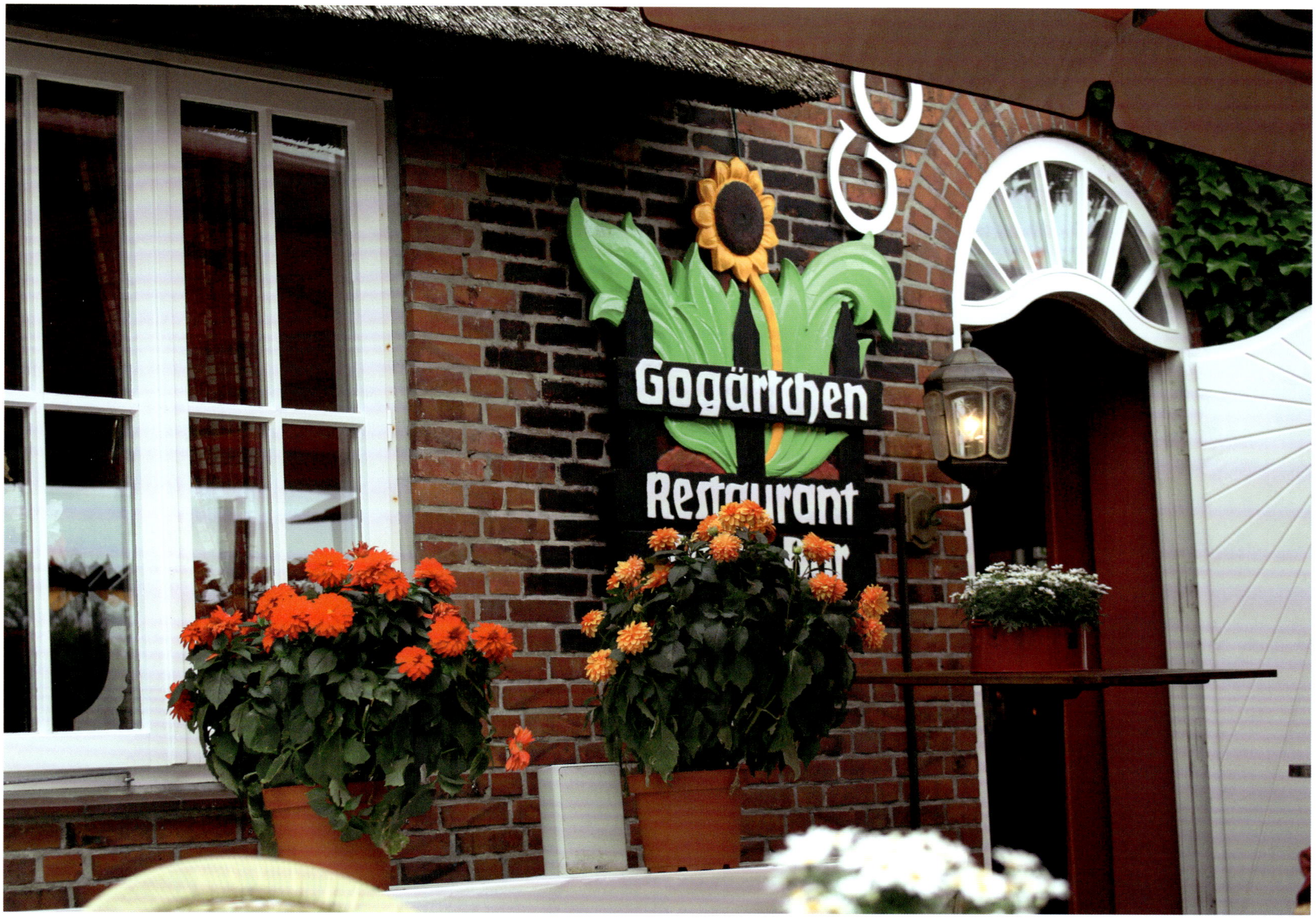
Gogärtchen
Restaurant

Veuve Clicquot
Veuve Clicquot
MENGER-KRUG
MENGER-KRUG
MENGER-KRUG

Gogärtchen
Restaurant
Cafe · Bar

Veuve Clicquot

VELTINS

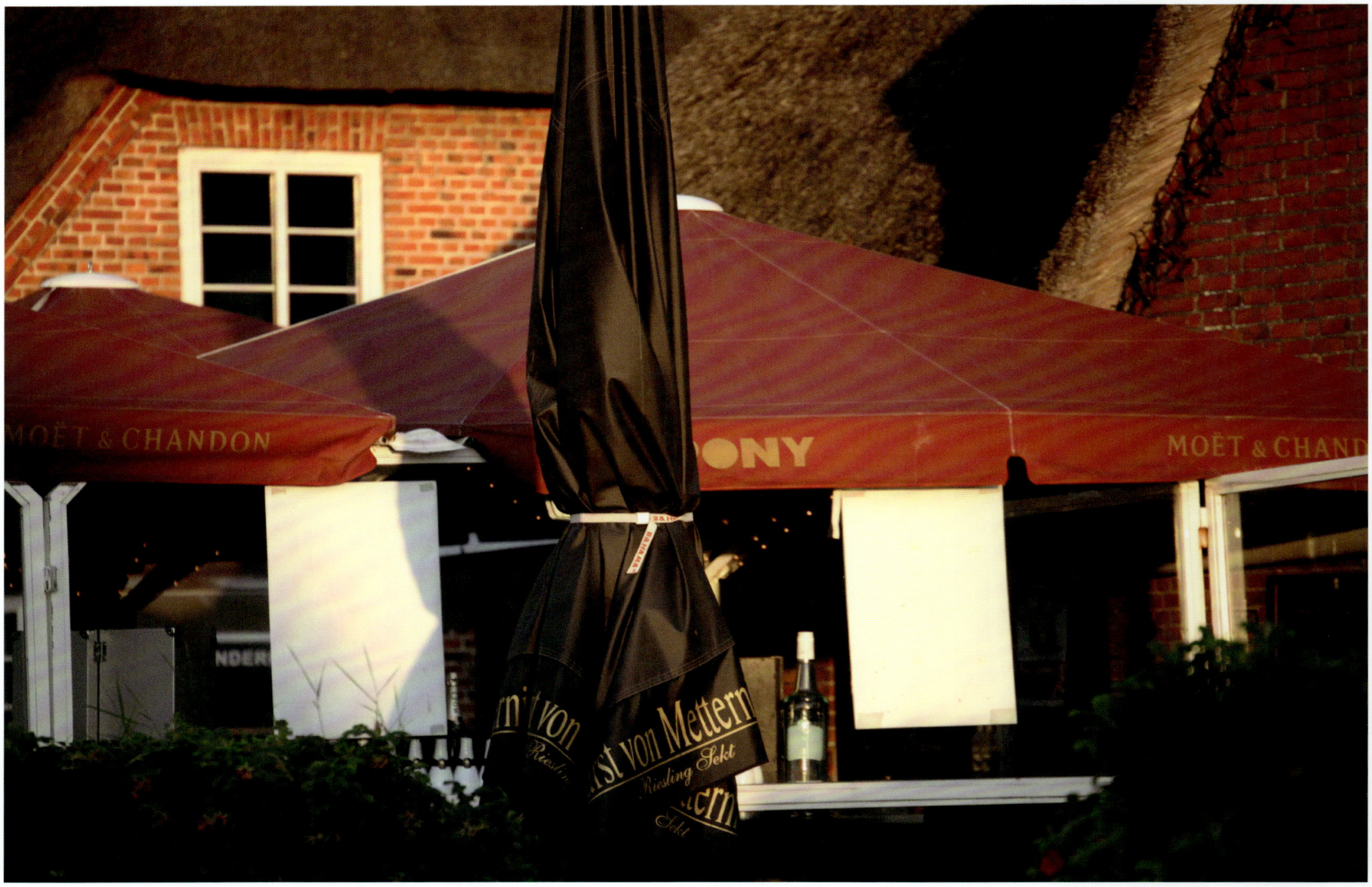
MOËT & CHANDON
Riesling Sekt

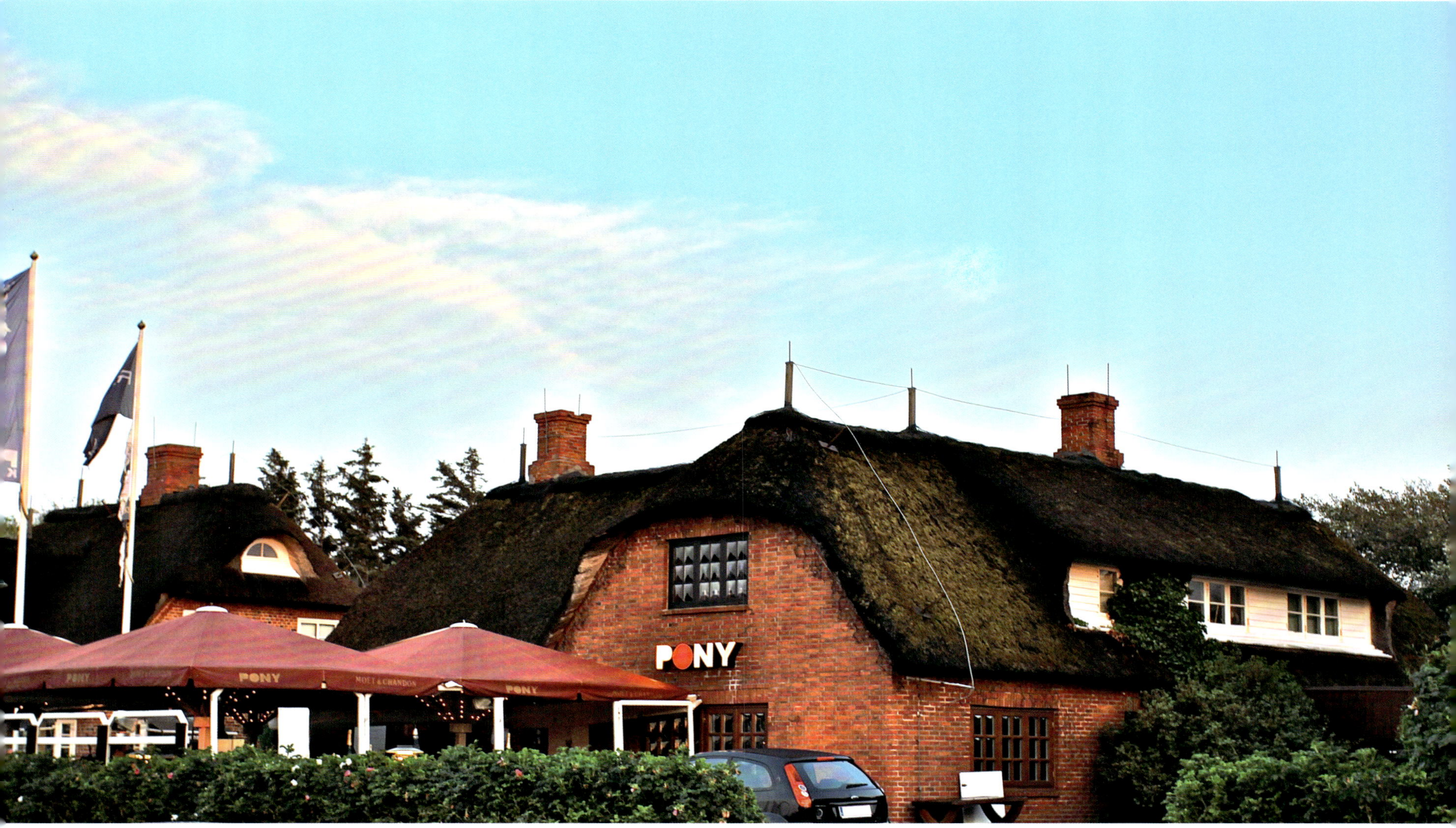
PONY

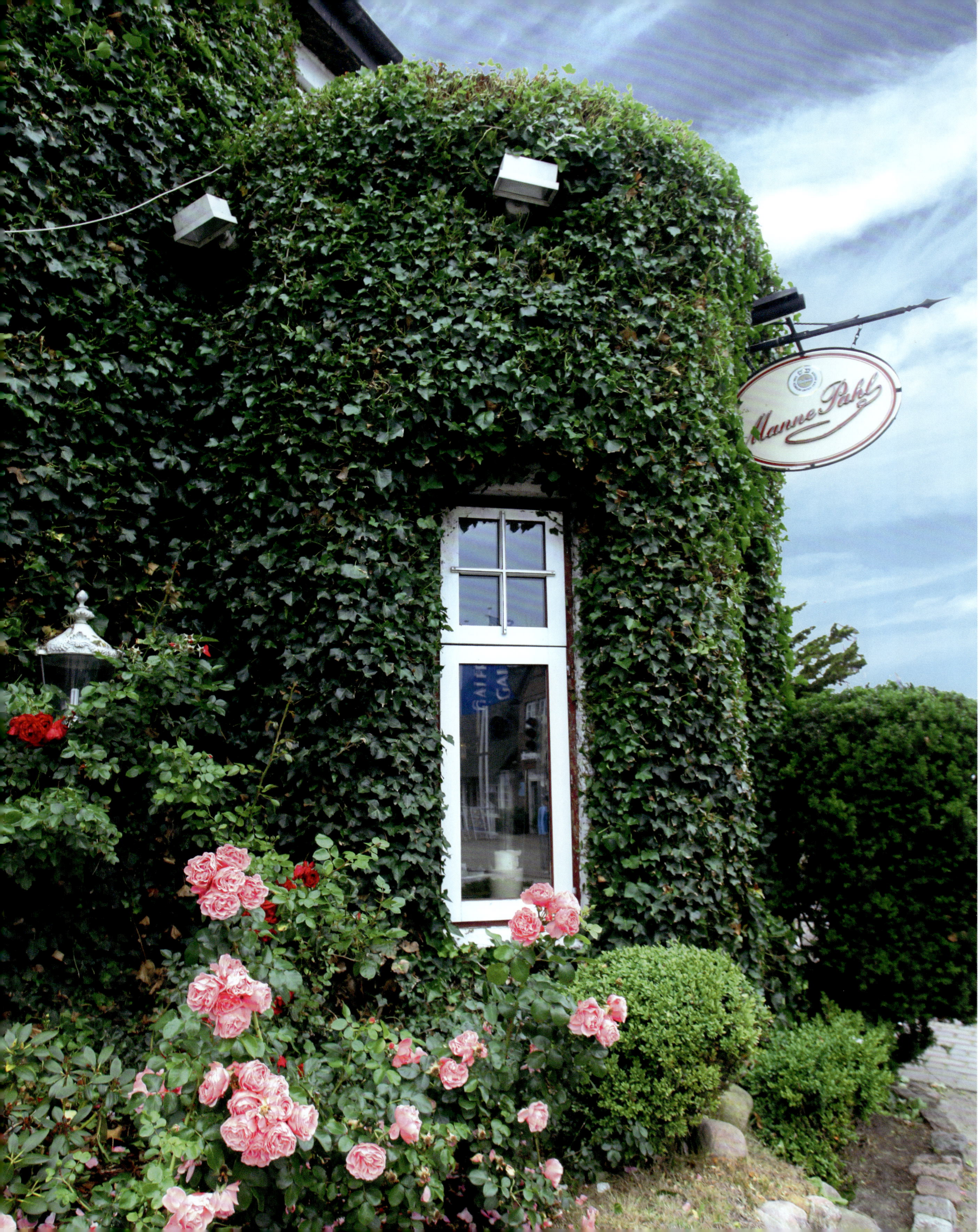
Manne Pahl

ODIN
das kleine Leysieffer

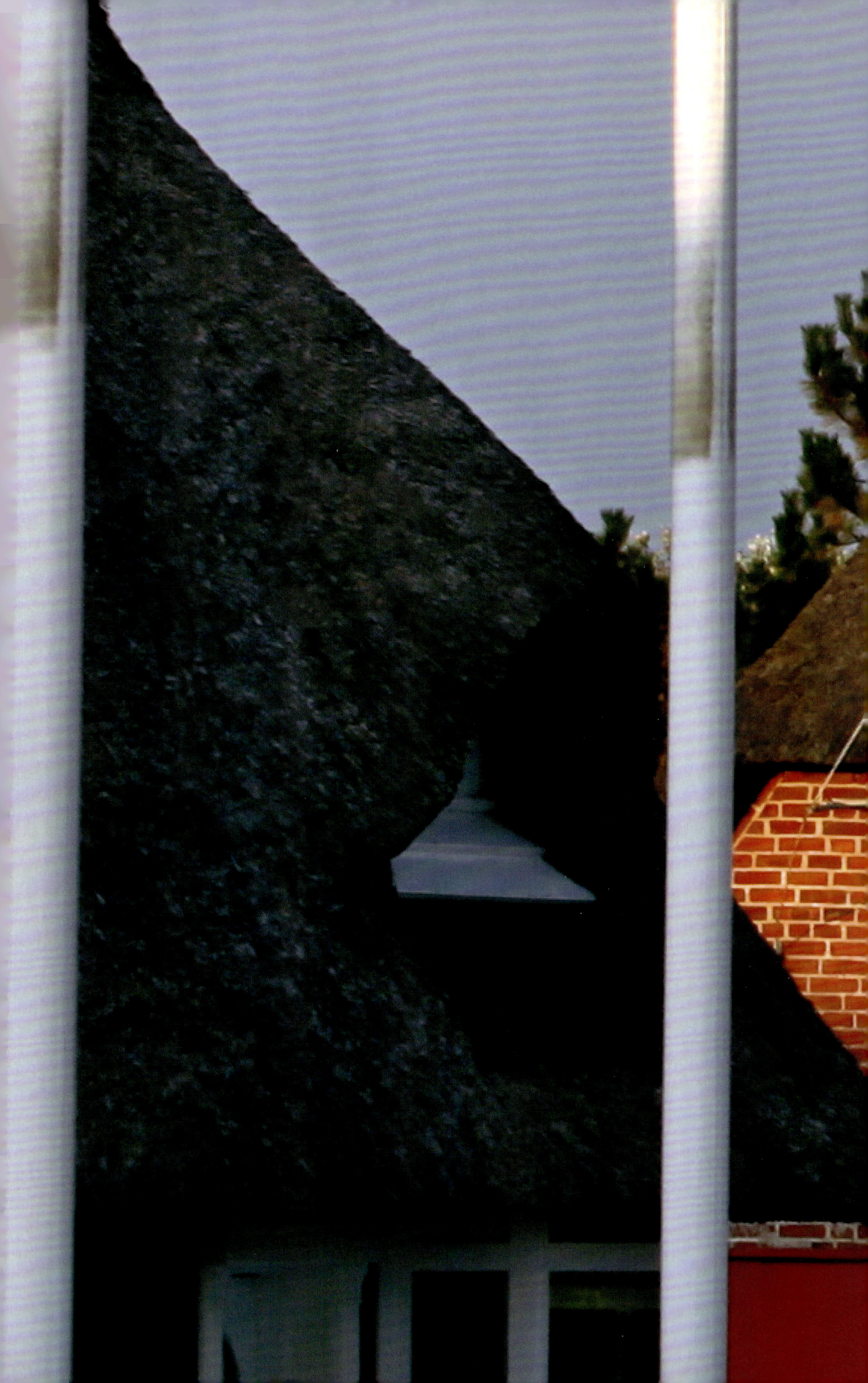

RAUCHFANG

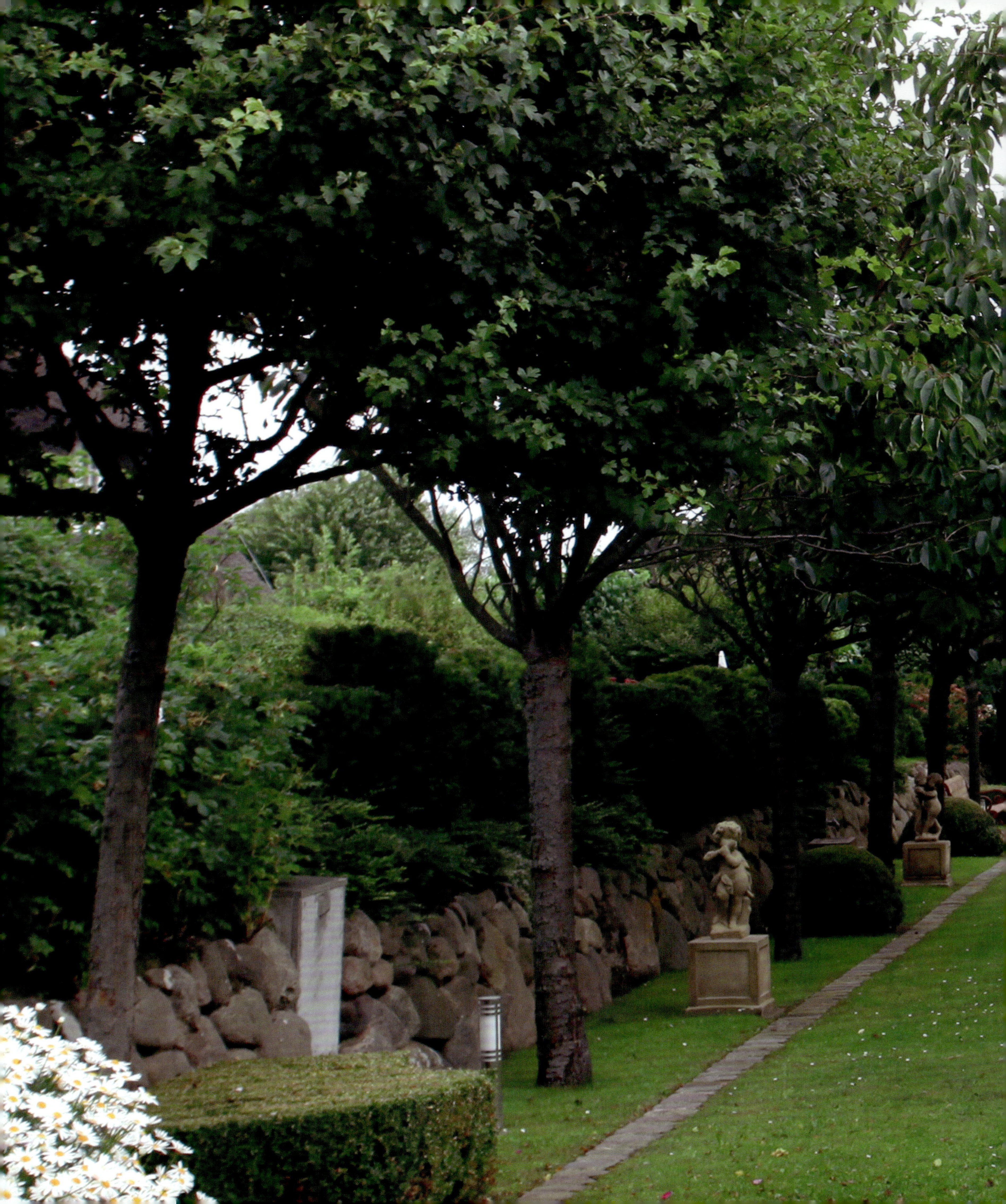

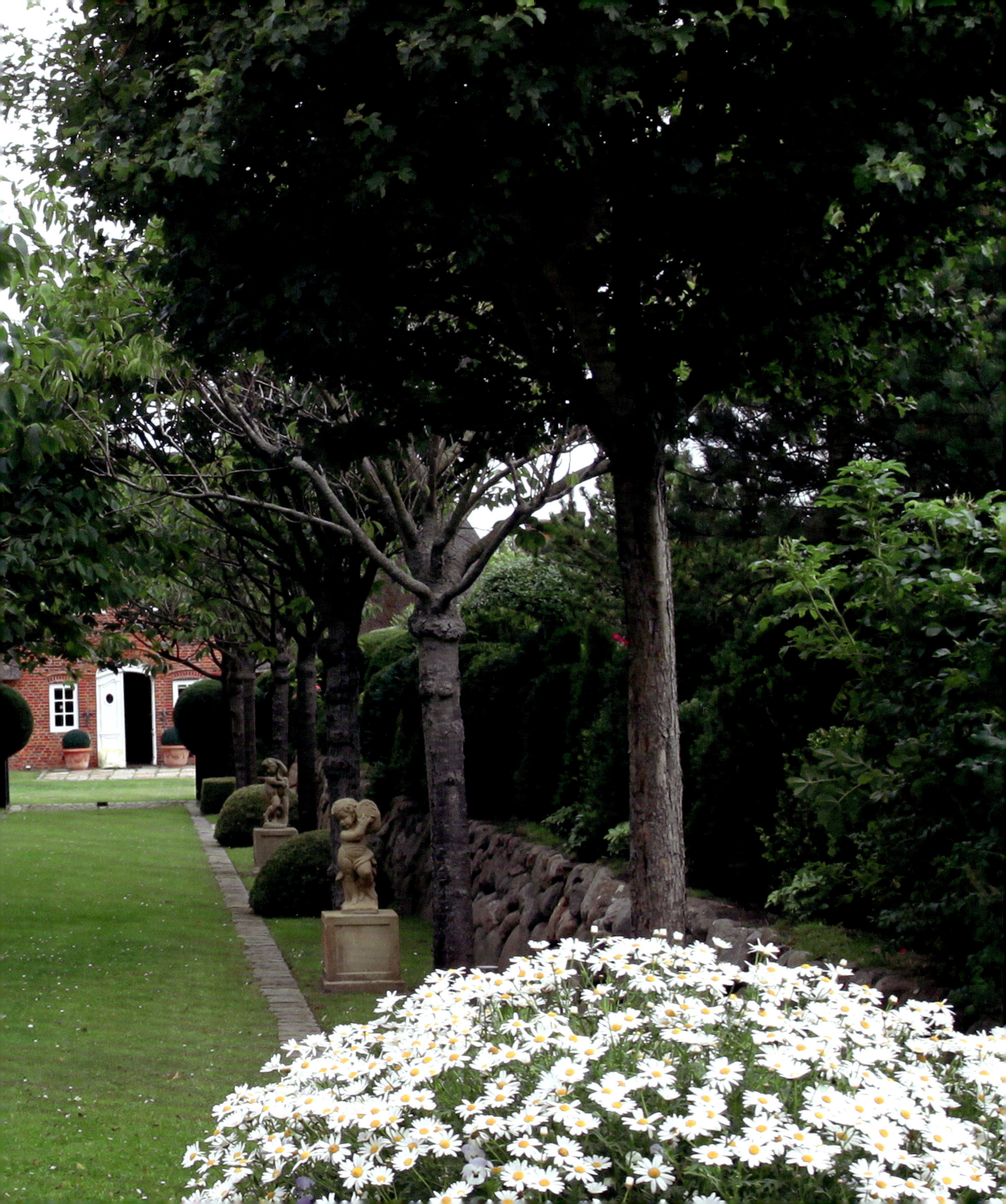

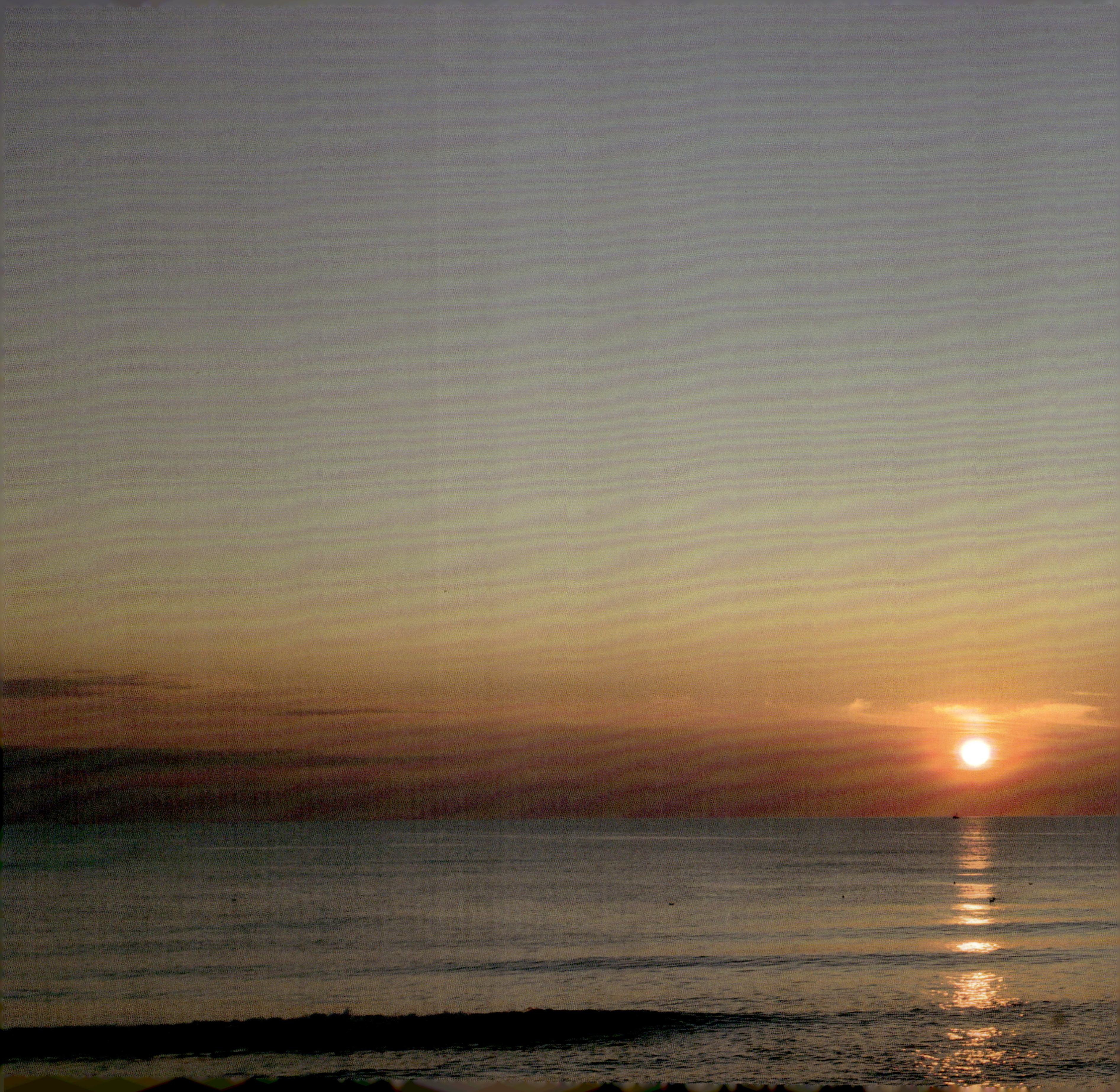

© 2011 beim Herausgeber

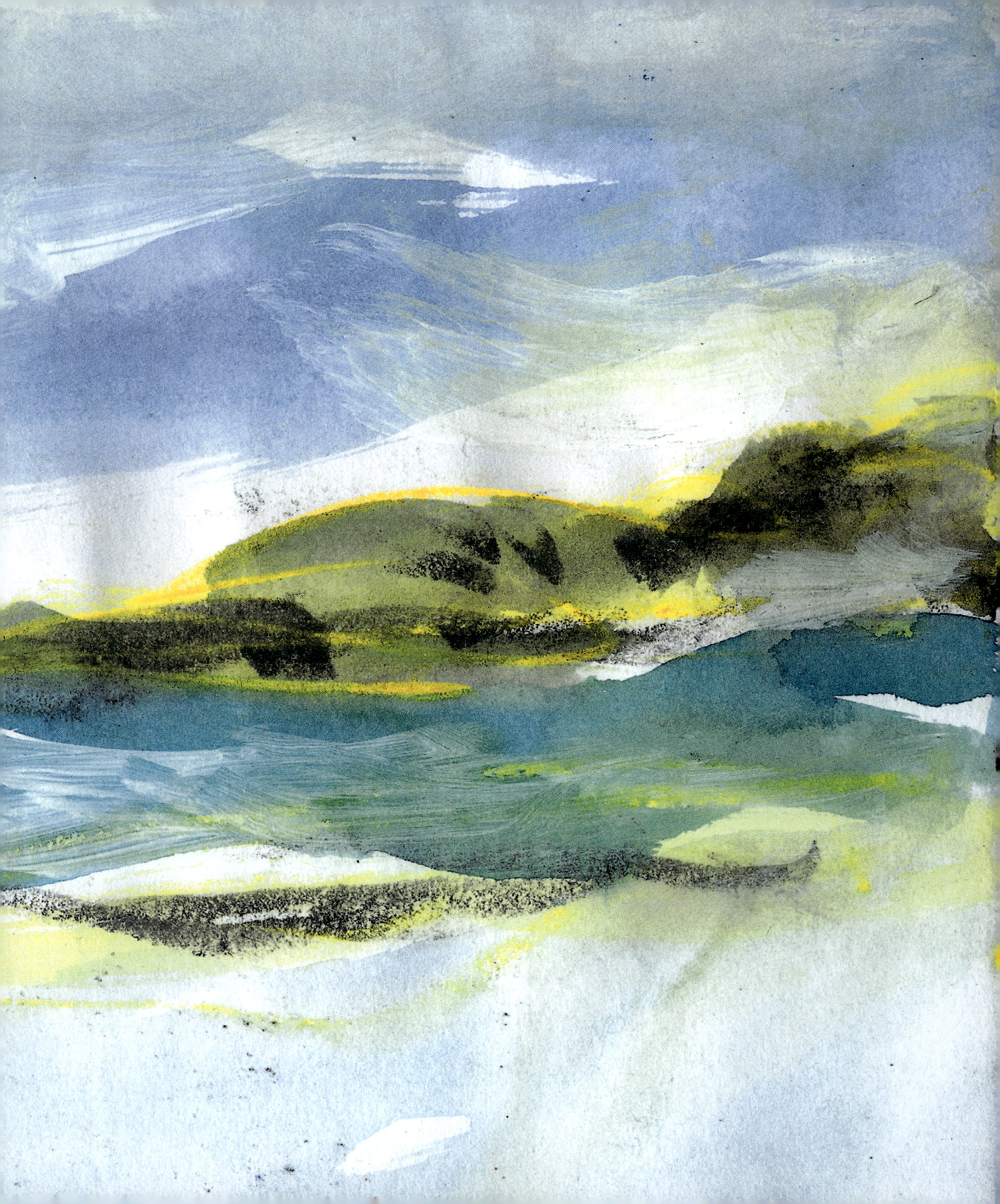